心灵的成长

大学生心理健康教育

邓宏宝　主　审

柯晓扬　张　玲　主　编

林　琳　任　静　黄薇霖　副主编

内容提要

本书共分9个专题，涵盖了大学生的爱情、学习、情绪、性格、人格、职业发展等多个主题。书中系统地讲述了职业院校大学生的人格特征与人格塑造、人际交往能力的提升、良好情绪状态的保持、挫折和困难的应对、职业心理适应与生涯规划等内容，基本上涵盖了大学生在校学习生活期间面临的主要心理问题。本书适合作为高等职业院校老师、学生的培训教材，也可以作为各类人群提升心理健康知识和技能的普及读本。

图书在版编目(CIP)数据

心灵的成长：大学生心理健康教育/柯晓扬，张玲主编. —上海：上海交通大学出版社，2020(2024重印)

ISBN 978-7-313-24521-2

Ⅰ.①心… Ⅱ.①柯…②张… Ⅲ.①大学生—心理健康—健康教育—高等职业教育—教材 Ⅳ.①G444

中国版本图书馆CIP数据核字(2020)第254081号

心灵的成长：大学生心理健康教育
XINLING DE CHENGZHANG: DAXUESHENG XINLI JIANKANG JIAOYU

主　　编：柯晓扬　张　玲
出版发行：上海交通大学出版社　　地　　址：上海市番禺路951号
邮政编码：200030　　电　　话：021-64071208
印　　制：上海新艺印刷有限公司　　经　　销：全国新华书店
开　　本：787mm×1092mm　1/16　　印　　张：13.25
字　　数：287千字
版　　次：2020年12月第1版　　印　　次：2024年9月第11次印刷
书　　号：ISBN 978-7-313-24521-2
定　　价：48.00元

前　言

大学生作为新时代有理想、有担当、敢于创新、文化水平较高的青年，承载着社会和家庭的期待，自身也有着强烈的成长和成才的欲望，但同时也面临着一系列的人生课题，如大学生活的适应、专业的学习、求职就业、恋爱交友等等，由于身心尚未完全成熟，自我调节能力还不够强，在面临各种来自内部和外部的问题时，很容易产生心理冲突，出现心理健康方面的问题，而心理健康与一个人的成就、贡献、成才关系重大，所以帮助学生正确认识自己，掌握心理调节方法，提升心理素养显得尤为重要。

本书旨在以时代需要为背景，以培育高职大学生工匠精神、职业人格为目标，以积极心理学理论为指导，从积极的视角对大学生的心理现象做出新的解读，激发学生实际或潜在的积极力量，促进学生自信、乐观、和谐、希望等积极心理品质的养成。本书是高职院校积极心理健康教育体系构建与校本实践的实践成果，亦是“立德·立心·立行——工匠精神培育体系的构建与实践”的成果体现。“立德”，致力于养成学生的责任、诚信、奉献品质，解决教学中重智、技轻德，课程思政缺失的问题，让学生的精神脊梁立起来，成为有境界、有高度的人。“立心”，致力于培育学生的求知欲、专注力、专业情，解决教学中学生学习动力不足、专业情感缺失问题，使学生成为有情怀、有温度的人。“立行”，致力于培养学生的处事规范、精湛技能、守正创新能力，解决教学中知行脱节的问题，使学生成为有厚度和有实力的人。只有三者统一，让学生认清自己，认清现实，关注自己，关注未来，与时代同呼吸，与社会共命运，才能拥有快乐有自信的人生。本书运用整体论、系统论、发展论的观点，关注高职大学生的独特之点，系统而又突出重点地让学生领会心理学知识、心理健康理念，掌握心理调节方法和技能，体验心理成长活动，不仅有利于帮助学生解决来自学习生活中的心理问题，更注重对学生的正向引导，潜能挖掘，内在积极力量的激发，从而使学生正确认识自我，悦纳自我，超越自我，帮助新时代大学生珍惜美好时光、担负时代使命，在担当中历练，在尽责中成长。

在编写过程中遵循了以下几个原则：

第一，普适性与职业性融合。本书采取“三三九”教学内容体系，即从“基本理论、技能方法和实践体验”三个维度，“学业发展、个人/社会性发展、职业发展”三大模块，“心理健康、自我意识、学习心理、情绪管理、压力应对、人际交往、恋爱与性、生命教育、职业规划与择业”九个专题来选取学习内容。既有关于心理健康的科学知识、基本原理，又有结合高职生不同专业特点的职业心理素养探讨，重点针对高职大学生的心理特点、心理需求进行可读性很强的描述和呈现。

第二，预防性与发展性结合。心理健康教育具有两方面的目标，从消极的层面看，主要是预防和治疗各种心理问题与疾病，从积极的层面看，主要是引导学生寻求人生的最佳位置，实现心理潜能最大限度地开发。本书不仅让学生能识别常见的心理健康问题，了解心理调适的策略、方法与艺术，而且浸润着积极心理学的理念，有利于培养学生阳光心态、心理弹性和积极情绪。

第三，主导性与主体性并重。一方面从“教育者”的身份对学生维护心理健康提出了知、情、意、行等方面的要求；另一方面更重要的是以真诚、平等的态度，丰富了讨论的内容和互动的环节，让学生有更多表达和展示的机会，有利于心理健康教育由“他育”向学生“自育”的转化，达到助人自助的目的。

第四，理论性和实践性一体。作为大学生的教材，本书注意了理论的系统性，避免知识的碎片化，同时采用了主题引领的方式，把理论和实践融为一体，在解读理论中化解实际问题，在分析实际问题的过程中，升华对理论的认识。

第五，课堂教学与线上资源共享。本书有效利用江苏省教育厅在线开放课程“高职心理辅导与教育”以及各类微课的在线视频资源，以二维码的形式呈现在书中，读者可以通过移动设备扫描二维码查阅学习相关在线资源，实现课堂教学和线上资源的一体化，有效促进信息技术与课堂教学的深度融合，提升学生兴趣，提高教学效果。在此，感谢柯晓扬、邓宏宝、袁忠霞、张玲、黄亮、杜琼、龚超等老师参与录制微课视频。

本书共九个单元，每个单元均有单元导读、案例导入、内容简介、心理拓展。本书由柯晓扬、张玲主编，林琳、任静、黄薇霖副主编，各专题编写分工如下：莫闲、王菊梅（专题一），袁忠霞、汪自兰（专题二），费志军（专题三），柯晓扬（专题四），任静（专题五），张玲、季玲、黄薇霖（专题六），沈永江、张玲、林琳（专题七），林琳（专题八），张玲、林琳（专题九）。柯晓扬对本书进行总体策划、编写提纲，张玲进行统稿，荣梅娟负责插图设计。

本书在编写过程中参考了国内外大量的相关研究文献，在此，向其作者和研究者表示衷心的感谢！南通大学教育科学学院邓宏宝教授作为教材主审，将其多年的教学经验、职业教育课程思政的思考与编者分享，并指导编者融入教材的内容体系中，令教材更具针对性和实用性。由于编者的水平和能力有限，书中不当之处在所难免，敬请广大读者和同行批评指正！

编　者
2020 年 7 月 15 日

目　录

专题一 发现心灵的力量——心理健康

单元导读

大学是人生成长和发展的重要阶段，是人生最美好最值得珍惜和纪念的时光。每一位大学生怀揣梦想，期待能够学有所成，立足社会，报答父母，报效祖国，成为具有工匠精神的技术技能型人才，拥有成功幸福的人生，而心理健康则是大学生成长成才的基石。大学生如何维护心理健康，保持积极乐观的心态，塑造全新的自我，激发生命的潜能，让平凡的人生绽放绚丽的光彩？让我们打开心灵之门，走进心理殿堂，发现心灵的力量。

案例导入

山东理工大学学生虐猫事件

2020年4月，山东理工大学学生范源庆虐猫事件在网上闹得沸沸扬扬，引起了舆论的强烈关注。

年仅22岁的范源庆为了牟取利益，竟然在猫还存活的情况下，用剥皮、掏肠、火烧等方式进行虐待，进而拍摄成视频贩卖。他在短短两个月的时间内已残忍杀害80多只流浪猫，引发了网友们的极大愤慨。

在虐猫一事迹败露后，范源庆遭到了网友们的声讨，而他本人也受到学校的教育批评。为了平息众怒他在微博上发布了一封致歉信，希望能够得到网友们的谅解。然而，这封迫于形势才认错的致歉信并没有得到网友们的认可，大家纷纷要求对他残忍虐猫的行为进行处理。

4月15日，山东理工大学发布公告称，已对涉事学生范源庆予以退学处理①。

给自己的心理做个体检

一、心理健康概述

（一）心理健康的含义

心理健康(mental health)的概念是由心理卫生(mental hygiene)的概念延伸而来的，目前世界上对心理健康尚无公认的定义。

从广义上讲，心理健康主要指的是一种人类所追求的完美精神状态。从狭义上讲，心理健康指的是临床意义上不具有某种具体心理障碍或精神疾病。

《简明大不列颠百科全书》对心理健康的定义是："心理健康是个体心理在本身及环境条件许可范围内所能达到的最佳功能状态，但不是指十全十美的绝对状态。"

1946年第三届国际心理卫生大会对心理健康的定义为："所谓心理健康，是指在身体、智能以及情感上与他人的心理健康不相矛盾的范围内，将个人心境发展成最佳的状态。"

1958年，心理学家英格里斯指出："心理健康是指一种持续的心理状态，当事人在那种情况下能做出良好的适应，具有生命的活力，而能充分发挥其身心潜能。这乃是一种积极的、丰富的情况，不仅仅是免于心理疾病而已。"

我们将心理健康的概念定义为：个体能够适应当前和发展着的环境，具有完善的个性特征，认知、情绪反应、意志行动处于积极状态，并保持正常的调控能力。心理健康不是指一个人对任何事情都能愉快地接受，而是指其在对待环境和问题冲突的反应上，能更多地表现出

① 资料来源：https://baijiahao.baidu.com/s?id=1664373573636180700&wfr=spider&for=pc。

积极的适应倾向。因此,心理健康是一种积极向上的、高效而满意的、持续的心理状态。

以上对心理健康的描述虽然角度不同,理解也存在一定的差异,但有一些共同之处,那就是:心理健康是指在正常发展的智能基础上所形成的一种表现出良好个性、良好处世能力和良好人际关系的心理功能状态。

(二)心理健康的标准

关于心理健康的标准,心理学界说法不一,国内外正式发表的心理健康标准就多达 24 种。中国心理卫生协会的专家们指出,一个心理健康的人,至少包含自我和谐与社会和谐。应该具有基本的认知能力、积极稳定的情绪情感、自我实现的人生目标、和谐的人际关系以及良好的社会适应能力,不但自我感觉良好,而且能够符合社会要求,承担家庭和社会功能。

1. 大学生心理健康的标准

结合对心理健康标准的一般看法以及大学生这一特定群体的特点,有学者针对大学生心理健康提出了一些基本看法,这些要求体现了对大学生心理健康的一种理想标准。

1)了解自我、悦纳自我

一个心理健康的人,能体验到自己的存在价值,既能了解自己,又能接受自己;有自知之明,即对自己的能力、性格和优缺点都能作出恰当、客观的评价;对自己不会提出苛刻的、非分的期望与要求;对自己的生活目标和理想也能定得切合实际,因而对自己总是满意的;同时,努力发展自己的潜能,即使对自己无法补救的缺陷,也能安然处之。一个心理不健康的人则缺乏自知之明,并且总是对自己不满意;由于所定理想和目标不切实际,主观和客观的距离相差太远而总是自责、自怨、自卑;由于总是要求自己十全十美,而自己却又无法做到完美无缺,于是就总是同自己过不去,结果是使自己的心理状态永远无法平衡,无法摆脱自己将要面临心理危机的感觉。

2)能协调与控制情绪,心境良好

对于心理健康的人愉快、乐观、开朗、满意等积极情绪状态总是占优势的,虽然也会有悲、忧、愁、怒等消极情绪体验,但一般不会长久;同时能适度地表达和控制自己的情绪,喜不狂,忧不绝,胜不骄,败不馁,谦而不卑,自尊自重。在社会交往中既不妄自尊大,也不退缩畏惧;对于无法得到的东西不过于贪求,争取在社会允许范围内满足自己的各种需要;对于自己能得到的一切感到满意,心情总是开朗、乐观的。

3)人格完整和谐

人格指人的整体精神风貌,人格完整指人格构成要素的气质、能力、性格和理想、信念、人生观等各方面平衡发展。心理健康的学生所思、所做、所言协调一致,具有积极进取的人生观,并以此为中心把自己的需要、愿望、目标和行为统一起来。

4)人际关系和谐,乐于交往

人际关系最能体现和反映人的心理健康状况。心理健康的人乐于与他人交往,不仅能接受自我,也能接受他人,能认可别人存在的重要性和作用。同时他也能被他人所理解,被他人和集体所接受,能与他人相互沟通和交往,人际关系协调和谐。在集体生活中能融为一体，既能在与挚友同聚之时共享欢乐，也能在独处沉思之时无孤独之感。在与人相处时，积极的态度（如同情、友善、信任、尊敬等）总是多于消极的态度（如猜忌、嫉妒、畏惧、敌视等）。因而在社会生活中有较强的适应能力和较充足的安全感。一个心理不健康的人，总是自外于集体，与周围的人们格格不入。

5）正视现实，适应环境

心理健康的人能够面对现实，接受现实，并能主动地去适应现实，进一步地改造现实，而不是逃避现实；对周围事物和环境能作出客观的认识和评价，并能与现实环境保持良好的接触；既有高于现实的理想，又不会沉湎于不切实际的幻想与奢望，同时对自己的能力有充分的信心；对生活、学习和工作中的各种困难和挑战都能妥善处理。心理不健康的人往往以幻想代替现实，没有足够的勇气去接受现实的挑战；总是抱怨自己“生不逢时”或责备社会环境对自己不公而怨天尤人，因而无法适应现实环境。

6）热爱生活，乐于工作

心理健康的人能珍惜和热爱生活，积极投身于生活，并在生活中尽情享受人生的乐趣。他们还会在工作中尽可能地发挥自己的个性和聪明才智，并从工作的成果中获得满足和激励。同时也能把工作中积累的各种有用的信息、知识和技能存贮起来，便于随时提取使用，以解决可能遇到的新问题，克服各种各样的困难，使自己的行为更有效率，工作更有成效。

7）心理行为符合年龄特征

人在生命发展的不同年龄阶段，都有相应的心理行为表现。心理健康的人在认识、情感、言行、举止方面都符合他所处的年龄段。心理健康的大学生应该是精力充沛、勤学好问、反应敏捷、喜欢探索。过于幼稚、过于依赖都是心理不健康的表现。

2．正确理解心理健康标准

1）心理不健康不能完全等同于不健康的心理和行为

心理不健康是指一种持续的不良状态。偶尔出现一些不健康的心理和行为并不等于心理不健康，更不等于患了心理疾病。因此，不能仅以一时一事简单地给自己或他人下心理不健康的结论，而是要具体情况具体分析。也不要随便做不规范的心理测验，因为不科学的测验设置和解释可能会给你带来烦恼，影响自身的心理健康。

2）心理健康与心理不健康之间没有不可逾越的鸿沟

两者在一定条件下可以相互转化。从良好的心理健康状态到严重的心理疾患状态是一个缓慢转化的渐进过程，反之亦然。所以，大学生要关注自己的心理健康，时时给自己的心灵一些呵护。

3）心理健康状态是一个变化发展的过程

对高职大学生而言，在心理发展的过程中不可避免地会出现一些痛苦和烦恼，但随着自我的成长，经历的丰富，经验的积累，环境的改变，这些痛苦和烦恼都会释然。所以，对成长中的烦恼不必过分在意，随着大学生自身的成长，这些烦恼都可能成为大学生在人生经历中难得的收获。

（1）心理健康的标准是一个相对理想的尺度。它不仅为大学生提供了衡量心理是否健康的标准，也为大学生指明了提高心理健康水平的努力方向。只要不断努力发挥自身的潜能，大学生都可以达到心理健康的更高水平。

(2) 不要以追求完美的心态追求心理健康。追求完美是年轻大学生普遍具有的心理状态，而时时以这样的心态对待自己，则会陷入无尽苦恼之中。用心理健康标准对照自己，目的是在日常生活中更好地了解自己所处的心理状态。只要能够有效地学习和生活就是心理健康。如果正常的学习和生活难以维持，就应该及时自我调整或寻求心理帮助。

(三) 大学生心理问题及界定

正如我们的身体健康状况经常会在健康与不健康之间游走一样，人的精神世界也会在某一特定的阶段处于某一种特定状态之中。如果在这个特定阶段里，个体主观体验积极(内心有稳定的愉快、幸福之感，即使有什么不痛快也能很快排解，不会长时间地滞留心中，对自己及周围的情况感到满意)，社会适应良好(能够做自己该做的事情，完成自己的社会角色，与周围的人保持协调一致)，我们便认为该个体处于了一种良好的心理健康状态之中；反之，若在这个阶段中，个体主观体验消极(主观体验痛苦、焦虑、紧张、疲惫，或者无幸福、满意之感，甚至觉得未来没有希望，不敢面对)，社会适应不良(不能完成自己应该完成的工作，或者不能承担相应的角色与任务，行为明显与周围的人不同)，我们便认为个体处于了一种不良的心理健康状态。因此，心理健康本身是一个中性的名词，是指人在适应周围环境过程中心理主观体验以及相应行为模式的水平与状态。

1. 心理健康的四级水平

人的心理健康状况实际上是一个心理状况良好——心理状况不良连续统一体，连续体的一端是最佳的心理健康状态(心理康宁)，另一端是最差的心理健康状态(精神疾病)，两个极端之间是逐渐增加的心理健康问题。有人尝试着将心理健康状况的连续体从理论上分解为四个区间：心理康宁、一般心理问题、心理障碍、精神疾病(见图 1-1)。

图 1-1 心理健康状况序列

心理康宁状态是指个体的认知、情绪、态度及行为功能良好的心理状态。心理康宁状态下，个体的主观体验积极(不觉得痛苦，或者快乐的感觉大于痛苦的感觉)，行为与周围环境协调(即他人感觉不到异常)，社会功能良好(能够胜任家庭及社会角色)。

一般心理问题是心理的亚健康状态，个体主观体验中愉快体验小于痛苦感，但程度比心理障碍轻，往往由个人的心理素质、生活事件、身体状况等因素引起。一般心理问题持续的时间较短，损害轻微，对个体社会功能影响小。一般心理问题的产生具有情境性，通常能够自行调节。如：考试来临，一位学生内心充满恐惧与不安，甚至导致注意力不能集中，或者失眠，个体内心体验焦虑，难以控制。但随着考试结束，个体内心的焦虑与紧张随之结束，恢复平静。

身边的故事

张，男20岁，某高职二年级学生。他在中学时候是一名优秀生，一次考试得了急性肠炎，结果成绩不理想。此后他每次走进考场就会心跳加速，呼吸急促，脑子里不知该想什么，心里越急脑子越不听使唤，以致思维无法正常进行，但走出考场时，一切恢复正常，然而为时已晚。

心理障碍通常是一般心理问题累积、迁延、演变的结果与表现，个体的主观体验痛苦，社会适应不良，社会功能损害较大，常伴有病理性变化，不经过专门治疗症状难以自行消失。

身边的故事

艾，是个敏感、多疑的小伙子，他认为大学是自己生活的新开端，因此，从言谈举止到生活的方方面面，处处想达到尽善尽美，给人以良好的第一印象，可越是这样想，越感到自己处处不如意。一次上课回答问题时，尽管老师肯定了他的答案，但在坐下来的瞬间，他发现几个女生在偷偷地注意他，似乎还议论着什么，他顿时感觉难受极了。以后，上课就不再敢回答问题了，更怕教师冷不丁地叫自己。过了几天，他仿佛感到同学们都在议论自己，别人的一举一动都会让他产生牵连性想象。刚进入大学时的那种自信一下子变成自卑。

精神疾病是由于个体或外界因素引起的强烈的心理反应并伴有明显的社会功能失调，个体的主观体验痛苦，有明显的躯体不适感，认知能力下降，甚至出现意识混乱，行为失常。精神疾病一般需要通过精神科医生的治疗才能得以恢复。

身边的故事

齐，高职二年级学生，他自小体弱，性格内向，常常喜欢自己一人遐想冥思，自称是一个多愁善感的人。他承认自己心胸比较狭小，而且比较多疑，任何人的一句无伤大雅的玩笑都可能使他感到受辱而偷偷流泪。小齐读了美国医学惊险小说家罗宾·科克的《昏迷》和《发烧》，便怀疑自己脑子里也长了肿瘤，好长一段时间终日忐忑不安，总怕自己得了绝症。有一次他的妈妈不在家，由哥哥临时做了一顿饭，吃饭时，小齐突然产生疑心，这饭里会不会放了毒药。那以后，他有好长一段时间不思饮食、夜不安枕，总是抑郁不安，对什么事情都提不起兴趣。

在某个特定时间里，人的心理健康状况会处于其中的某一个特定的阶段。很显然，通常意义上所说的心理健康指的是心理健康状况中的良好一端。

2. 相关概念的区分

心理正常、心理不正常、心理健康、心理不健康，这是我们在学习和讨论心理问题时常常使用的概念。只有将这些概念区分清楚，才能更好地掌握心理健康的状况。

“心理正常”指的是具备正常功能的心理活动，或者说是不包含有精神障碍症状的心理活动；“心理不正常”也就是“心理异常”，指的是有典型精神障碍症状的心理活动。

如图 1-2 所示，“心理健康”和“心理不健康”都属于心理正常范围。我们从临床心理学角度出发，把人的全部心理活动分别使用“心理健康”“心理不健康”“心理异常”这三个概念来表达。

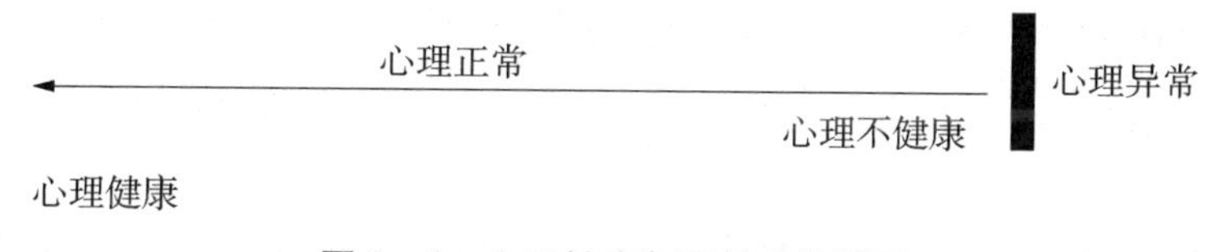

图 1-2　心理健康与不健康的图示

心理不健康状态可包含如下类型：一般心理问题、严重心理问题、神经症性心理问题（可疑神经症）。一般心理问题多由现实生活、工作压力等原因导致，持续时间较短，不良情绪不间断地持续一个月或间断持续两个月，情绪反应在理智控制之下，不会严重破坏社会功能，情绪反应尚未泛化。严重心理问题多由相对强烈的现实因素激发，初始情绪反应强烈，持续时间较长，达半年以上，部分社会功能受损，情绪反应泛化。神经症性心理问题的内心冲突是变形的，如果还不能确诊为神经症，那么它已接近神经症，或者它本身就是神经症的早期阶段。

3. 大学生常见心理问题

高职院校的学生所面临的一般心理问题概括起来大致上有学习问题、情绪问题、人际交往问题、行为问题、性压力等。这些问题如果不能得到妥善解决，很容易进一步升级为心理障碍。

1）学习问题

在学习问题上，学习目的不明确、学习压力大、学习成绩不理想、学习困难等问题是困扰着大学生的主要问题。调查结果表明：有69.6%的新生和54%的老生感到"学习难度加大，非常困难"；据调查问到学生为什么学习时，学生淡淡地说："为学习而学习"。一位大二学生也写道："学习始终不能进入状态，总感到是在巨大的考试压力下被动的学，而静下来想，为什么学时，会感到很苦恼"。特别是大一学生，认为"学习负担重，难以应付"的占70.4%①。

在学习的诸多问题上，学习目的不明确往往是引发其他学习问题的关键。学习目的不明确会导致学习自主性差，学习动力严重不足，进而诱发其他学习心理问题。在我国，由于高中阶段升学与就业指导的严重缺乏，使得很多学生在选择高等学校时，并没有对高校的专业设置、课程设置进行必要的关注，也没有考虑自己的兴趣、特长与志向。很多大学生在进入大学之前根本就不明白自己所报考的专业到底可以为社会提供什么服务，自己今后可以向哪些方向发展，进入学校后自己可以或者需要学习一些什么样的课程，为什么需要学习这些课程，等等。甚至有些大学生进校后一两年都弄不明白这些问题之间的关系，他们每天不得不应付那些自己根本就弄不明白为什么要进行的学习与考试。从内心体验上看，被控制、紧张、难以应付、失去控制感、甚至心力交瘁，却不知为何。一部分学生难以面对这样的一些困难，下意识中启动回避机制，逃避学习，醉心于游戏、网络。

学习压力大是许多大学生在学习上的另一种消极体验。虽然有研究表明，个体在适度的压力和焦虑情绪之下，可以提高思考力和机敏度，大学生的学习应有一定的压力，这种压力对心理健康发展及学业的完成是必要的。但是，不能过分加重学习的心理负担，否则会造成心理健康问题。现在很多学校都将学生的学习，尤其是外语、计算机的学习与毕业、学位的授予等进行挂钩。有的学生连续参加3、4次外语等级考试都不能通过，心理负担就会异常沉重。

对于高职院校的学生而言，学习压力的另一个来源是对就业压力的预期。面对人才市场的巨大压力，很多学生也感到内心的危机感，想要努力学习，却不知道学什么、怎么学，加上学习基础差，专业知识的学习有困难，就容易造成迷茫、焦虑等消极体验。

对于学生学习问题解决的关键还是在于学校要提供足够的学习与就业方面的指导，就学习本身，帮助学生澄清学习的目的、明确学习的方向、看到学习的希望，这些是激发学习动力的根本措施。同时，加强学习方法的指导，可以帮助学生减轻对学习的心理恐惧，获得学习的成功体验。从学生的角度看，当发现了自己学习上出了问题之后，也不应该消极逃避，而应该采用积极的态度与行为去加以应对，或是主动到老师那里去寻求指导与帮助。

2）情绪问题

稳定的、积极良好的情绪反映是保证学生成才很重要的因素，也是在学生心理健康中

---

① 资料来源：http://210.35.135.124/net_course/my_cw/sports1/sports/html/jkzs/xlkt/1/004.html。

值得重视的问题。有关调查表明，大学生的负向情绪普遍高于正向情绪，感到舒畅的约占 31.7%，感到压抑的占 41.6%；愉快的占 21.9%；烦恼的占 47.6%；充实的占 14.2%，空虚的占 63.9%；平和的占 3.3%，烦躁的占 78.1%①。

抑郁是一种较为常见的负向情绪状态。杜召云、王克勤对 1579 名在校大学生的调查结果显示轻度抑郁流行率为 42.1%，重度抑郁流行率为 2.1%。沈阳精神卫生中心最新流行病调查统计结果：在中国大学生的抑郁症患者人数占其总人数的 24%，而且名牌大学中，罹患抑郁症的大学生达到总人数的 35%，以上调查均反映出大学生存在较高的抑郁状态，应引起关注②。

青年时期比任何时期更关注自己在他人尤其是异性心目中的形象，大学生更容易受到身高、长相、胖瘦、能力、魅力、家庭背景等因素的影响，产生各种各样的焦虑。有的学生担心自己长得不够漂亮，不能获得异性的好感，甚至部分女生因没有男生追求而苦恼；有的学生总感到自己的先天条件不够理想，因而非常自卑，不能建立自己的社交形象与公众形象。2003 年 4 月，黑龙江省某高校 2000 届一女生从宿舍楼纵身跃下自杀。这位来自农村的姑娘在遗书上写下她的“丑”和学习上的不顺利，想以自杀来摆脱现实的痛苦。在大学生中普遍存在的另一种焦虑是考试焦虑，学习基础差、大学第一学期考试失败的学生在这个问题上表现得尤其突出，他们无端担心考试失败而产生了难以控制的害怕、紧张、焦虑等心理体验，甚至失眠，有些焦虑严重的学生不得不申请缓考、回家休整，才能摆脱焦虑。

大学生的社会情感丰富而强烈，具有一定的不稳定性与内隐性。部分个体情绪波动大，高低不定，喜怒无常。常常会因为一点小小的胜利而沾沾自喜，也容易为一次考试失败、情感受挫而一蹶不振。主要表现为难以驾驭自己的情绪反应，易冲动，难以维持情绪常态，特别是对消极情绪的控制能力相对较弱。某大学十年间的 71 例违纪处分中，打架的占到 45%，多数因为生活中小的摩擦引起情绪激化，愤而出手。在这些情况下，个体出现的攻击或其他不适当行为，只是因为难以控制自己的情绪反应、而并非出于自己的理性本意，所以很多个体事后会十分懊恼、后悔，并给自己带来沉重的心理负担。

个体的情绪体验与其对人、对事所形成的认知有关，因此，调节认知往往是解决这类情绪困扰的关键。所以在很多情况下，个体在对他人及自己的社会价值形成了正确的社会认知以后，许多的情绪困扰便能迎刃而解。除此之外，大学生还应该学会情绪的一些自我控制，保持积极乐观的情绪状态。

3）人际关系问题

人际交往、人际关系是学生生活的重要组成部分，也是其成长与社会化必须经历的过程。良好人际关系的建立与开展是保持良好心理状态的必备条件，不良的人际关系会对大学生的心理健康构成严重威胁。大学生在人际交往方面表现出来的问题，也是心理咨

① 资料来源：http://www.fx361.com/page/2018/0607/3615489.shtml。
② 资料来源：http://www.ruiwen.com/gongwen/diaochabaogao/227571.html。

询中的一个中心话题。困扰大学生的人际交往问题主要表现在人际适应不良、社会交往偏差、情爱困惑等方面。

进入大学，远离原来熟悉的生活与学习环境，原有的社会关系格局被打破，需要重新建立全新的人际关系，这会让部分学生感到有些不适应。部分学生对大学的师生、同学、异性之间的关系显得无所适从。造成这一现象的原因是多方面的，交往对象及环境的改变，个体交往技能、人际交往经验的缺乏，不良的个性等，都可能导致人际适应不良。随着大学生活的开始，学生开始完全独立地面对自己的人际交往，他（她）首先面对的问题就是，交往的对象与环境与过去的完全不同了。过去面对更多的是家长、老师，而现在面对的更多的却是和自己一样缺乏交往经验的同学。交往中少了过去熟悉的主动关心与宽容，多了平等甚至是计较，这让一些大学生感到难以适应，更让那些习惯了以自我为中心的个体觉得整个世界都变了样。

很多大学生缺乏必要的人际交往经验与技能，难以主动地开展人际交往，妨碍了良好的人际交往圈的形成，调查中，36％的大学生认为没有朋友；27％的学生感到孤独、寂寞；45％的大学生更希望自己成为交流的对象而不是交流的直接发起者[①]。在咨询中发现，很多性格内向的大学生内心也存在着强烈的与人沟通的愿望，但却“不知道如何开始”，实际上这也是交往技能与交往经验缺乏的一种表现。

从临床上看，大学生的个性也是构成大学生人际适应不良的一个重要原因。自闭、缺乏自信、自我为中心、猜疑、妒忌等都会影响到大学生人际交往的正常开展。大学生活在一定程度上给学生创造了一个小社会的环境，可以充分地展示自我，展示大学生的风采。部分学生缺乏在公众场合表达自己思想的能力与勇气，面对各种各样的活动，充满了兴趣，却又担心失败，只是羡慕而积极参与的不多，久而久之，开始回避参与，感叹“外面的世界很精彩，外面的世界很无奈”，特别是到周末，学生普遍感到无处可去，甚至出现了“周末恐惧症”，“盼周末，又怕过周末，那种孤寂的感觉真难受”。

社会交往偏差是大学生人际交往中的另一个重要不良倾向。由于社会阅历浅、社会交往经验不足，导致了部分大学生没有能力去正确评价自己及周围人的社会交往。有一些大学生不加分辨地将社会交往圈子扩展到学校之外、社会之上，以自己能够认识一些“社会人”为荣。大学生参与学校之外的社会交往原本也是应该，但必须区分交往的对象及交往的动机。例如，某一女生寝室里，大家之间攀比的是看谁在周末的时候有人来接，谁可以在外留宿不归，错误地将一些不正当的社会交往当成自己具备交往能力的证明。

情爱困惑是很多大学生在处理人际关系过程中又一个备受关注的话题。爱情与恋爱是现代大学里的一个永恒话题，困扰大学生关于爱情的问题通常指向这样几个方面：恋爱动机（我们为什么要谈恋爱），恋爱方式（我们应当怎么谈恋爱），恋爱的结果。大学生的恋爱群体中，为情而恋的有，但不是全部，恋爱动机中，排遣孤独、攀比炫耀、功利性目的也占据着重要的分量。“我是一名普通的大学生，考上大学以后感觉很无聊，和我想象中的

---

① 资料来源：https://wenku.baidu.com/view/fff48b50f01dc281e53af02a.html＃。

大学生活几乎是两样的！这种情况下我就产生了一种非常想有一个女朋友的想法，现在我天天泡在网吧里面，在网上找女生聊天。”

在恋爱与学业之间，很多学生并不能做出妥善的处理，“专业恋爱、业余学习”的情况并不是个别现象，将男朋友女朋友带进课堂，在课堂上搂抱亲昵，全然不顾别人的感受。一些大学生公然蔑视恋爱的结果与恋爱中必须具备的责任感，“每周一哥”“普遍撒网、重点培养、择优而谈”，甚至“预约失恋”。这些错误的恋爱观念往往会导致恋爱中的许多不适当行为。恋爱观念的扭曲、不适当的恋爱行为导致的严重后果，都会为大学生的心理健康埋下隐患。

对于这一问题解决的关键在于加强人际交往指导，对于存在社会交往偏差的学生应当予以适当干预，帮助其澄清自己的交往状况；对于社会交往能力缺乏的个体，应加强社会交往策略的指导；对于大学生的恋爱应该加强指导，树立正确的恋爱观，倡导正确的恋爱行为。

4）行为问题

行为问题是在心理状态基本正常的情况下，个体却表现出了不符合社会期望或规范，且妨碍适应正常社会生活的行为。其中有一些可以严重到心理障碍的程度，高职院校的大学生中表现得比较突出的一些行为问题或行为障碍通常有攻击、烟酒过度、赌博、网络成瘾。

攻击是指对他人有意挑衅、侵犯或对事物有意损毁、破坏的心理倾向及行为。虽然目前没有确切的数据来说明大学生的攻击行为有多严重，但从媒体上屡见不鲜的关于大学生斗殴、人身伤害、甚至行凶杀人的报道中可以发现，暴力攻击是大学生中存在的一种严重行为障碍。

身边的故事

2020 年 6 月 10 日 13 时 55 分，警方接报警称：成都理工大学体育馆外有人持刀伤人。

民警迅速到达现场并抓获嫌疑人孙某某（女，23 岁，该校大四学生）。经审查，嫌疑人孙某某称因与女同学梁某、陈某某存在矛盾，于当日 13 时 50 分许持水果刀在学校体育馆外将二人划伤。

目前，伤者梁某、陈某某已及时送医治疗，无生命危险。公安局已依法立案侦查，案件正在进一步侦办中。

——资料来源：腾讯网，2020 年 6 月 10 日

大学生参与赌博，甚至赌博成瘾的报道在媒体上也常有报道。

身边的故事

2016 年 3 月 9 日，河南牧业经济学院大学生郑德幸从青岛一家宾馆的 8 楼跳下，郑德幸给家人发了最后一条短信，结束了自己 21 岁的生命。之前他曾 4 次企图自杀：2016 年 1 月，他两次试图跳入学校附近的龙子湖内；2 月，他撞上一辆汽车住进医院；过完年，他在河南新乡服下了大量安眠药，昏迷了一天。

从 2015 年 2 月接触赌球，郑德幸越陷越深，直到无法自拔。越输越多时，郑德幸一心想“捞本儿”，他开始借高利贷，同时以 28 名同学之名进行网络贷款。最终欠下的 58.95 万元巨额贷款，把郑德幸逼上了绝路。

——资料来源：新浪教育，2016 年 3 月 21 日

在 2019 年 2 月，中科院心理研究所就对全国 13 所高校进行调查，调查结果显示，大学生网络成瘾问题情况不容乐观，在大学生中断学业的调查结果分析有 80%的大学生是因为网络成瘾。据北京公安部门统计，青少年犯罪中 3/4 的人都是网络成瘾患者①。

身边的故事

（一）

华东理工大学近期对本市高校一些因成绩不佳被退学处理或留级、试读的学生进行了一次跟踪调查，结果发现，这些学生普遍存在长时间“泡”网的现象。超过 8 成的调查对象不仅经常通宵上网，平时还因为沉迷网络游戏或是网上看碟片而经常逃课，导致成绩滑坡。

——资料来源：《新闻晚报》，2003 年 4 月 1 日

（二）

《健康报》今日报道，日本科学家曾对 1000 名玩“任天堂”游戏的学生脑部扫描图进行分析，结果惊讶地发现，电脑游戏只刺激了视觉和运动有关的那部分脑活动，而阻碍了少年儿童的大脑正常发育。天津一家医院对部分 7～18 岁的学生进行脑像图检查也发现，其中 6 个图像杂乱无章的孩子均有网络游戏成瘾倾向。

——资料来源：《健康报》，2001 年 12 月 10 日

① 资料来源：https：//wenku.baidu.com/view/4b0d4e850a4e767f5acfa1c7aa00b52acfc79c85.html。

大学生中的这些行为问题，不是单纯的心理学问题，往往有着复杂的原因。从心理学的角度看，加强大学生人格修养的同时净化社会环境，是解决问题的关键，但单从某一方面入手可能都难以取得预期的成效。

5）性压力

性压力是大学生心理健康问题的又一个重要方面，生理上的成熟所带来强烈的性体验需要无法通过性知识的掌握而获得满足，性知识缺乏导致的心理健康问题远远没有性压力导致的心理健康问题严重。现代社会的信息开放性一方面使得大学生并不缺少性知识，另一方面也从各个方面直接刺激他们的性欲望，几乎所有的大学生都能感受到自己强烈的性冲动。据对部分已婚成年男性的调查，普遍反映大学阶段是他们性需求最强烈的阶段。问题是，由于性活动的特殊社会学意义，大学生不可能具备性满足的正当渠道。

在这种情况下，大学生有三种选择：升华、压抑、放纵。平心而论，升华是困难的，压抑是痛苦的，放纵是可怕的。大学生究竟应当采用什么样的方式来应对他们的性压力呢？一部分学生成功地完成了升华，顺利地渡过大学生活；一部分学生采取了压抑，但是带来消极心理体验，并通过其他途径表现出来；还有一部分大学生则采用了放纵的方式加以应对，大学生召妓、非法同居等新闻在媒体上时有报道。在这种情况下，很多大学生的心理困惑直接指向于如何释放性压力，如何面对由于性行为引起的不良后果（如意外怀孕），以及排解不适当性行为所导致的心理压力。“面对男朋友的性要求，如何选择才能既不伤双方感情，又保持了自身的尊严？”“既不破坏社会公德，又不影响他人的性行为为什么不可以呢？”这是许多大学生经常追问的问题。

这样一些问题不是靠普通的性教育能够解决的，性教育是性知识教育、性健康教育，更是性道德教育、性文明教育、性防卫教育，甚至是人格教育。问题的关键在于帮助大学生澄清自己的性观念，告知不适当性行为可能导致的后果，倡导性压力的积极升华。

4．常见心理障碍

大学生中常见的、易发的心理障碍通常有：

1）神经症

（1）神经衰弱。神经衰弱是指精神容易兴奋和脑力容易疲劳，常伴有情绪烦恼和一些心理生理症状的一种神经症。发病期间，患者最能体会到的症状是：易疲劳，表现为精神萎靡、疲乏无力、困倦思睡、头昏脑涨，注意力不集中、记忆力减退、近事遗忘、工作不持久、效率下降但智力正常，意志薄弱，缺乏信心和勇气，容易悲观失望；情绪容易兴奋，可因小事而烦躁、忧伤、易激怒或焦急苦恼，事后又懊丧不已；精神容易兴奋，表现为回忆和联想增多；紧张性头痛或肢体肌肉酸痛；睡眠障碍，睡眠节律失调，夜晚入睡困难，睡眠浮浅、多噩梦、易早睡、醒后感到不解乏，头脑不清醒；植物神经功能紊乱的症状，如心动过速、心前区疼痛、四肢发凉、血压偏高或偏低、消化不良、食欲不振、恶心，腹胀、便秘或腹泻等。

神经衰弱的诱发与引起神经活动过度紧张并伴有不良情绪的刺激有关，如亲人死亡、家庭不和睦、事业失败、人际关系紧张、生活节律颠倒及长期心理矛盾得不到解决时均可能诱发本症。具有敏感、多疑、胆怯、自制力差的性格特征的个体容易诱发神经衰弱。

身边的故事

毕，男，22岁，某大学一年级学生。一年前常因担心能否考取大学而哭泣，伴有失眠、头昏脑涨、上课注意力不集中、记忆减退。入大学后症状有增无减，上课时开始15分钟内尚能专心听课，之后疲劳倦怠、思睡、神经萎缩、头脑昏沉，以致听课收效甚少。在宿舍中怕声音与光亮，常因小事控制不住与人发生争执，但事后又懊悔或道歉。入夜，辗转反侧，难以入睡，多噩梦。求治心切，四处求医，各种贵重药宁可自费也要一试。平时好静，喜文学，多思虑，遇事敏感等。

（2）强迫症。强迫症是以强迫观念和强迫动作为主要表现的一种神经症。以有意识的自我强迫与有意识的自我反强迫同时存在为特征，患者明知强迫症状的持续存在毫无意义且不合理，却不能克制其反复出现，愈是企图努力抵制，反愈感到紧张和痛苦。强迫症的心理异常表现为强迫观念、强迫意志和强迫行为。病人明知某种行为或观念不合理，但却不能自我控制和克服，无法摆脱，因而非常痛苦。患强迫症的大学生在性格上多存在一定的缺陷，常常表现出主观任性、胆小怕事、优柔寡断、过分拘谨、生活刻板、思虑过多等特点。常见的强迫症有如下几种。

强迫联想：反复想象一系列不幸事件会发生，虽明知不可能，却不能克制，并激起情绪紧张和恐惧。

强迫回忆：反复回忆曾经做过的无关紧要的事，虽明知无任何意义，却不能克制，非反复回忆不可。

强迫疑虑：对自己的行动是否正确，产生不必要的疑虑，要反复核实。如出门后疑虑门窗是否确实关好，反复数次回去检查。不然则感焦虑不安。

强迫性穷思竭虑：对自然现象或日常生活中的事件进行反复思考，明知毫无意义，却不能克制，如反复思考“房子为什么朝南而不朝北。”

强迫对立思维：两种对立的词句或概念反复在脑中相继出现，而感到苦恼和紧张，如想到“拥护”，立即出现“反对”；说到“好人”时，立即想到“坏蛋”等。

强迫洗涤：反复多次洗手或洗物件，心中总摆脱不了“感到脏”，明知已洗干净，却不能自制而非洗不可。

强迫检查：通常与强迫疑虑同时出现。患者对明知已做好的事情不放心，反复检查，如反复检查已锁好的门窗，反复核对已写好的账单、信件或文稿等。

强迫计数：不可控制地数台阶、电线杆，做一定次数的某个动作，否则感到不安若漏掉了要重新数起。

强迫仪式动作：在日常活动之前，先要做一套有一定程序的动作，如睡前要按一定程序脱衣、鞋，并按固定的位置放置，否则会感到不安。

（3）恐怖症。

恐怖症临床表现的中心症状是恐怖，患者对某些特定的对象产生强烈和不必要的恐惧，伴有回避行为。恐惧的对象可能是单一的或多种的，如动物、广场、暗室、登高或社交活动等。患者明知其反应不合理，却难以控制而反复出现。大学生中常见的是社交恐怖，表现为害怕在众人面前出现，害怕被人注意，害怕会出现脸红、发抖、出汗或行为笨拙，因此不敢与人面对面，回避与人谈话。有的患者对特殊的交往对象出现恐怖症状，如异性恐怖等。

2）抑郁症

抑郁症

抑郁是一种负性、不愉快的情绪体验，是以情感低落、哭泣、悲伤、失望、活动能力减退，以及思维、认知功能的迟缓等为主要特征的一类情感障碍。患者的表现以心情低落为主，可以从闷闷不乐到悲伤欲绝，甚至发生木僵。严重者可出现幻觉、妄想等精神病性症状。某些病例的焦虑与运动性激越很显著。一般需要根据下述标准进行诊断，注意不要将正常的情绪波动称作抑郁障碍，也不要对抑郁症视而不见。

抑郁症以情绪低落、缺乏愉悦感、身体疲劳等为主要特征，持续病程至少 2 周，并且社会功能受到一定程度的影响。抑郁症必须符合下述症状中的至少 4 项：①对日常生活兴趣丧失，无愉悦感；②明显精力减退，持续疲乏感；③精神运动性迟滞或激越；④自我评价过低，伴自责、内疚感或犯罪感；⑤联想困难，思维活动能力显著下降；⑥有反复想死的念头或自伤、自杀行为；⑦失眠、早醒，或睡眠过多；⑧食欲不振，体重减轻；⑨性欲减退。

3）癔症

又称歇斯底里，是由明显精神因素、暗示或自我暗示所导致的精神障碍，主要表现为感觉或运动障碍、意识状态改变、症状无器质性基础的一种神经症。一般多由急性精神创伤性刺激引起，亦可由持久的难以解决的人际矛盾或内心痛苦引起。尤其是气愤与悲哀不能发泄时，常导致疾病的突然发生。

癔症发作时，患者徐缓倒地，痉挛发作无规律性，或为四肢挺直，不能被动屈曲；或呈角弓反张状；或作挣扎乱动，双手抓胸，揪头发、扯衣服、翻滚、喊叫等富有情感色彩的表现。会出现感觉脱失、感觉过敏及暴发性耳聋、弱视或失明、嗅觉和味觉等感觉障碍，有时还会出现呕吐、呃逆、过度换气、木僵、爆发等症状。

癔症的发病与癔症性人格有密切关系，癔症性人格常常带有情绪易波动、易受暗示、自我为中心、富于幻想等特征。

身边的故事

花，女，19岁，大一学生。系独生女，自幼娇生惯养，稍不顺心即在地上打滚撒娇。成年后，在家中凡事要以她为中心，否则便沉默不语数日。擅长文艺，但心胸狭隘，某日排练时，稍受批评，即感委屈受不了，顷刻伏倒在地，意识不清，双目紧闭，大喘气，四肢挣扎状乱动。约一小时后平静，不能说话，但能用笔对答。

4）偏执

它是人格障碍的一种，其主要特点是主观、固执、敏感多疑、心胸狭隘、报复心强。一方面，骄傲自大，自命不凡，总认为自己怀才不遇，自我评价甚高；另一方面，在遇到挫折时，又过分敏感，怪罪他人，推诿客观，很容易与他人发生冲突与争执。不信任或者怀疑他人忠诚，过分警惕与防卫；强烈地意识到自己的重要性，有将周围发生的事件解释为"阴谋"、不符合现实的先占观念；过分自负，认为自己正确，将挫折和失败归咎于他人；容易产生病理性嫉妒；对挫折和拒绝特别敏感，不能谅解别人，长期耿耿于怀，常与人发生争执或沉湎于诉讼，人际关系不良。

身边的故事

郭文思被捕前是北京工业大学试验学院2001级学生，2002年，担任班长的郭文思与同样担任班干部的小佳恋爱。2004年8月28日，郭文思和小佳逛完街后，因时间太晚就住进了东城区一家酒店内。因怀疑女友移情别恋，郭文思在房间内与小佳发生激烈争吵。次日凌晨3时左右，郭文思先掐小佳的脖子，后又用枕头捂住小佳的脸，导致其机械性窒息死亡。小佳死亡后，郭文思用多种方法自杀，但未成功。之后，郭文思在父亲的劝说和陪伴下投案自首①。

5）性心理障碍

又称性变态、性欲倒错等，是以异常行为作为满足个人性冲动的主要方式的一种心理障碍，其共同特征是对常人不引起性兴奋的某些物体或情境，对患者都有强烈的性兴奋作用，而在不同程度上干扰了正常的性行为方式。常见的性心理障碍主要有：

露阴癖指在陌生异性面前出其不意地露出生殖器，以取得性的满足，伴有或不伴有手淫，但无进一步性活动的要求。

① 资料来源：http://news.sohu.com/20050225/n224423385.shtml。

窥阴癖指在暗中窥视异体裸体或性活动，以取得性的满足，伴有当场手淫或事后回忆窥视景象时手淫。常于15岁前开始，成年后确诊。

易性癖指心理上对自身性别的认定与解剖生理上的性别特征恰好相反，持续存在改变本身生理性别特征以达到转换性别的强烈愿望，其性爱倾向为纯粹同性恋。

恋物癖指以获取异性贴身衣物，而非异性本身，取得性的满足。有时采取偷窃手段来取得这些东西。

异装癖指反复出现穿着异性装饰的强烈愿望，通过穿着异性装饰可引起性兴奋或性满足。

施虐癖与受虐癖：施虐癖是指对性对象给予精神和肉体上的折磨以取得性的满足。受虐癖则以承受这种折磨为满足。有时这两种情况可在同一人身上出现。

6）精神分裂

精神分裂症是一组病因未明的精神病，多起病于青壮年，常有感知、思维、情感、行为等多方面的障碍和精神活动的不协调。精神分裂症状是最常见、最难描述、最难做出完整定义的重性精神疾病。

症状初期可出现神经衰弱综合征或有强迫症状，但不主动要求治疗；有的逐渐表现为孤僻、冷淡、缺乏主动性；有的变得敏感多疑，过多思虑，恐惧等；也有的突然出现令人费解的奇异行为，如无目的开关电门，在课堂叫喊，下雨时无故在室外站立不动，或突然冲动，毁物等。随着这些症状的发展，逐渐显露出精神分裂症状和病型的特点。

发展期逐步显示出下列症状：思维障碍——联想松弛、谈话内容不紧凑、应答往往不切题，进而出现联想散漫，重则出现思维破裂、联想中断，或有象征性思维、造新字或新词等；思维内容障碍多为各种妄想，其逻辑推理荒谬离奇，无系统，脱离现实，且常有泛化，涉及众人。妄想内容以被害、嫉妒等多见，也可有夸大、罪恶等妄想。还可有被控制感、思维播散、思维插入或思维被夺；幻觉，以幻听居多；情感反应迟钝、淡漠，对人对事，多不关心；智力尚保持良好，意识清晰，自知力不良。

出现精神运动性抑制（表现终日呆坐少动，沉默寡言，孤独退缩，独居一处，与关系密切的也不交往，甚至呈木僵状态），或不协调性兴奋（如躁动不安、冲动毁物、自伤、殴人或出现紧张综合征）。

身边的故事

陈，34岁，已婚，工程师，因怀疑被毒害入院半年。病前个性孤僻、多疑、沉默、敏感。平素健康，无重病史。母亲患精神病已20年。

半年前患者在工作中与人发生过学术争论，以后出现失眠、少食，怀疑单位领导存心与他作对，每次在单位进餐后均有头昏、手胀、喉塞，疑是领导布置在食物中放毒加害于他。为寻找"解毒剂"，翻阅很多医学书籍，买了"海藻精"，食后自觉很有效，近一月来，怀疑领导串通医务室医生用"中子射线"控制其思想和行为，有时听到"中子射线"与他对话，评论他"老实，知识丰富"，命令他"不许反抗"。走在街上发觉"处处有人跟踪"。疑毒剂失效，买了两只馒头送防疫站化验。在家一提及单位事就很激动，指责家人"你们都不知道，当心上他们的当！"。吸烟加多，满面愁容，同事劝慰则更反感。到处求医，查肝功、心电图、拍胸片，认为身体已被搞垮。近日连续写控告信，并去公安局要求保护。

身体检查和神经系统检查未发现异常。仪态端正，意识清楚，智力正常，言语对答切题，表情紧张，所谈多为上述内容，但进一步追问却说不出道理，否认有病。

大学生中的这样一些心理障碍，若不经过专门治疗，难以自行恢复。实际上，个体也难以自我诊断，将它们列举在上面的唯一理由就是，它可以让我们多一点点这方面的意识，当怀疑自己的行为跟其中某些症状类似时，应该尽快到医院或心理咨询中心进行相关咨询，听取专业人士的建议。

（四）心理健康水平的评估方式

他的心理正常吗？

一般认为，精神疾病与心理障碍属于心理异常，需要求助于精神科医生及专业心理治疗师，一般心理问题属于正常情况，通过一般的心理咨询与辅导可以解决。对求助者心理健康水平的准确区分，是心理工作者首先面临的问题，同时也是许多个体在感受到心理困扰时最迫切想知道的问题——"我的×××正常吗？"。那么心理咨询师是如何判断求助者的心理健康水平的呢？

尽管人们可以制定出各式各样的心理健康标准，但在实际生活中判断心理健康水平的正常与异常依然是相当困难的。首先，异常与正常通常是相对的，难以规定出一个明确的分界线；再有，心理异常的表现受到多种因素的影响，包括客观环境、主观经验、心理状态以及社会文化背景等，而判别者对这些因素的看法也不相同，所以难以形成被大家公认的标准。心理咨询师一般会从以下四个方面综合考虑：

1. 个人的主观经验

可以为心理咨询师提供判别线索的主观经验主要来自来访者对自己内心体验的描述与心理咨询师的主观感受两方面：大多心理健康异常的来访者会有较多的消极体验的叙述，如忧郁、焦虑、痛苦、难以自我控制等，也就是说心理健康异常的个体大多会有比较强烈的消极体验。但有一些个体会否认自己有消极体验，这时候心理咨询师的主观感受非常重要。当个体否认自己存在异常体验、而咨询师又明显感觉到其行为异于常人时，应当考虑其心理异常的可能性。在判别的过程中应当注意将异常状态下的心理体验与重大生活事件所激发的正常心理反应相区分，两者在体验上有相似的成分，但持续时间有差别，重大生活事件所激发的心理体验有一个正常的持续时间，而异常状态下的心理体验持续的时间一般要长于这段时间。换句话说，如果重大生活事件所引起的消极心理反应持续时间过长，可能导致形成不良的心理健康状态。

2. 行为是否符合社会规范

在一般情况下，人的行为总是与环境协调一致，符合社会规范。这使得特定群体中的人在价值倾向、行为方式带有很大的相似性，心理咨询师通常会将来访者的行为与态度与大家普遍的行为方式做比较，判断其行为是否符合社会规范，主要考察来访者对人对己的态度、在集体中的表现、与他人的人际关系、对社会事件及社会关系的看法等。若个体的态度及行为方式明显异于他人，或明显不符合社会规范，往往是心理状态异常的表现。

3. 特殊行为

有一些特殊心理现象或行为在正常人身上是不常出现的，这也成了心理工作者或精神科医生判别个体心理健康水平的一个重要依据，如：幻觉（往往表现为患者声称听到了别人听不见的声音或者看到了别人没有看见的东西）、妄想（声称遭受迫害或者坚持认为周围人都在议论自己）、胡言乱语、难以预测的行为、长期忧郁、自杀、过分热情、没有原因的情绪高涨等。这些行为的出现通常与心理健康状况异常有关。

4. 心理测验

心理咨询师对于个体心理健康状况的判别不仅通过倾听与观察来进行，在很多情况下，还需要通过心理测验来进行。心理健康测验是采用某种被认为能够反映人的心理健康状况的标准化尺度，对人的心理行为表现进行划分，以推断其心理特征结构在健康维度上所处位置的方法。心理测验对个体行为或心理状态的考察相对完整，并且标准化，因而结果相对客观准确。心理咨询师通过将个体心理测验的分值与一般标准（常模）进行比照，可以判断受测者的心理健康水平。心理测验的实施需要专业技能，一般需要经过专门的训练。

心理工作者一般会通过以上几个方面的综合考察来评估个体的心理健康水平。在这里我们需要强调的是，当个体产生心理困扰时，应当尽快到专业的心理咨询机构咨询，从心理咨询师那里得到准确的评估与帮助。现实生活中，有一些人由于对心理咨询形成了一些错误的认知，不习惯或不敢到心理咨询室求助，一旦产生心理困扰时便在网上或杂志上盲目地找一些心理测试进行自我评估。这不仅是不准确的，而且是非常危险的。个体在自我评估时，由于缺乏使用心理测试的专业技能，无论是心理测验的选择与甄别，还是具体的操作与结果的解释上，都会产生问题，使得个体得不到准确的资讯。有些网上心理自测测验为了方便个体的自我评估，将一些标准的心理测验进行了简化，这样又使得这些测验的信度与效度大大降低，个体同样难以获得准确的资讯。不科学的心理测验的危害，不仅在于个体得不到准确的资讯，而且会形成负面的强化进而加剧心理负担，或者造成对心埋问题的漠视。现在各大院校都设有专门的心理咨询机构，大学生个体产生心理困扰时，应当尽快到那里获得准确的评估与帮助。

二、影响心理健康的因素

生活中有些因素会影响到我们的心理健康，对这些因素的充分认知有助于人们进一步认识与维护心理健康。心理健康问题产生的原因比较复杂，概括起来大致上有以下这样两个方面：

（一）本体因素

1. 生理因素

遗传被证实是影响人的心理状态的一个非常重要的因素，人的躯体、气质、智力、神经过程的活动特点等，受遗传因素的影响较为明显。根据调查和临床观察，在精神病患者的家族中，患精神发育不全、抽风发作、性情乖僻、躁狂抑郁等神经精神病或异常心理行为的人占相当比例。例如，对躁狂抑郁症和精神分裂症患者亲属的患病率的调查数据显示，精神疾病发病的原因确实具有明显的血缘关系，血缘关系越亲近，患病率越高，而这正是遗传因素的影响。

根据调查和临床观察，在精神病患者的家族中，患精神发育不全、抽风发作、性情怪僻、躁狂抑郁性等精神病或异常心理行为的人占相当比例。例如，对躁狂抑郁症和精神分裂症患者亲属的患病率的调查数据显示，精神疾病发病的原因确实具有明显的血缘关系，血缘关系越亲近，患病率越高，而这正是遗传因素的影响（见表 1-1）。

表 1-1　躁狂抑郁症和精神分裂症患者亲属的患病率①

疾病	关系	百分比/%
躁狂抑郁症	父母	11.5
	子女	22.2
	异卵双生	23.0
	同卵双生	95.7
精神分裂症	表兄弟姊妹	3.9
	堂兄弟姊妹	7.3
	父母	9.8
	同胞兄弟姊妹	11.9
	异卵双生	12.5
	子女	16.4
	同卵双生（分居）	77.6
	同卵双生（同居）	91.5

① 资料来源：https://www.docin.com/p-2162569945.html。

躯体疾病或生理机能障碍也是造成心理障碍和精神失常的原因之一。例如内分泌机能障碍中，最突出的如甲状腺机能混乱、机能亢进，往往导致敏感、暴躁、易怒、情绪冲动、自制力减弱等心理异常表现；肾上腺素分泌过多会引起躁狂症，而肾上腺素分泌不足则可能导致抑郁症等。

此外，中枢神经系统的病菌或病毒感染、脑外伤或化学中毒等，也有可能引起心理失常。

2．认知因素

认知是指人认识客观事物，反映客观事物的特性与联系，并揭露客观事物对人的意义和作用的心理活动。个体通过认知过程来获得外部信息，构成对外部世界的理解。认知过程是个体价值态度、内心体验、行为方式形成的前提与基础。社会认知的偏差、认知因素的相互冲突是形成心理问题的重要原因之一。

有关研究表明：一旦个体的某一认知因素发展不正常或某几种认知因素之间的关系失调，就会产生认知矛盾和冲突。这种矛盾和冲突，会使人感到紧张、烦躁和焦虑，甚至产生心理偏差或心理障碍。认知的严重偏差与失调，还会损坏人格的完整性和协调性，甚至导致人格变态。在大学生的心理咨询实践中，经常可以发现，许多大学生的心理困惑与其所形成的对自己、他人、人际关系以及其他社会现象的错误认知有密切的关系，当这些偏差得到纠正或调整时，个体的心理困惑也就得到了相应的调整。

3．情绪因素

情绪是在认知基础上所激发的个体的内在体验，是一个人机体生存和社会适应的内在动力，是维持身心健康的重要因素。一般地讲，稳定而积极的正性情绪状态，使人心境愉快、安定，精力充沛，身体舒适、有活力；相反，经常波动而消极的负性情绪状态，则往往使人心境压抑、焦虑，精力涣散，行为失控，身体衰弱、缺乏活力。因此情绪反应既是心理健康的重要指征，也是影响心理健康的一个重要因素。

4．个性因素

个性是个体长期以来所形成的稳定的心理特征及倾向，是影响个体心理健康的重要因素。例如，同样一种生活挫折，对不同个性的人，其影响程度完全不同。有的人可能无法承受，或消极应付，从此自暴自弃；有的人则可能接受现实，正视挫折，加倍努力，奋发图强。研究表明，特殊人格特征往往是导致相应精神疾病，特别是神经官能症的发病基础。例如，谨小慎微、求全求美、优柔寡断、墨守成规、敏感多疑、心胸狭窄、事事后悔、苛求自己等强迫性人格特征，很容易导致强迫性神经症；再如，易受暗示、耽于幻想、情绪多变、容易激惹、自我中心、自我表现等特殊人格特征，很容易导致癔症。

（二）诱发因素

1．家庭因素

大量研究表明，不良家庭环境因素容易造成家庭成员的心理行为异常。这些因素主要有家庭主要成员变动，如父母死亡、父母离异或分居、父母再婚等；家庭关系紧张，家庭情感气氛冷漠，矛盾冲突频繁等；家庭教育方式不当，如专制粗暴、强迫压服，或溺爱娇惯、放任自流等。尤其是在儿童幼年阶段，这些因素的存在，会导致孩子的情感缺失及社会认知偏差，为心理健康埋下隐患。

延伸阅读

家长教养态度与子女性格

（1）家长教养态度属支配型的，子女性格则有服从、温和、消极的特点。

（2）家长教养态度若是照管过甚的，子女性格即有幼稚、依赖、神经质特点。

（3）家长教养态度属保护型的，子女性格则缺乏社会性和深思、亲切及情绪安定特点。

（4）家长教养态度属溺爱型的，子女性格就有任性、幼稚和神经质特点。

（5）家长教养态度若是顺应型的，子女则往往不服从、攻击和无责任心。

（6）家长教养态度是忽视型的，子女性格具有攻击性、情绪不安和创造力强的特点。

（7）家长教养态度属拒绝型的，子女则多具有神经质、粗暴或冷淡的特点。

（8）家长教养态度若是残酷的，子女则多为执拗、冷酷、逃避或神经质的特点。

（9）家长教养态度是民主型的，子女性格则具独立、爽直、协作、亲切、社交的特点。

2. 学校因素

学校是学生学习、生活的主要场所，学校生活对学生的身心健康有着很大的影响。学校中的学习压力、生活条件、师生关系、同伴交往等都是影响学生心理健康的重要因素。例如，学风不振、学习负担过重、教育方法不当、师生情感对立、同学关系不和谐等都会使学生的心理压抑，精神紧张、焦虑、失眠，如不及时调适，就会造成心理失调，导致心理障碍。

3. 社会因素

个体所处于的社会大环境也直接影响到个体心理健康。现代社会发展所带来的利益格局的重新调整、贫富差距的加大、价值观念的转换，都会在很大程度上影响大学生的心理态度及行为方式；技术的进步使得现代社会中的信息交换变得更为方便，同样也方便了一些不良思想的传播与扩散，使得高职学生有了更多的机会面临各种不健康的刺激与诱惑；社会竞争的加剧也会在很大程度上造成就业压力的增加，尤其对于高职学生而言，构成了一个不容忽视的压力源。所有这些现象都会加重学生的心理负担和内心矛盾，影响身心健康。

4. 生活事件

对于生活中种种不期而至的重大生活事件，如亲人亡故、疾病、意外怀孕、灾难、遭受强奸、动机挫折、人际交往中矛盾与冲突等，往往会引起个体强烈的心理震荡。对于偶然出现的事件，个体缺乏足够的应对经验，很容易导致个体心理失衡，进而影响个体心理健康，诱发心理问题。

就心理健康问题的产生而言，常常是以上因素综合影响的结果。作为一个特定的人群，高职学生学习与就业的压力大，社会认可度相对较低，加之理想及价值观尚未彻底定形，更容易受到这些因素的消极影响。

三、心理健康的维护

心理健康维护

大学生心理健康的维护，从总体上说，包括两个方面，即自我维护策略和社会支持策略。所谓自我维护是指大学生自己通过多方渠道增强心理素质，提高心理免疫能力，学会自我调节，从而有效地维持自身心理健康。而所谓社会支持则包括自发的社会支持与自觉的社会支持两个方面。自发的社会支持往往由个人的家庭、朋友、同事等人提供，个体遭遇心理困扰时给予适当疏导与劝慰，个体可以从良好社会关系中获得相应帮助；而自觉的社会支持往往由专门的机构提供，由专业人士为当事人提供心理帮助，它不是个人社会关系中的必然组成部分，个体在出现心理困惑时可以前往寻求帮助，是一种从外部施加的、有组织的帮助活动。

（一）心理健康的社会支持系统

在这里所要说的社会支持系统指的是那些能够提供专业帮助的、自觉的社会支持，大学生心理健康的社会支持系统主要由学校提供。目前，各大院校都在纷纷建立大学生心理帮助体系，在很多学校，新生一入学就会进行相应的心理健康测试，建立心理健康档案；有的学校还会通过测试，筛选需要关注的对象，给予及时干预；学校里还会通过板报宣传、印发宣传材料、不定期地举办各种心理健康方面的讲座等方式，让大学生有更多的机会走近心理健康，无偿给大学生的心理健康提供社会支持；多数学校都组织成立了相应的心理咨询中心，配备专职的心理咨询老师，随时为需要帮助的大学生提供无偿的帮助。心理咨询老师能够运用心理学的专业知识和相应技巧，针对来访者的心理问题作出分析、建议、辅导，以维护和增进来访者的身心健康，促进其人格完善和潜能发挥。因此，当大学生产生心理困惑时，也可以直接到学校的心理咨询中心去寻求帮助。

此外，大学生产生心理困惑时还可以通过下列渠道获得比较专业的心理帮助：

(1) 各地方的心理咨询中心。国内大多中等以上的城市都成立有专门的心理咨询中心，大学生可以到当地心理咨询中心求助。

(2) 心理咨询热线。目前很多城市也都开通了心理咨询或危机干预的热线电话，需要求助的同学可以通过 114 查询该热线的号码，然后进行相关咨询。

(3) 网络咨询。网络咨询是近几年发展起来的一种心理交流、沟通、咨询的途径，大学生在产生心理困惑以后，可以登录国内一些知名的心理咨询网站，在那里通过与专业人士的交流而获得帮助。

延伸阅读

心理咨询的五个不等式

(1) 心理问题≠精神病

(2) 心理学≠窥见内心

(3) 心理咨询≠无所不能

(4) 心理医生≠救世主

(5) 心理咨询≠思想工作

(二) 心理健康的自我维护

现代大学生要树立心理健康意识，消除对心理健康问题的偏见，遇到问题与困扰应当主动到学校的心理咨询中心去寻求帮助。此外，大学生还应当积极掌握其他一些心理健康的自我维护知识与技能。

1. 掌握一定的心理卫生知识

大学生的心智已经开始走向成熟，自我意识已基本建立，应该有能力来监控与管理自己的价值观念与行为。因此，每个大学生都应增强心理卫生意识，正确认识心理健康问题，了解心理卫生的知识，在必要时就可以进行自我调节。在大学里，大学生可以通过网络、报纸杂志、心理健康讲座与宣传、专门咨询等多种途径来了解和学习心理卫生知识。

延伸阅读

《心理学改变生活》

伊斯特伍德·阿特沃特、卡伦·达菲所著《心理学改变生活》(第9版)是写给那些有兴趣在生活中应用心理学的知识和原理，想更好认识自己的读者的。该书从个人、职场、恋爱、家庭等方面，多角度、多层次地讲解了心理学对生活的巨大影响，结合大量真实心理案例，向读者传授了多种控制负面心理、走出抑郁生活的实用心理调节技巧，再辅以丰富多样的人格测试和心理测试，帮助读者在轻松阅读中激励心智，增长智慧，让生活变得轻松自如。

2. 建立良好的生活秩序

大学里的许多学生都是第一次离开家庭独立生活，加上大学的宽松管理模式，使得很多学生一下子获得许多以前从未有过的“自由”。学生必须尽快学会管理自己的生活，建立有序生活秩序，否则如果滥用这种“自由”，随心所欲，不顾自己的身体状况和生理节奏，生活无序，极易导致精神损伤。在建立良好的生活节奏时需要注意处理好以下几个问题：

1）摆正学业位置

许多新生入学，容易出现两种倾向：一是觉得苦读中学这么多年，好不容易进了大学，可以好好轻松一下。而大学相对中学来说，有更多的自由，也比较轻松，没有老师、家长过多的督促与干涉，平时终日玩乐，临到考试，内心惶惶，难以平静；二是由于难以适应大学的学习方式，本人对学习又寄予较高的期望，导致学习上疲于被动应付，产生高度焦虑，压力很大，严重影响其自信心。这两种不良倾向最终都可能导致学业上的挫折，带来苦恼及自我否定等心理问题。因此，大学生应当摆正学习的位置，认识到学习对于自己的特殊意义，更应该认识到大学的学习不只是课本知识的学习，更是一个综合能力的学习与发展的过程，处理好知识学习与能力发展之间的关系。

2）积极参与校园活动

大学校园生活是丰富多彩的，这为学生合理安排生活节奏、积极参加多样的文体活动提供了十分有利的外在条件。在紧张学习的同时，适当参加一些文体活动，既可以调剂紧张的学习生活，劳逸结合，提高学习效率，又可以增加与他人相处的机会，开阔视野，广交朋友，从而经常体验到愉悦。积极参与校园文化活动，有助于个体发现、发掘、发展自己在各方面的潜力，树立信心，增强自信。

3）注意用脑卫生

大脑是心理活动的最重要的物质基础，大脑受到损伤，会导致许多精神症状。过度的疲劳、紧张，或长时间的高度兴奋、强烈刺激，都会引起脑力衰竭，诱发严重的心理问题，甚至是精神疾病。长时间的持续上网、游戏，香烟、酒精的过多刺激，长时间的高强度知识学习，都有可能引发此类问题。因此注意生活节奏，有张有弛，不图一时之快、不逞一时之强，有利于用脑卫生，保持良好心境。

延伸阅读

健康作息时间表

(1) 7：30：起床。英国威斯敏斯特大学的研究人员发现，那些在早上5：22—7：21起床的人，其血液中一种能引起心脏病的物质含量较高，因此，在7：21之后起床对身体健康更加有益。打开台灯。“一醒来，就将灯打开，这样将会重新调整体内的生物钟，调整睡眠和醒来模式。”拉夫堡大学睡眠研究中心教授吉姆·霍恩说。喝一杯水。水是身体内成千上万化学反应得以进行的必需物质。早上喝一杯清水，可以补充晚上的缺水状态。

(2) 7：30—8：00：在早饭之前刷牙。“在早饭之前刷牙可以防止牙齿的腐蚀，因为刷牙之后，可以在牙齿外面涂上一层含氟的保护层。起床后，经过一夜，口腔内含有大量有害物质，必须起床后立即刷牙。”英国牙齿协会健康和安全研究人员戈登·沃特金斯说。

(3) 8：00—8：30：吃早饭。“早饭必须吃，因为它可以帮助你维持血糖水平的稳定，”伦敦大学国王学院营养师凯文·威尔伦说。早饭可以吃燕麦粥等，这类食物具有较低的血糖指数。

(4) 8：30—9：00：避免运动。来自布鲁奈尔大学的研究人员发现，在早晨进行锻炼的运动员更容易感染疾病，因为免疫系统在这个时间的功能最弱。步行上班。马萨诸塞州大学医学院的研究人员发现，每天走路的人，比那些久坐不运动的人患感冒病的概率低25%。

(5) 9：30：开始一天中最困难的工作。纽约睡眠中心的研究人员发现，大部分人在每天醒来的一两个小时内头脑最清醒。

(6) 10：30：让眼睛离开屏幕休息一下。如果你使用电脑工作，那么每工作一小时，就让眼睛休息3分钟。

(7) 11：00：吃点水果。这是一种解决身体血糖下降的好方法。吃一个橙子或一些红色水果，这样做能同时补充体内的铁含量和维生素C含量。

(8) 13：00：在面包上加一些豆类蔬菜。你需要一顿可口的午餐，并且能够缓慢地释放能量。

(9) 14：30—15：30：午休一小会儿。雅典的一所大学研究发现，那些每天中午午休30分钟或更长时间，每周至少午休3次的人，因心脏病死亡的概率会下降37%。

(10) 16：00：喝杯酸奶。这样做可以稳定血糖水平。在每天三餐之间喝些酸牛奶，有利于心脏健康。

(11) 17：00—19：00：锻炼身体。根据体内的生物钟，这个时间是运动的最佳时间，舍菲尔德大学运动学医生瑞沃·尼克说。

(12) 19：30：晚餐少吃点。晚饭吃太多，会引起血糖升高，并增加消化系统的负担，影响睡眠。晚饭应该多吃蔬菜，少吃富含卡路里和蛋白质的食物。吃饭时要细嚼慢咽。

(13) 21：45：看一会电视。这个时间看会儿电视放松一下，有助于睡眠，但要注意，尽量不要躺在床上看电视，这会影响睡眠质量。

(14) 22：00：洗个热水澡。“体温的适当降低有助于放松和睡眠。”拉夫堡大学睡眠研究中心吉姆·霍恩教授说。

(15) 22：30：上床睡觉。如果你早上7：30起床，22：30入睡可以保证你享受9小时充足的睡眠。

——资料来源：百度百科

3. 保持健康的情绪

情绪对于心理健康来说，是至关重要的。稳定而良好的情绪状态，使人心情开朗，轻松安定，精力充沛，对生活充满乐趣与信心。相反，如果一个人情绪波动不稳，患得患失，而自己又不会调节和控制，就会导致心理失衡和心理危机。大学生情感丰富而冲动，就更应学会保持健康的情绪。大学生可以通过合理宣泄、主动诉述、自我疏导、光明思维等方法来对消极情绪进行自我调节，维持健康、乐观的情绪状态。

延伸阅读

快乐的学问

你改变不了环境，但你可以改变自己；
你改变不了事实，但你可以改变态度；
你改变不了过去，但你可以改变现在；
你不能控制他人，但你可以把握自己；
你不能预知明天，但你可以把握今天；
你不可以样样顺利，但你可以事事尽心；
你不能延续生命的长度，但你可以决定生命的宽度；
你不能左右天气，但你可以改变心情；
你不能选择容貌，但你可以展现笑容。

4. 加强人际交往

建立良好而真诚的人际关系是心理保健的重要途径。和谐的人际关系、深厚持久友谊，可以增加大学生的归属感。大学生可以从良好的人际关系中得到关怀、惦念、安慰、理解、鼓励、帮助、支持，增加生活、学习、工作的信心和力量，最大限度地减少心理应激和心理危机感。同时，大学生也可以在关怀、惦念、安慰、理解、鼓励、帮助、支持他人的同时获得自我价值的肯定。

5. 树立远大理想

树立远大的理想，并为之一步步地努力，会让人产生成就感与控制感，有助于个体获得积极的心理状态体验。理想缺失，容易导致生活的空虚感与盲目感，往往表现为一些大学生不知道自己应该做什么，有时也会跟着别人一起忙碌，但又不知道为什么要这么做，这在一定程度上也会影响大学生的心理健康。因此，高职学生在进入大学之后，应该尽快做好个人生涯发展规划，树立远大理想，并将其分解为可行的子目标。当我们为这些目标努力、取得成功时，会产生强烈的成功体验，驱使我们努力实现下一个目标。人就会在一种充实、有成就感、可以自主控制的积极体验下生活。

在确定生活目标、树立远大理想的时候，应当注意以下两个方面的问题：一是理想目标要切合实际，每个人都有成功的欲望，大学生的这种成功欲望更为强烈。但客观地讲，每个人的能力及资源都有限度的。我们应该对自己的状况做出客观的评价，并依此制订可行的目标，不对自己过分苛求，把奋斗目标确定自己能力所及的范围以内，使自己通过努力，最终能实现目标，这样有助于获得成功体验。与此相反，如果不自量力，仅凭良好的愿望和热情，盲目地制定宏伟目标，结果往往是目标落空，蒙受打击，产生挫折体验，给自信心和情绪状态造成不良影响，不利于维持心理健康；二是理想要有行动支撑，只有用行动来支撑个体的理想时，个体才能取得成功，获得积极体验。实际生活中，有些学生眼高手低，频繁确定或更换目标，很少为目标付出实际行动，这不仅让其难以获得成就体验，而且会导致焦虑，不利于心理健康的维护。

心理拓展

心理测试

以下40道题，如果感到“常常是”，画√号；“偶尔是”或“有点是”，画△号；“完全没有”，画×号。

(1) 读书看报甚至在课堂上也不能专心一致，往往自己也搞不清在想什么。

(2) 老师讲概念，常常听不懂，有时懂得快忘得也快。

(3) 一遇到考试，即使有准备也紧张焦虑。

(4) 经常早醒1～2个小时，醒后很难再入睡。

(5) 学习的压力常使自己感到非常烦躁，讨厌学习。

(6) 平时不知为什么总觉得心慌意乱，坐立不安。

(7) 遇到不称心的事情便较长时间地沉默少言。

(8) 感到很多事情不称心，无端发火。

(9) 哪怕是一件小事情，也总是很放不开，整日思索。

(10) 感到现实生活中没有什么事情能引起自己的乐趣，郁郁寡欢。

(11) 上床后，怎么也睡不着，即使睡着也容易惊醒。

(12) 遇到问题常常举棋不定，迟疑再三。

(13) 经常与人争吵发火，过后又后悔不已。

(14) 经常追悔自己做过的事，有负疚感。

(15) 经常做噩梦，惊恐不安，早晨醒来就感到倦怠无力、焦虑、烦躁。

(16) 一遇挫折，便心灰意冷，丧失信心。

(17) 非常害怕失败，行动前总是提心吊胆，畏首畏尾。

(18) 感情脆弱，稍不顺心，就暗自流泪。

(19) 自己瞧不起自己，觉得别人总在嘲笑自己。

(20) 喜欢跟比自己年幼或能力不如自己的人一起玩或比赛。

(21) 感到没有人理解自己,烦闷时别人很难使自己高兴。

(22) 发现别人在窃窃私语,便怀疑是在背后议论自己。

(23) 对别人取得的成绩和荣誉常常表示怀疑,甚至嫉妒。

(24) 缺乏安全感,总觉得别人要加害自己。

(25) 参加春游等集体活动时,总有孤独感。

(26) 害怕见陌生人,人多时说话就脸红。

(27) 在黑夜行走或独自在家有恐惧感。

(28) 一旦离开父母,心里就不踏实。

(29) 经常怀疑自己接触的东西不干净,反复洗手或换衣服,对清洁极端注意。

(30) 担心是否锁门和可能着火,反复检查,经常躺在床上又想起来确认,或刚一出门又返回检查。

(31) 经常站在悬崖边、大厦顶、阳台上,有摇摇晃晃要跳下去的感受。

(32) 对他人的疾病非常敏感,经常打听,生怕自己也身患同病。

(33) 对特定的事物、交通工具(电车、公共汽车等)、尖状物及白色墙壁等稍微奇怪的东西有恐怖倾向。

(34) 感到内心痛苦无法解脱,只能自残或自杀。

(35) 经常有离家出走或脱离集体的想法。

(36) 对某个异性伙伴的每一个细微行为都很注意。

(37) 怀疑自己患了癌症等严重的不治之症,反复看医书或去医院检查。

(38) 经常无端头痛,并依赖止痛或镇静药。

(39) 一旦与异性交往就脸红心慌或想入非非。

(40) 经常怀疑自己发育不良。

【测评方法】

√得 2 分;△得 1 分;×得 0 分。

【评价参考】

(1) 0~8 分。你心理非常健康,请放心。

(2) 9~16 分。你大致还属于健康的范围,但应有所注意,也可以找老师或同学聊聊。

(3) 17~30 分。你在心理方面有了一些障碍,应采取适当的方法进行调试,或找心理辅导老师帮助。

(4) 31~40 分。黄牌警告,你有可能患了某些心理疾病,应找专门的心理医生进行检查治疗。

(5) 41 分以上。你有较严重的心理障碍,应及时找专门的心理医生治疗。

专题二 自卑与超越——自我意识

单元导读

古希腊的神话中，一个名叫斯芬克斯的狮身人面的女妖，坐在忒拜城附近的悬崖上，她整天守着那条过往行人必经的路，让人猜一个谜语："什么东西早晨用四条腿走路，中午用两条腿走路，晚上用三条腿走路？"猜不中的路人就会被她吃掉，无数人因此而丧生。终于有一天，一个叫俄狄浦斯的年轻人破了谜，指出这个神奇东西的谜底——"人"。因为人在婴儿时期，牙牙学语，匍匐爬行，似用四条腿走路；慢慢长大，少年英俊，青年潇洒，中年如日中天，用两条腿走路；而到年迈体衰，老态龙钟，需拄杖而行，似有三条腿。斯芬克斯因羞愧投崖而死。

这个以"人"为谜底的谜语，就是被认为天下最难解的斯芬克斯之谜。尔后，这个谜被凝聚成"认识你自己"——成为镌刻在德尔斐神庙中的古老箴言。的确，这个神话给人类提出的问题和启示是极为深刻而永恒的。人们能知道外部世界的许多知识，但是却最难认识自己。"人"是什么？"我"是谁？在数千年的人类文明历程中，无论是东方还是西方，人们都在不停地探究、寻找……

案例导入

一定要完美①

小严是一个大二女生，拥有令人羡慕的容貌和才华，但奇怪的是，同学们发现她经常不开心。

大二刚开学，小严组织了一次班级聚会。大家在聚会中一起玩游戏、说笑话、谈理想、谈未来，一个个玩得都很尽兴，也很有收获，同学们都非常赞赏作为组织者的小严。之后，小严却独自在操场坐着，原来她在想，为什么我让静静拿话筒的时候她会拖拉了两分钟才拿来？她对我是不是有意见？是不是我说话的语气不好？我是不是什么时候得罪过她？那几个男生为什么不听安排，总是那么吵？他们是不是觉得活动挺无聊？今天的聚会好像不是太好，我应该可以组织得更好一些……

“会计学”考试成绩下来了，同学们都为及格或是拿了不错的分数而欢欣雀跃，小严却躲在宿舍的角落里一言不发，原来她在为算错了一道题而没有拿到最高分耿耿于怀，她正狠狠地责备自己……

小悦是小严大一时的好朋友，也是她曾经最好的朋友，但是她们的友谊只维持了几周。原来有一次她发现小悦买零食居然没有叫她一起吃，她觉得小悦有点自私，虽然没说什么，但她从此离小悦越来越远了。

同学们都说，小严是个事事都要完美的女孩，很优秀但很不快乐。

一、自我意识概述

身边的故事

同样一斤米②

一青年向一禅师求教。

“大师，有人赞我是天才，将来必有一番作为；也有人骂我是笨蛋，一辈子不会有多大出息。依您看呢？”

“你是如何看待自己的？”禅师反问。

① 高兰、赵慧勤、宋明刚：《大学生心理健康教育——心灵成长自助手册》，教育科学出版社，2015，第26-27页。
② 高兰、赵慧勤、宋明刚：《大学生心理健康教育——心灵成长自助手册》，教育科学出版社，2015，第26页。

青年摇摇头，一脸茫然。

“譬如同一斤米，用不同的眼光去看，它的价值也迥然不同。在炊妇眼中，它不过做两三碗大米饭而已；在农民看来，它最多值1元钱罢了；在卖粽子人的眼里，包扎成粽子后，它可卖3元钱；在制饼者看来，它能被加工成饼干，卖5元钱；在味精厂家眼中，它可提炼出味精，卖8元钱；在制酒商看来，它能酿成酒，勾兑后，卖40元钱。其实，米还是那斤米。”

大师接着说：“同样一个人，有人将你抬得很高，有人把你贬得很低。其实，你就是你，你究竟有多大出息，取决于你到底怎样看待自己。”

青年豁然开朗。

随着自我意识的觉醒，大学生在进入大学后，对于自身的思考会变得越来越强烈。“我是什么样的人”“我有什么能力”“我要成为什么样的人”“我能否成为这样的人”“我如何成为这样的人”等自我意识有关的自省问题经常困扰着很多年轻学子的心，尤其在遇到挫折和打击的情况下，一些人开始否定自我，贬低自我价值，甚至陷入自我发展的统合危机之中，严重者还会引发身心疾患。

正如苏格拉底所说，人最难的就是认识自己。当我们将目光投向自身内部时，认识自己、接纳自己、发展自己、超越自己的种种困惑和困难也就随之而来。正视这些困难，我们才能最终走向健康成长的彼岸。

（一）自我意识的含义和分类

1. 自我意识的含义

自我意识是个体对自己以及自己与周围世界关系的认识，并通过自身改造，以达到个人实现或完善的过程。通俗地说，自我意识就是人对自身的探索和发现，以了解自己是一个什么样的人、有什么样的特点和能力、能发挥什么作用等，是人认识自己和对待自己的统一。

2. 自我意识分类

从内容上看，自我意识可分为生理自我、社会自我和心理自我。

（1）生理自我。生理自我是对自己身体、生理状态的认识和体验，包括对自己生长发育、身体生理特征的认识和体验，这也是人在发展过程中最早形成的一种自我意识，通过对自己生理的认识，把自己和别人区别开来。例如：年龄、高矮、胖瘦等是对自己形态的认识和体验；性别、视力状况、心肺功能等是对自己生理特征的认识和体验；体质强弱、精力是否充沛等是对自己身体素质的认识和体验。

（2）社会自我。社会自我是对自身与外界客观事物关系的认识、体验和愿望，包括对自己在客观环境及各种社会关系中的角色、地位、权利、义务、责任、力量等意识。例如，在集体生活中是否举足轻重，与周围的人相处如何，在班级学校中获得过哪些荣誉等，这些是对自己的角色、地位、力量的认识和体验。

（3）心理自我。心理自我是对自身心理状况的认识、体验和愿望。生理特征是外显的，容易把握，而心理却是内隐的，一直也是人们认识自我的焦点与难点。研究发现，心理自我一般包括心理过程和个性两大方面。心理过程又分为认识过程、情感过程和意志过程三个方面。而个性反映了一个人整体的心理面貌，包括个性心理特征和个性倾向性两个方面。因此心理自我是对自己的认知、情绪情感、意志、个性倾向性、个性特征等的全面认识。例如：对事物是否感知敏锐？是否善于把握全局？记忆的快慢？思维灵活还是呆板？想象力是否丰富？注意力易于集中还是分散？这些都是对自己的感知、记忆、思维、想象、注意等认知方面的认识和体验。能否调控自己的情绪，遇到挫折退让还是勇往直前，行为的自觉性高与低，自制力强与弱等，这些是对自己情绪情感、意志方面的认识和体验。性格外向还是内向？兴趣广泛与否？对别人的意见言听计从还是有自己的主见？这些是对自己气质、性格、能力等个性心理特征和需要、兴趣、爱好、理想等个性心理倾向性的认识和体验。

从认知中的自我观念看，自我意识可分为现实自我、投射自我、理想自我。

（1）现实自我，又称为现实我，是个人从自己的立场出发，对自己目前实际状况的看法。

（2）投射的自我，又称为镜中自我，是个人想象中他人对自己的看法，想象他人心目中自己的形象，想象他人对自己的评价，以及由此产生的自我感。如“他们认为我是个帅气的小伙”就是投射的自我的表现。

（3）理想自我，又称为理想我，是指个人想要达到的完善的形象。理想我对个人的认知、情绪和行为影响较大，是个人行为的动力和参照系。

身边的故事

现实自我、投射自我与理想自我①

王小明（化名）来自一个农村单亲家庭，当年经济条件差，以优异成绩“屈就”某师范大学。这使他从上学的第一天就有一种比其他学校的大学生差的感觉。他内心深处希望改变这一切。在大学四年的学习中，他一方面努力完成学业，另一方面也为生计奔波。在别人眼里他始终是一个坚强而有头脑的人，而他却不这么认为，他觉得这只是自己无奈的选择。平常的他可以与周围的每一个人融洽

① 邱美玲、柯晓扬：《大学生心理健康教育》，江苏教育出版社，2012，第53页。

相处，加上他的阅历较多，所以总会有新奇的事说给他人听，让人感觉他是个很开朗的人。但他说这不是真实的他，他不敢与人谈家、谈学校、谈那份奔波的辛苦，因为这些都是他心底最隐秘的东西，是他感到极度自卑的地方，想改变却又是徒劳的，他认为这个自卑的“我”才是真正的“我”，而那个外在的“我”不过是一个假象而已，从来也不曾存在过。

我们可以发现小明明显的自我意识分化，并出现一系列矛盾冲突。现实自我：自卑，懦弱，胆小；投射自我：勇敢，独立，坚强，勤奋，充满魅力；理想自我：家境优越，名牌大学，优秀。

（二）自我意识的发展阶段

美国心理学家埃里克森（Erikson）提出了著名的心理社会发展阶段理论。他指出个体在毕生发展的过程中，大致经历八个阶段，每一个阶段都有其特殊的目标、任务和冲突，每一个阶段的发展中，个体均面临一个心理危机，每一个危机都涉及一个积极的方面，危机解决得不好，就有可能影响个体以后的发展（见表 2－1），个体自我意识则是在这个心理社会发展的过程中不断产生、发展和完善起来的。

表 2－1　埃里克森的心理社会发展八个阶段

阶段	年龄/岁	心理危机	发展顺利	发展障碍	良好品质
1	0～1.5	信任 VS 不信任	有安全感	交往焦虑	希望品质
2	1.5～3	自主 VS 自我怀疑	自控自信	胆小多疑	意志品质
3	3～6	主动 VS 内疚	勇于表现	畏惧退缩	目标品质
4	6～12	勤奋 VS 自卑	勤劳能干	懒惰无能	能力品质
5	12～18	角色认同 VS 角色混淆	自我认同 方向明确	角色混乱	诚实品质
6	18～35	亲密 VS 疏离	与异性建立 亲密联系	异性交往 障碍孤独	爱的品质
7	35～55	繁衍 VS 停滞	关爱后代	追求个人享乐	关心品质
8	55 以后	完善 VS 绝望	获得满足感	产生绝望情绪	智慧品质

延伸阅读

认识你自己的二十问法[①]

这是帮你认识自己的一种方法。分两步进行。第一步，问你自己10次或20次：我是谁？请你把头脑里浮现出来的答案一一写出来。例如：我是×××(姓名)，我是××学校的学生等。由于这是自我分析材料，可以不给别人看，所以想到什么就回答什么，不要有什么顾虑。回答每次提问的时间20秒，如果写不出可以省略，继续往下写。第二步，对自己的答案进行分析。分析的内容包括以下几个方面：

(1) 答案的数量和质量。一共写出几个答案，答案中哪些方面的内容为多。如果能写出9～10个答案，则总体上可以认为没有特别的障碍；如果只能写出7个或更少的答案，则可以认为是过分压抑自己。回答时会以感到无聊、害羞、时间不够等为借口，不能回答更多的问题。

(2) 回答内容的表现方式。有三种情况：符合客观情况的，如“我是大女儿”“我是高职学生”等；符合主观解释情况的，如“我是老实人”“我胆小”；符合中性的情况，即谁都不能作出判断的情况。如果主观评价和客观评价都有，可以认为取得平衡；如果倾向于主观或客观，则不能取得平衡。在主观评价中，最好是既说到自己好的方面，也说到自己不足之处。如果只说到好的，会让人觉得是自满；如果只做不好的评价，又令人感到没有信心。

(3) 回答的内容是否涉及自己的未来。哪怕只有一种答案涉及未来，也说明自己有理想和抱负，在现实生活中充满生机。如果没有一个答案涉及未来，则可能说明自己对未来考虑不多。

你是哪一型

二、性格与气质

身边的故事

气质与看戏[②]

不同气质类型的人，对同一件事情的反应是完全不同的。苏联一位心理学

① 参考(日)依田新主编：《青年心理学》，知识出版社，1981，第63-64页。
② 人民教育出版社师范教材中心组编：《心理学教程》，人民教育出版社，1998年。

家曾形象地描绘了四位不同气质的人针对同一情景所表现出来的不同行为。

四位不同气质类型的人去剧院看戏，都迟到了。检票人拦住他们说："已经开演了，根据剧院规定，为了不妨碍其他观众，开场后不得入内"。胆汁质的人一听，立刻火冒三丈，与检票员争吵……正当检票员吵得门也顾不上看了，多血质的人灵机一动，立刻侧身溜了进去；黏液质的人见状，不慌不忙，转回门外的报摊上，买了张晚报，坐在台阶上读报，等着幕间休息时再进去，并自我安慰"看戏是休闲，看报也是休闲"；抑郁质的人见看戏无望，深深叹了一口气，自言自语道："嗨！我这人真倒霉，连看场戏都看不成……"接着边自责边掉头回家了。如果你去看戏，遇到这种情况你会怎么办？你能判定自己是何种气质类型吗？

（一）气质

1. 气质的含义

气质是个体表现在心理活动的强度、速度、灵活性和指向性的一种稳定的心理特征，这种特征既决定了个体心理活动的动力特征，又给每个人的心理活动蒙上了一层独特的色彩。

在现实生活中，并不是每个人的气质都能归入某一气质类型。除了少数人具有某种类型的典型特征外，大多数人都偏于中间型或混合型，也就是说，他们较多的具有某一类型的特点，同时又具有其他气质类型的一些特点。

气质本身无优劣之分，任何一种气质都有其积极和消极的方面，气质也不能决定一个人活动的社会价值和成就的高低。因此，大学生要正确对待自己的气质类型，经常有意识地控制自己气质的消极品质，发扬积极品质，以利于形成良好的个性。

2. 关于气质的学说

古希腊医生希波克拉特按照人的四种体液将人的气质分为四种典型类型，即胆汁质、多血质、黏液质和抑郁质。每一种气质类型的心理特征及典型表现都是不同的。"四液说"影响最大。四种气质类型及其主要特征如表 2-2 所示。

表 2-2　四种气质类型及其主要特征

气质类型	主要特征
胆汁质	精力旺盛、直率、热情、刚强、动作迅速、情绪体验强烈、智力活动具有极大灵活性、解决问题有不求甚解倾向、易感情用事等，具有外倾性
多血质	活泼、好动、反应迅速、动作敏捷、思维灵活、但往往不求甚解、注意力易转移、情绪不稳定且易表露、易适应环境、喜欢交往、做事粗枝大叶，具有外倾性

续 表

气质类型	主要特征
粘液质	安静、稳定、喜欢沉思、情绪不外露、灵活性不足、比较刻板、注意稳定、不容易习惯新的工作、反应缓慢、善于忍耐，具有内倾性
抑郁质	行动缓慢、敏感、情感体验深刻，容易感觉到别人不易察觉的细小事物、易疲倦、孤僻，具有内倾性

3．正确认知气质

气质有好坏吗?

（1）气质类型无好坏之分，每一种气质都有积极和消极的一面。

（2）气质不能决定个体的社会价值和成就高低，每种气质类型中都有成功人士也有失败的人。

（3）心理活动的动力并非完全取决于气质特征，还受活动的内容、目的和动机的影响，任何气质的人遇到高兴的事情都会情绪高涨，遇到难过的事情都会情绪低落。

（4）气质类型能影响健康，不同气质类型的人，其情绪兴奋不同，适应环境的能力不同，进而影响健康。

身边的故事

每种性格都成才①

19 世纪末，一个男孩降生于布拉格一个贫穷的犹太人家里。随着男孩一天天长大，人们发现他虽生为男儿身，却没有半点男子气概。他的性格内向、敏感多虑，防范和躲避的心理在他心中根深蒂固。

男孩的父亲竭力想把他培养成一个男子汉，希望他具有刚毅勇敢的性格。在父亲严厉的培养下，男孩的性格不但没有变得刚烈勇敢，反而更加的懦弱自卑，以至于生活中的每一个细节、每一件小事对他都是一个不大不小的灾难。他常独自躲在角落里，小心翼翼地猜测着会有怎样的伤害落到他的身上。

父亲面对儿子彻底失望了，你能够让他去当兵、去冲锋陷阵吗？不可能，部队还没有开始选拔，他也许就已经当了逃兵。让他去从政？依靠他的智慧、勇气和决断力，要从各种纷杂势力的矛盾冲突中寻找出一种平衡稳妥的解决方法，那更是可望而不可即的幻想。他也不可能做律师，内向怯懦的性格怎么可能面对法庭上紧张激烈的法庭辩论呢。怯懦内向的性格，也许是人生的悲剧，即使想要改变也改变不了。

① 邱美玲、柯晓扬：《大学生心理健康教育》，江苏教育出版社 2012，第 73－74 页。

这个男孩后来成为闻名世界的文学家，他就是捷克的作家卡夫卡。

为什么会这样？原因就在于卡夫卡找到了合适自己性格的职业。性格内向、怯懦的人往往有丰富的内心世界，能敏锐地感受到一般人感受不到的东西。他们也许是外部世界的懦夫，却是精神世界的国王。在自己营造的艺术王国中，在这个精神家园里，卡夫卡的懦弱、悲观、消极等性格弱点，反倒使他对世界、生活、人生、命运有了更尖锐、敏感、深刻的认识。他以自己生活中受到的压抑、苦闷为题材，开创了文学史上的一个全新的艺术流派，给我们留下了《变形记》《城堡》《审判》《美国》等不朽的文学巨著。

性格是一个人在先天生理素质的基础上，在后天环境和教育因素影响下，通过个人的实践活动逐渐形成和发展的。爱因斯坦曾经说过，一个人事业上的成功取决于他性格上的伟大。每个人的性格形成都经历了日积月累的过程，没有哪一个人的性格是与生俱来的。

（二）性格

1. 性格的含义

性格是一个人在现实的稳定的态度和习惯化了的行为方式中所表现出来的个性心理特征。它是个性心理的核心和主要标志。人物的性格不仅表现在他做什么，而且表现在他怎样做。”“做什么”指的是对现实的态度，“怎样做”指的是行为方式。性格指的是个人的品行道德和风格，表现了人们对现实与周围世界的态度，对自己、别人、事物的态度。性格是后天形成的，可塑性较大，有好坏善恶之分。

2. 性格的分类

性格是由多侧面、多成分的心理特征构成的复杂的心理结构。心理学家按照不同的标准对性格进行分类：

（1）按照知、情、意在性格中的表现程度，性格可以分为理智型、情绪型和意志型三种。

理智型：通常以理智来评价、支配和控制自己的行动，冷静。

情绪型：通常用情绪来评估一切，易受情绪控制，冲动。

意志型：行动目标明确，主动积极，坚定，有较强的自制力。

混合类型：兼有两种以上的心理机能。

（2）按心理倾向，性格分为内倾型和外倾型。

内倾型：处事谨慎，深思熟虑，交际面窄，适应环境的能力差。

外倾型：活泼开朗，活动能力强，容易适应环境。

（3）按独立性程度，性格分为场依存型和场独立型两种，又称为独立型和顺从型。

场依存型（顺从型）：易受环境和附加物的干扰，较容易接受他人的意见。

场独立型(独立型)：不易受外来事物的干扰，善于独立思考，能独立地发现和解决问题。

3. 性格的特征

我们可以从四个方面认识和把握自己的性格特征。一是性格的态度特征，这包括对自己、对别人和对事物三个方面的态度，如表现为谦虚谨慎、自信或骄傲自满、自卑；关心集体、正直诚实、善于交际或自私自利、冷漠虚伪、孤僻粗暴；勤奋认真、革新创造或懒惰粗心、墨守成规。二是性格的情绪特征，如有的人表现为经常保持饱满精神，处于欢乐愉快情绪中，有的人则郁郁寡欢，情绪消沉。三是性格的意志特征：有的表现为自觉主动、坚强勇敢，有的表现为盲目被动、优柔寡断。四是性格的理智特征：表现在感知、记忆、想象、思维等认知活动中，有的深思熟虑、细心谨慎，也有的缓慢迟钝、草率马虎。

人的性格不仅有个别差异，也有好坏之分。许多杰出人士的成功便是有赖于自身良好的性格。正如印度古谚语："播种行为，收获习惯，播种习惯，收获性格，播种性格，收获命运。"

自我意识从无到有，经历了漫长的发展过程，最后达到成熟。成熟稳定的自我意识是以正确认识自己为基础的。一个人一旦拥有了认识自己的强烈愿望，形成了健康的自我意识，便能根据客观要求和主观条件，产生积极向上的内在动力，使自己成为人生旅途的舵手，主动地进行自我教育和自我完善。

(三) 性格与气质的区别和联系

性格和气质的关系：性格和气质相互影响，彼此制约；性格在气质基础上发展而来，气质可以渲染性格特征。气质会影响性格的形成和改变速度，性格可以部分掩盖和改造气质。

性格和气质的区别：气质是先天的，性格是后天的；气质可塑性小，性格可塑性大；气质无好坏善恶之分，性格有好坏善恶之分。

三、自我意识的偏差与调适

延伸阅读

梵高是世界级的画家，是当今公认出类拔萃的绘画天才，他的一幅画现在可以卖到几千万美元。然而，因为他的画当时未能获得恰当的评价，又因为失恋，梵高就认为自己前途暗淡无光，陷入悲观绝望之中，后来发展成精神错乱，吞食颜料、煤油，割自己的耳朵，直到对自己开了一枪。当时，他才37岁，一个才华横溢的生命就这样陨落了。梵高，如此罕见的天才，因为对自己、对生活的认知存在着严重的偏差，竟然过早地离开了人世。

自我意识发展是否正常，是心理健康与否的一个重要标志，甚至也是划分心理正常与异常人群的一个衡量标准。正确的自我意识，可以使人愉快地生活，最大限度地挖掘自身心理潜力，促进自我实现。相反，如果自我意识出现偏差，轻者使人陷入情绪困扰，人际关系不协调及社会适应不良，重者导致多种心理疾病甚至自杀。高职学生的自我意识有何特殊性？又易会产生哪些误区呢？

（一）自我意识的偏差

在自我意识的形成过程中，往往会因为自我认识得不够、自我评价的欠缺以及自我设定的盲目而带来许多矛盾、痛苦。下面，借助案例列举高职学生常见的自我意识的误区，诸如在自我认知方面，不能多角度、多层次地正确认识自我，表现为自卑、无聊、自我中心等；在对自我的态度和自我体验上，常常不稳定，表现出虚荣、偏狭、懒散等；在对自我的调节和控制上，也往往缺少坚韧和果断，表现出怯懦、自我失控等。案例中的主人公并非是一个具体的“谁”，可能是他，可能是我，也可能是成长中的每个高职学生，让我们一同分析偏差，走出误区。

1. 自卑

某学生寄给老师这样一封信：

老师：您好！

我，外表开朗，活泼好动，但是很多时候喜欢孤独，可又很害怕孤独。像所有正在成长中的女孩子一样，我也有着一颗自尊、敏感而又脆弱的心。

我不知道是否真有天生就自卑的人，至少我不是。三年前，我还是个高中生，是个自信又任性的女孩，高二时我在连续两次大型考试中取得了年级前十名的好成绩，原来在班级中排前十名的我一下子成了老师注意的对象。但是在高三的几次联考中，我的名次一落千丈，从年级前十名滑到班级二十名，我记得最差的一次排到班级中下游，以致最后没有考上大学。虽然这段经历在别人看来只是我成长过程中轻描淡写的一笔，而这从前十名到中下游的变化对一个自信又任性的女孩来说是太突然了……那时我的心情、身体状况都很糟，终日与坏情绪、眼泪相伴。

走进高职，我乐观地以为那样的日子一去不复返了，我也曾坚信一个人的出息和成才并非只有考上大学一条路，暗暗决心要以高职为新的起点向一名优秀高职学生努力。但是我错了。事实上，一张高职录取通知书是我不愿接受的现实，父母盼望的是他们的女儿考取大学，可我却失去了这样的机会。自踏入高职校门后，往日的愁苦随着时间的流逝一点一滴地积累，注满了我脆弱的心灵，特别是每每收到升入大学的同学对生活充满激情的来信或来电时，更掀翻了我自信和任性的小船，总觉得自己将一辈子低人一等，心中的结并没有解开，学习生活抬不起头来，内心唯有两个字——“自卑”。我迷惘，自卑的心理又一次搅动了我并不平静的心湖。对成功的渴求更带来了对失败的恐惧，上课不能专心，学习也越来越没兴趣，甚至想放弃，生活没有了目标，正如大海上漂浮的小舟，完全失去了原来的方向，在茫然徘徊中一日复一日。我不善交际，很敏感、多疑，这让我活得很累很累。但我从不敢也不愿告诉任何人。我知道自己在别人眼里很差劲，我不知道该怎么办？我恳求您能给我一点帮助！

写信的这位同学深陷自卑的泥淖不能自拔。其产生自卑的根本原因还在于自我意识方面，在于对自己缺乏全面、正确的认识与评价，不能正确认识自己的能力与品质，不能正确认识自己的优势与不足，只看到自己的短处，不知道自己的长处，拿自己的短处与别人的长处比，如此认识和对待问题，学习生活就没有动力。这位同学高考成绩不理想，便认为自己“在别人眼里很差劲”“什么都比大学生差”，因而看不起自己、怀疑自己。事实上，人总是有长处也有短处的，不可能处处都比别人强，也绝不会样样不如别人。我们应清醒地认识到，学习成绩只能反映一个人的文化学习情况，并不能代表一个人全部的能力、品质。

当然，这位同学的困惑很有代表性，一些学生因为自卑而心情沮丧、情绪低落，经常反映自己被痛苦深压着，包围着，折磨着。有的认为自己身材容貌不如别人，就害怕抛头露面，害怕参加集体活动；有的认为口才不如别人，不善辞令，就不愿与人交往；有的由于家庭社会地位、经济状况不如别人，总感觉低人一等。诸种现象，均是自卑心理的表现。

一般地，自卑的情形分两种：一是感到自己在知识、能力、体貌等某些方面不如别人，或者甚至觉得各个方面都不如别人，自己不相信自己，自己看不起自己，习惯于夸大他人的优势，而贬低自己的长处；二是面对要做的事或试图达到的目标怀疑自己的能力。实际上，这类人并不一定能力低下，而是因为凡事期望太高，不切实际，常觉得自己不得志，把目光总盯着自己的不足与失误，不相信自己的能力，甚至对那些稍加努力就可以完成的任务，也往往因自叹无能而轻易放弃，稍遇困难和挫折就逃避、退缩，丧失奋斗的勇气。所以，自卑心理一旦形成，如不及时克服，将会严重妨碍学习、工作和生活。

身边的故事

有个人乘船出海，船触礁沉没了，他被抛到大海里。他想，哼，太平洋我也能横渡，何况这是在内海。于是他信心百倍地游呀游呀，顽强地与风浪搏斗，终于坚持到有船来营救。

而另一个人呢，失足掉进大路边的小水坑里，他害怕极了，天哪，我没救了！我必死无疑了！狂蹬乱扒一阵后，不动了。后来人们发现，如果他站起来，那水才淹到他的腰。前者由于自信救了他的命，后者却由于自卑丢掉了自己的性命，多么鲜明的对比！

如何才能走出自卑的阴影呢？只要我们冷静下来，理智地对产生自卑的原因进行客观正确的分析，并对行为进行有效的控制，自卑心理是完全可以克服的。

首先，要对自己做正确的分析，人有所长也有所短，要多看自己的长处，不要为自己的所短而自卑，不能让一些缺点限制你优点的发扬，在漫长的人生征途上，永远一帆风顺是不可能的，挫折和失败必然会发生，要力求“以勤补拙”“扬长避短”。事实上，进了高职绝不等于没出息，“三百六十行，行行出状元”。因此，要充分认识高职院校的优势和发展空间，应该为能有充足时间进行系统的职业培训而感到自豪；其次，要正确对待每一件事情。将力所能及的事做好，体验成功的喜悦，进一步增强必胜的自信心。在做一件事情之前，我们要尽可能地将目标定得切合实际，坚信自己能干好。在具体实行时，要充分考虑应有的困难，这样即使遇到困难或失败，也会由于事先有心理上的准备而不致造成心理上的失调；再次，要确立合理的评价参照系和立足点，若以强者为标准则可能导致自卑，因而寻找适合自己的评价标准就显得很重要。俗话说：“人比人，气死人”。理性的比较方式是多与自己做纵向比较，而不是一味地与人作横向比较。用今天的我战胜昨天的我，让今天的成绩比昨天的好，明天的成绩比今天好，有了足够的自信心，自卑感就会悄然而退。

2. 无聊

身边的故事

某学生在日记中写道：我不知道该怎么办，好像整天都过得糊里糊涂的。以前上学就一个心愿，考个好成绩，可现在却寻思考试究竟有何用呢？学生中有这样一首顺口溜，大意是“中游好，中游好，不摸黑、不起早，不留级、不补考、不着急、没烦恼”。更有甚者，有人依照《陋室铭》的韵律“创作”了这样一个“混世铭”：“业不在大，有家就行；学不在深，能混则灵；人尽忙碌，唯吾闲情：小说传得快，杂志翻得勤；琢磨下围棋，寻思看电影。笑张三之刻苦，叹李四之奔命。我之见：任你折腾，一样的命运！”

这两个顺口溜形象地反映了某些同学的“不争”意识，打算三五年后混个文凭回家了事。产生无聊心理的主要原因是空虚、幻想、被动，感觉不到自我的存在意义与人生价值，其核心在于没有确立合适的人生目标。空虚是因为没有目标或目标太低，人一旦失去目标的牵引，生活就没有动力；幻想是由于目标定位不准确或者目标太多而导致的心理负担，实质是对责任的恐惧；被动是由于目标不是自己内心的渴望，未获得内心的自觉与认同，只是为学习而学习，为考试而考试，疲于应付，学习生活中缺乏主动性和创造性。一旦形成无聊心理，无论对文化课还是技术课需要完成的任务，总是今天推明天，明天推后天，正是：“春天不是读书天，夏日炎炎正好眠，秋多蚊虫冬又冷，一心收拾待明年。”

克服无聊，我们首先要充分认识其危害性，找出自己无聊的原因，下决心改变。其次要确立恰当的人生目标，并由人生目标牵引着实现自己的人生价值。

3. 自我中心

身边的故事

某高职院校的一位班主任讲到班上两位同学的故事：同样是住集体宿舍，L同学就相当不适应，因为别人的生活习惯总与他不一致，吵得他晚上失眠，白天补觉；别人不尊重他的“隐私”，比如连自己洗不洗澡都知道；别人总在他心情好的时候故意激惹他；想要别人顺着他的意愿和喜好，可别人总不把他的话当回事……

N小姐也倍受集体生活的折磨。人人都有不同的生活习惯，为什么我就不能白天睡觉、晚上看书；每个人都有朋友，为什么我与朋友在宿舍聊天就会横遭白眼；整天学习有什么劲，为什么我就不能在宿舍听听音乐，唱唱歌，再说声音又不大……

随着自我意识的发展，青年人越来越感到内心世界的千变万化、独一无二，越来越多地把关注的重心投向自我，可是在一部分学生尤其是独生子女身上，比较容易出现自我中心倾向。自我中心是指人在观察事物或考虑问题时，以个人主观图式去对待事物，不能设想他人观点、他人内心世界的一种心理状态。自我中心的人具体表现为一切以自己为出发点，目中无人，甚至自私自利，完全从个人的角度，以自己的经验去认识和解决问题，强调别人对自己应该理解、接受和尊重，而忽视平等地理解和尊重别人。

故事中L和N考虑问题、处理事情以自我为核心，将自我作为思考问题的出发点与归宿，不考虑他人的利益，不会体察宿舍环境和他人的处境，不能意识到别人对同一问题的看法和态度，不允许别人批评，总认为对的是自己，错的是别人，因而不能赢得他人的好感和信任，难以适应集体生活，难以与同学和谐相处。

改变自我中心的途径主要有：一是恰当地评价自己，既不低估也不高估；既不妄自菲薄，也不自高自大；既不自我贬损也不自恋；二是树立正确的人生观与价值观，自觉地将自己与他人、自我与社会、个人利益与集体利益统筹考虑，从狭隘的小天地走出来；三是学会尊重自己与尊重他人，只有尊重和信任才能获得友谊；四是设身处地地从他人的角度思考问题，将心比心，真诚地关爱他人，从而做到“我爱人人，人人爱我”。

4. 懒散

高职院校内曾流行着这样的打油诗：“人生本该HAPPY，何必整天STUDY，只要考试PASS，拿到文凭GO AWAY”。

这首打油诗从一个侧面反映了部分学生疲疲沓沓、得过且过、做一天和尚撞一天钟、缺乏进取精神的懒散心理。懒散是指一种慵懒、闲散、拖拉、疲沓、松垮的生存状态。消极懒惰混日子，活力不足，“干什么都没兴趣”“干什么都没劲”，学习生活没有计划，缺乏积极性和主动性，随波逐流。无法将精力集中在学业上，无法从事自己喜欢的事，百无聊赖，心情不爽，犹豫不决，顾此失彼，做事磨蹭。做事一误再误，无休止地拖下去，虽然有追求上进的愿望，但遇到困难、挫折就消极退缩、放任自流。

青年高职学生本应是充满朝气活力、开拓进取的群体，不少学生曾为懒散而苦恼，感到内疚、自责、后悔，但实际行动中却又难以克服，心有余而力不足，其根本原因还是缺乏毅力。因此我们要坚决克服懒散，充分认识其危害性。自己要对自己负起责任来，振作精神，“起而行之”，从日常小事做起，自我监控，学习运筹和管理时间，力争今日的事今日毕。对待懒散问题，有学者形象地劝道：你是容量极大的水库，里面蓄积了从未使用过却随时随地可以供你使用的天赋与才干，但如果拖拉和胆怯，你便永远无法打开那智慧的闸门，那水库也就如同空的一样。

5. 虚荣

身边的故事

某高职学校发生过这样一件失窃事件。几个男生宿舍连续遭遇失窃，一些男生的手机、现金和品牌T恤等物品放在宿舍，转眼之间不见了。学生们把这一事件反映到学校保卫处，保卫处立即向当地公安部门举报，公安刑警经调查后，认为“梁阿鼠”就在校内。经过周密的排查，男生D终于落网。D在交代其犯罪过程和动机后，哭泣着忏悔道：“都是虚荣心害了我，看到其他同学穿着名牌、装备现代化，多神气，再看看自己的土气，我夜夜失眠，实在控制不住自己了，我只好冒一次险偷偷地拿了同学的一件衣服穿了。哪知道有了一次冒险后，我看到同学有好的东西，就控制不住自己了。”

男生D因为虚荣心作怪，将自己的大好前程也葬送了。在为他惋惜的同时，我们也应看到虚荣心过强的危害性。其实，虚荣心人人都或多或少地存在，但是一旦过分，则有害无益。虚荣是指过分看重荣誉及他人的赞美、自以为是的一种心理状态。虚荣心往往与自尊心、自卑感紧紧相连，是两者的混合产物。虚荣心极强的人一般心浮气躁，情感脆弱，自尊敏感，虽然自惭形秽，却担心别人伤害自己的尊严，过分介意别人的评论与批评，与人交往时防御性强，且常会千方百计地抬高自己的形象，平时努力捍卫的，往往是虚假、脆弱、不健康的自我，以致无暇来丰富、壮大真实的自我。克服过强的虚荣心，首先要对虚荣心的危害性有明确的认识，其次要正确看待名利，正视自己的优势与不足，扬长避短；再次是树立健康与积极的荣誉心，正确表现自己，不卑不亢，正确对待个人得失与他人评价。

6. 怯懦

身边的故事

某高职学生排演了一幕话剧，男主角有一大段独白："如果有人问我，你心中最为恐惧的是什么？那么我的回答就是，我将来到底能干什么？我究竟有没有未来？

这么大的世界，这么小的人，世界上人很多，但这么多的人既相互联系又相互排挤……如何才能给自己在这个拥挤的世界上找到属于自己的一席之地呢？或许是因为我们的文化传统过于偏重以成功来衡量人的价值，故而害怕失败变成了我强烈的恐惧心理。自从我会记事起，父母、老师以及周围的大人们无时无刻不在向我灌输这种朦胧的恐惧感。很多大道理我似乎都懂，比如说要正视挫折，战胜困难，要给自己信心……然而我发现自己根本做不到。在现实生活中，我只是一个逃兵，遇到困难时，我会裹足不前，一次次地否定自己，嘲笑自己，就是仍然学不会坚强。

我害怕，我那渺茫的未来，我不知道属于我的日日夜夜应该用什么去填满，我无法分析这种茫然的心情，无法知道什么时候才是一个尽头。"

在莎士比亚的《罗密欧与朱丽叶》中，罗密欧"独白"要战胜生与死的考验，而这位男生的"独白"却是面对挫折而恐惧。这种怯懦心理主要表现为缺乏勇气和信心，害怕可能面临的困难和挫折，在挫折、困难面前常常逃避与后退，甚至不战而败。高职学生的怯懦现象表现在这样一些群体身上：有些学生过去一帆风顺，因而特别害怕失败，"只能成功，不能失败"的非理性信念是造成这些学生怯懦的认知因素；有些学生由于胆怯，不敢与人讲话，不敢出头露面，甚至不敢表明自己的态度；有些学生不敢承担责任，不敢冒险，不敢与坏人坏事做斗争，不敢坚持自己正确的观点，回避困难，逃避责任。然而，越回避矛盾、躲避失败，越是容易体验到强烈的挫折感；有些学生依赖性强，独立性差，从小过着衣来伸手、饭来张口的生活，生活自理能力差，遇到一点困难往往手足无措；有些学生的心理承受力差，受不得一点委屈，不能很好地适应新的环境，于是出现失望、烦躁、焦虑、抑郁等消极情绪。

在挑战与机遇并存的现代社会，怯懦者会失去很多成功的机会，并可能成为落伍者。克服退缩需要勇气与毅力，积极迎接挑战，争做生活的强者才是明智的选择。改变怯懦的最好办法是要敢于抓住机遇，积极锻炼，不怕失败，不怕丢面子，不怕担子重，多给自己鼓励和加压，在生活的词典中去掉"不敢"二字。鼓励自己积极应对生活中的挫折，发挥自己的优点，变被动为主动。

从上述列举的六种误区中，我们可以发现：误区本身是相互重叠着的，因为它们都源于自我意识，而自我意识本身是认知的、情感的、意志的统一。不同的人可能有不同的误区，即使在同一误区中也会有不同的表现方式，请仔仔细细地关注自我，看看你是否被误区所困，想想又该如何走出误区。

塑造人格魅力

（二）自我意识的调适

身边的故事

加拿大有一个叫琼斯的孩子，在他上大学的时候，功课总是跟不上，老师和同学都下了很大功夫帮他，他自己也没少费力气，可还是看不到什么成效。

后来，学校也没有办法，认为还是退学对他比较好，于是，琼斯在读大二的时候就离开了学校。最初，他沮丧，觉得自己太笨了，他开始怀疑自己是否能应付正常的生活。

为了能早日让他从阴影中走出来，学校为他请了一位心理学家。心理学家告诉他，虽然他从学校退学了，但并不等于他就再也干不了其他的事情。只要他有信心，就一定能找到适合自己的工作。

这番话对他产生了很大的影响。后来，他找到了一个长年给人修理苗圃的工作。他发现，每天给这些花草打扮一番是一种极大的享受。而且他也一直做得很好。①

身体条件和处境的好坏，学历和智商的高低，遭受的挫折和失败多少都不能决定人生的价值。唯有真正认识自我，才是决定性的因素。不仅要充分认识自己的一切，而且还要坦然地承认、理智地对待。怀着悦纳自己的心情，把自己看成是有价值、值得尊敬的人。中央电视台《半边天》的著名节目主持人张越，长得较胖，别人忙着减肥，她说：山不动水不动是你的心在动，胖也好瘦也好只要你的感觉好就好。她能平静理智善待自己，所以她活得很自在，事业上很成功。每个人身上都有着无数的闪光点，重点在于寻找你自己的闪光点并将其构成亮丽的人生风景线。因此要冷静地看待自己的长短优劣，将个人的优点和缺点、成绩和不足以及环境的利弊等因素综合起来考察，要乐观开朗，以发展的眼光来看待自己。既不消极回避自身的现状，自欺欺人，更不以哀怨、自责甚至厌恶来否定自己。正确对待自己，就要善于博采众长，发挥优势，弥补自身不足；要善于化不利因素为有利因素，善于调整自己，适应环境的变化。

1. 最优秀的人是你

悦纳自己，欣赏自己，就是要无条件地接受自己的一切，无论是好的或是坏的，成功的或失败的。席慕蓉的诗《白色山茶花》这样写道：就因为每一朵花只能开一次……满树的

① 余会军：《调适心灵的密码》，广西民族出版社2002年，第54－55页。

花就没有一朵开错了的，它们是那么慎重和认真地去迎接着唯一的春天。

是的，每一朵花都有它的可爱之处，都有它的存在价值，人生更是如此。造物主给予了我们宝贵的生命，短暂而灿烂，我们应该尽其所能，活得更有价值。无论你的学习怎样，先天条件如何，你都会因为是你而独特。因此，我们不要奢求过多、怨天尤人，也不要随波逐流、放任自己。要更加珍惜自己的与众不同，爱护自己，善于体会自我的独特性，学会欣赏自己的长处，欣赏自身好的品质。用这种欣赏和赞美，增加自己积极的自我意识，增加自己的自我接受适度和自我价值感。

延伸阅读

最优秀的人是你[①]

古希腊的大哲学家苏格拉底在风烛残年之际，知道自己时日不多了，就想考验和点化一下他那位很不错的助手。他把助手叫到床前说："我的蜡烛快耗尽了，得寻找另一根蜡烛接着点下去，你明白我的意思吗？"

"明白，"助手赶快说，"您的思想光辉是得很好地传承下去……"

"可是"，苏格拉底慢悠悠地说，"我需要一位优秀的承传者，他不但要有相当的智慧，还必须有充分的信心和非凡的勇气，这样的人直到目前我还没有见到，你帮我寻找和发掘一位好吗？"

那位忠诚而勤奋的助手，不辞劳苦地通过各种渠道开始四处寻找了。可是他领来一位又一位，总是被苏格拉底一一婉言谢绝了。有一次，当那位助手再次无功而返地回到苏格拉底病床前时，病入膏肓的苏格拉底硬撑着坐起来，抚着那位助手的肩膀说："真是苦了你了，不过你寻找来的人，其实都不如你……"

半年之后，苏格拉底眼看就要告别人世了，最优秀的人选还是没有眉目。助手非常惭愧，泪流满面地坐在病床边，语气沉重地说："真对不起你，令你失望了！"

"失望的是我，对不起的却是你自己。"苏格拉底说到这里，很失意地闭上眼睛，停顿了许久，才又不无哀怨地说，"本来，最优秀的就是你自己，只是你不敢相信自己，才把自己给耽误、给忽略、给丢失了。其实，每个人都是最优秀的，差别就在于如何认识自己、如何发掘和重用自己。"话没说完，一代哲人永远离开了他曾深切关注着的这个世界。

一代哲人临终时告诉了我们一个多么浅显而又何其深刻的道理——最优秀的就是你自己。我们每个人都不甘沉沦，向往成功。但是，我们往往又会不由自主地重蹈那位助手

① 王玉强主编《智慧背囊》第五辑，南方出版社，2004，第53－54页。

的覆辙，不善于接受自己，更不善于发现自己。科学研究表明，每个人的潜能都是无穷无尽的，然而能发挥多少，全看我们如何看待自己了。

有一个英语谚语说："Like yourself, and others will too."——喜欢你自己，别人也就喜欢你。同样的道理：接受你自己，别人也就会接受你。学会接受自己，我们就必须为自己浇水、培植，使自己成为笔直从容的树。学会接受自己，就不要让我们虐待自己、苛求自己，而要学会自己送自己一枝鲜花，自己送自己一个明媚的笑容，然后怀着美好的预感和幸福的愿望，放飞希望的奔马，去寻找属于自己的那片天空，去创造辉煌，奏响人生最美的乐章。

2. 自信人生二百年

卡耐基说：你应该庆幸自己是世上独一无二的，应该把自己的禀赋发挥出来。经验、环境和遗传造就了你的面目，无论是好是坏，你都得耕耘自己的园地，无论是好是坏，你都得弹起生命中的琴弦。当年，毛泽东主席在湘水之畔，满怀对革命成功的必胜信念，写下了"自信人生二百年，会当击水三千里"的壮丽诗篇。

自信就是自己相信自己并充分肯定自己的一种健康心理。相信自己是对自己客观评估后的理智肯定。你若遭遇失败，它会坚定你"天生我材必有用"的信念，引你走出命运的低谷，帮你创造"柳暗花明又一村"的人生奇迹。沙漠里的半瓶水，自信者庆幸"还有半瓶"，而自卑者抱怨"只有半瓶"。因此，只有相信自己，你的才华才能充分施展，抱负才能实现；也只有相信自己，你才敢于挑战自我、超越自我。

充满自信就会产生积极的情绪体验——自尊、自豪，形成不断努力的强大动力。

身边的故事

陈景润在谈到如何才能成才时，他说"首先应该有自信心，没有自信心，什么事也干不成"。他为了证明"哥德巴赫猜想"，用完了八麻袋草稿纸。

爱迪生在实验中失败了两万五千次，但对发明蓄电池的信心始终如一，最后成功了。

英国首相丘吉尔，在第二次世界大战中领导英国人民对德作战，立下了不可磨灭的功勋。可是他小的时候先天不足，体质非常瘦弱，头发稀稀疏疏，讲话也结结巴巴，经常受到班里同学的嘲笑。同学们还给他起了个很不好听的绰号，叫作"结巴秃顶小老头"。不过丘吉尔是个自信心很强的人，为了纠正自己讲话结巴的毛病，就下决心朗读文学名著，把一些名人演讲当作课文来读，还常常一个人关起房门对照镜子纠正讲话的口型。有一次，学校举行演讲比赛，丘吉尔勇敢地报了名，同学们暗地里为他的结巴捏一把汗，可是出乎大家的意料，他在这次演讲比赛中口若悬河，没有半点结巴，而且讲的内容新颖丰富，语气充满感情，结果获得优秀奖，使大家极为惊奇。

这些事例告诉我们：自信是开创事业的首要前提。一般地讲，自信的人活泼、坦诚、虚心、大度、勇敢、果断。在漫长的人生征程中，我们要不断地战胜自我，迎接挑战。每一次成功的实践都会增强人的自信。只有满怀自信，我们才能善于发现自己身上的长处，挖掘自己的潜能，才能在任何地方、任何时候不被失败所打倒，最终实现自己的愿望。

3. 有效地调控自我

自我调控是人主动、定向地改变自己心理品质、特征以及行为的心理过程。有效地自我调控是大学生健全自我意识，完善自我的根本途径。在进行自我调控时，要处理好以下四个方面。

(1) 要意识到社会的要求，并力求使自己的行为符合社会准则和要求。只有立足社会需求，从个人实际出发，将自己的行为和社会要求保持一致，才能得到社会的承认。

(2) 制定完善和提高自我的计划和程序。有相应的计划和程序，才能避免盲目进行，使自己的行为有条不紊。制定出符合自己实际的计划后，要严格执行，不能朝令夕改。

(3) 在行动中要运用自我分析、自我体验、自我鼓励、自我监督等各种激励措施。

(4) 要培养健全的意志品质。只有意志品质健全的人，才能有效地自我控制，从而最终实现理想自我。

研究和经历都告诉我们，我们能通过改变实际行动来改变我们的心态，从简单易行的行动开始就可以培养自己的自我调控。正所谓小事养成习惯，习惯形成个性，个性决定命运。

延伸阅读

学会用自我语言暗示，建立自我控制意向

受制于人的自我语言		操之在我的自我语言
我无能为力	转化为	试试看有没有其他可能
我就是这样一个人		我可以有不同的作风
他使我怒不可遏		我可以控制自己
他们不会接受我的		我可以想出有效的表达方式
我被迫……		我能选择恰当的回应
我不能……		我选择……
我必须……		我情愿……
如果……		我打算……

4. 努力超越自我

具体可从以下几个方面着手：

(1) 将超越自我作为毕生发展的课题，明确任何现状都是暂时的或阶段性的。

(2) 把握自我意识发展的契机，在转变生活环境，融入新的交际圈、经历人生重要事件或者遭遇重大挫折失败等时候，进行积极地自我探索，寻求突破和超越。

(3) 用行为实践带动自我意识的积极发展，比如对着镜子笑，可以使自己心情更愉悦，昂首迈着矫健的步伐，可以使自己感到更加自信。

心理拓展

气质测验[①]

下面 60 道题大致可确定你的气质类型。若与你的情况“很符合”记 2 分，“较符合”记 1 分，“一般”记 0 分，“较不符合”记－1 分，“很不符合记”－2 分。

(1) 做事力求稳妥，一般不做无把握的事。

(2) 遇到可气的事就怒不可遏，想把心里话全说出来才痛快。

(3) 宁可一个人干事，不愿很多人在一起。

(4) 到一个新环境很快就能适应。

(5) 厌恶那些强烈的刺激，如尖叫、噪音、危险镜头等。

(6) 和别人争吵时，总是先发制人，喜欢挑衅别人。

(7) 喜欢安静的环境。

(8) 善于和人交往。

(9) 羡慕那种善于克制自己感情的人。

(10) 生活有规律，很少违反作息制度。

(11) 在大多数情况下情绪是乐观的。

(12) 碰到陌生人觉得很拘束。

(13) 遇到令人气愤的事，能很好地自我克制。

(14) 做事总是有旺盛的精力。

(15) 遇到问题总是举棋不定、优柔寡断。

(16) 在人群中从不觉得过分拘束。

(17) 情绪高昂时，觉得干什么都有趣；情绪低落时，又觉得什么都没有意思。

(18) 当注意力集中于一事物时，别的事很难使我分心。

(19) 理解问题总比别人快。

① 陈雪枫、莫雷：《心理自测》，暨南大学出版社，1996，第 25－28 页。

(20) 碰到危险情景,常有一种极度恐怖感。
(21) 对学习、工作,怀有很高的热情。
(22) 能够长时间做枯燥、单调的工作。
(23) 符合兴趣的事情,干起来劲头十足,否则就不想干。
(24) 自己不能控制的大发脾气。
(25) 讨厌做那些需要耐心、细致的工作。
(26) 与人交往不卑不亢。
(27) 喜欢参加热烈的活动。
(28) 爱看感情细腻、描写人物内心活动的文艺作品。
(29) 工作学习时间长了,常感到厌倦。
(30) 不喜欢长时间谈论一个问题,愿意实际动手干。
(31) 宁愿侃侃而谈,不愿窃窃私语。
(32) 别人总是说我闷闷不乐。
(33) 理解问题常比别人慢些。
(34) 疲倦时只要短暂的休息就能精神抖擞,重新投入工作。
(35) 心里有话宁愿自己想,不愿说出来。
(36) 认准一个目标就希望尽快实现,不达目的,誓不罢休。
(37) 学习、工作同样一段时间后,常比别人更疲倦。
(38) 做事有些莽撞,常常不考虑后果。
(39) 老师或他人讲授新知识、技术时,总希望他讲得慢些,多重复几遍。
(40) 能够很快地忘记那些不愉快的事情。
(41) 做作业或完成一件工作总比别人花时间多。
(42) 喜欢运动量大的剧烈体育运动,或者参加各种文艺活动。
(43) 不能很快地把注意力从一件事情转移到另一件事上去。
(44) 接受一个任务后,就希望把它迅速解决。
(45) 认为墨守成规比冒风险强些。
(46) 能够同时注意几件事情。
(47) 我烦闷的时候,别人很难使我高兴起来。
(48) 爱看情节起伏跌宕、激动人心的小说。
(49) 对工作抱认真严谨、始终一贯的态度。
(50) 和周围人的关系总是相处不好。
(51) 喜欢复习学过的知识,重复做能熟练做的工作。
(52) 希望做变化大、花样多的工作。

(53) 小时候会背的诗歌,我似乎比别人记得清楚。

(54) 别人说我"出语伤人",可我并不觉得这样。

(55) 在体育活动中,常因反应慢而落后。

(56) 反应敏捷,头脑机智。

(57) 喜欢有条理而不甚麻烦的工作。

(58) 兴奋的事常使我失眠。

(59) 老师讲新概念,常常听不懂,但是弄懂了以后很难忘记。

(60) 假如工作枯燥无味,马上就会情绪低落。

评分方法如下:

(1) 如果某一项或两项的得分超过 20,则为典型的该气质。

(2) 如果某一项或两项以上得分在 20 以下、10 以上,其他各项得分较低,则为该项一般气质。

(3) 若各项得分在 10 以下,但某项或几项得分较其余项为高(相差 5 分以上),则为略倾向于该项气质(或几项的混合)。

(4) 一般来说,正分值越高,表明该项气质特征越明显,反之,正分值越低或得负分值,表明越不具备该项气质特征。

各种气质类型对应题号

气质类型	题　号	总分
胆汁质	2、6、9、14、17、21、27、31、36、38、42、48、50、54、58	
多血质	4、8、11、16、19、23、25、29、34、40、44、46、52、56、60	
黏液质	1、7、10、13、18、22、26、30、33、39、43、45、49、55、57	
抑郁质	3、5、12、15、20、24、28、32、35、37、41、47、51、53、59	

专题三 〉 怎样才是最好的学习——学习心理

单元导读

当今，人类社会已进入知识经济时代，它与其他时代的不同之处在于，知识的作用和价值超越了其他任何一种资源，成为社会发展的主要动力，而学习已成为每个人生活必不可少的一部分。古希腊剧作家米南德说："学会学习的人，是非常幸福的人。"作为时代主力军的大学生，应顺应时代发展，正确认识学习，学会学习，在大学期间建立和完善合理的知识结构，妥善处理学习中的心理问题，提高学习效率。对于很多高职学生，上高职是考本科院校失利被迫的选择，他们普遍对高职院校认识不深，存在偏见，认为高职不如本科院校。实际上两者仅是培养人才类别不同，高职院校承担着培养工匠大师的重要育人使命。高职院校的大学生应该怎样看待学习？如何更有效地学习？这些问题是让高职院校大学生常常感到困惑的。本单元不仅引导高职大学生树立正确的学习观，了解学习规律，掌握有效的学习方法，还注重培养高职生对工匠精神的学习和领悟，帮助大学生更加充实、有意义地度过大学生活。

案例导入

晓彤已经高职三年级了，她一向对自己要求很高，当然这也与家庭的期望有关，父母都是具有高级职称的知识分子，在他们的言传身教下，晓彤从小就知道努力与奋斗。在大学，她进行了认真细致的生涯计划，一步一个脚印向前走，成绩拔尖，二年级通过国家大学英语四级，与此同时锻炼自己各方面的能力。于是，在学校她像一只陀螺飞速运转着，珍惜大学的分分秒秒，她相信：付出总有回报。快毕业了，却发现离自己的目标越来越远，她忽然怀疑起自己的学习能力，感觉到自己在学习上的优势在丧失，甚至多年积累的自信也受到挑战，对未来，她忽然担心起来，不知道该怎么办。

高职学习，你准备好了吗？

一、学习的内涵及心理机制

（一）什么是学习

学习是一种普遍的心理现象，每个人从出生那一刻起，就开始学习，从此一生都与学习相伴，可以说没有人类的学习行为，也就没有人类的不断进步。同时学习又是一种十分复杂的心理过程，它需要全部智力因素和各种非智力因素的积极参与。到底什么是学习呢？很多心理学家和教育学家提出了自己的看法。美国教育心理学家桑代克认为“人类的学习就是人类本性及行为的改变。”教育家杜威指出：“学习即经验的改造和改组的历程”。心理学家加涅认为，学习是人类倾向或才能的一种变化，这种变化要持续一段时间，而且不能把这种变化简单地归之为成长的过程。

现在心理学家一般认为，学习的概念有广义和狭义之分，广义上的学习是人和动物共有的心理现象，指在生活过程中通过实践或训练而获得的由经验引起的相对持久的适应性心理变化，即有机体以经验方式引起的对环境相对持久的适应性心理变化。我们在理解这一定义时，应注意以下四点：一是学习是动物和人共有的心理现象，虽然人的学习是相当复杂的，与动物的学习有本质区别，但不能否认动物也是有学习行为的；二是学习不是本能活动，而是后天习得的；三是任何水平的学习都将引起适应性的行为变化，不仅是外显行为的变化，也有内隐行为或内部过程的变化，这种变化不是短暂的，而是长久的；四是不能把个体的一切变化都归为学习，只有通过学习活动产生的变化才是学习。

狭义上的学习专指学生的学习，是人类学习的一种特殊形式，它是指是在教师指导下，有目的、有计划、系统地掌握知识、形成技能和行为规范的活动。

（二）高职阶段学习的特点

高等职业教育是区别于培养学术型、工程型人才的另一类型的高等教育，以培养面向生产、建设、管理、服务第一线的高等技术应用型人才为目标。其学习具有以下特点：

1. 学习环节的实践性

实践性教学是高等职业教育十分重要的环节，其目的在于帮助学生将高度抽象化的专业理论知识运用于生产实际，在“做”中学，培养学生发现、分析、解决问题的能力。实践环节从内容上，主要可分为三类：第一类是教学实践，包括作业、习题、现场教学、见习、课程设计、教学实验（验证性实验和设计性实验）等，它贯穿于整个教学过程，在高职教育前阶段占有主要地位。第二类是生产实践，包括生产实习和技能训练、毕业设计、毕业论文、社会调查等。此类实践主要在高职教育后期开展。第三类是社会实践，包括参加社会考察、智力服务等，其活动的内容和领域较为广泛，贯穿于教学过程的始终。

高职高专教育的主要任务是培养高技能人才。这类人才既不是白领，也不是蓝领，而是应用型白领，应该叫“银领”。我们培养的学生，既要能动脑，更要能动手，经过实践的锻炼，能够迅速成长为高技能人才，成为国家建设不可或缺的重要力量①。

2. 学习内容的阶段性

高职学生的学习内容，一般按照文化基础课、专业基础课、专业课和毕业设计的顺序安排。文化基础课通常为数、理、化以及外语、体育和政治理论课等，其目标为拓宽和加深中学所学知识，提高实验能力，发展智力，提升人文素养，是专业知识与专业技能学习的基础。专业基础课学习旨在加强学生的专业基础素养，增强学生的专业适应能力，为专业课的学习创造条件。专业课学习包括专业技术理论的领会和实践技能的掌握，是前两阶段学习的巩固和深化，也是高职院校专业教育的核心课程。毕业设计是学生在教师的指导下，综合运用获得的各种知识和能力，进行独立创作或设计的环节，是对学业的总体检验，也是学生知识和能力的再一次提升。此四阶段体现了循序渐进的教学原则，高职学生应全面注重每一阶段内容的学习，绝不能偏废某一环节。

3. 学习过程的自主性

鉴于高职学生大部分已经成年，具有深厚的知识积累与一定的自学能力，因而学习过程更强调自主性。在高职院校，教师课堂讲授相对减少，学生自学与训练时间大量增加。在教师讲课上也具有以下特点：一是介绍思路多，详细讲解少；二是抽象理论多，直观内容少；三是课堂讨论多，课外答疑少；四是参考书目多，课外习题少。同时教学环境也发生了的变化，中学时代，有固定的教室、固定的座位，但在大学，每个班没有固定的属于自己独享的教室，有时 1、2 节课可能在一栋楼的某个教室学习，但 3、4 节课又会到另一栋楼去听课，与自己一起上课的可能还会有不同专业的同学，所有这些都要求高职学生增强自觉性、主动性，生动活泼地学习。

4. 学习途径的多样性

随着科学技术的发展，学校办学条件的改善，高职学生不仅可以依靠课堂学习，还可以借助多种途径获得知识，提高技能。学校的图书馆以及各种产学技术情报检索系统，为学生及时了解和掌握本专业前沿学科的发展动态与信息提供了方便。现代化的实验室成

① 资料来源：《就读高职高专教育院校大有前途》，http://www.tech.net.cn/admemploy/fqa/9713.shtml。

为培养学生实验能力和动手操作能力的重要阵地。计算机实验室是学生编制程序、上机练习，同时依靠计算机辅助学习、辅助设计的新天地。此外，不少实习与训练中心、见习与实习基地以及社区资源也为锻炼学生的实际动手操作能力、丰富职业体验创造了平台。

（三）学习的心理机制

1. 学习的心理学理论

学习理论是对学习的实质及其形成机制、条件和规律的系统阐述，其根本目的是要为人们提供对学习的基本理解，从而为形成自己的教育教学观奠定基础。从学习理论发展的历史来看，在20世纪上半叶，行为主义学习理论占据主导地位，20世纪60年代以后，认知主义的观点逐渐取代了行为主义；而到了20世纪末，人本主义和建构主义学习理论代表了新的方向。

1）行为主义学习理论

行为主义对学习的解释强调可观察行为的获得，个体学到什么、怎么学习都是环境刺激决定的。当环境与个体行为的反应联系巩固下来，相应的行为习惯就形成了，这就是学习，行为主义者将学习看作是刺激与反应联结的过程，在这个过程中，个体学到的主要是可以观察、测量到的外显反应，而该反应之所以成为习惯是因为后效强化所致；学到的个别反应经组合之后而成整体行为，这样，学习的产生是外控的或外铄的，是被动的，是积少成多的，也是渐进的。

行为主义心理学家对学习的这一基本看法虽然能有效地用来解释行为的习得，却不能很好地用来解释知识的学习与健康人格的养成；同时，行为主义心理学家不太重视探讨学习的内部心理机制也受到后来心理学家的批评。

代表人物：华生、班杜拉、桑代克等。

2）认知主义学习理论

认知心理学家认为，在研究人类的复杂行为时，除了要关心个体可观察到的行为反应外，更要关心刺激——反应的中间过程，即刺激怎样引起反应和学习行为的内在机制。认知主义者主张将学习看作是个体对事物经认识、辨别、理解从而获得新知识的过程，在此过程中，个体所学到的是思维方式，即认知心理学家所讲的认知结构。在学习情境中个体运用已有认知结构去认识、辨别和理解各个刺激之间的关系，增加自己的经验，从而扩大或提升自己的认知结构。这样，在认知主义人士看来，学习的产生是内发的、主动的和整体性的。

代表人物：托尔曼、皮亚杰、布鲁纳等。

3）人本主义学习理论

人本主义学理论吸收和综合了行为主义学习理论和认知主义学习理论的观点，但又从一个不同的视角即情感的视角来看待学习。以罗杰斯为代表的人本主义学习理论关注教学中整体的人的重要性，关注动机、情感、安全、友好和支持性学习环境的创造，相信只要给予学生适当的机会和支持，每一个学生都能得到最好的发展。合作而不是竞争受到鼓励，每一个声音都值得学习倾听和尊重，为自己的学习承担责任构成人本主义学习理论的主要特点。

人本主义心理学强调人的本能和潜能，认为人性本善，有不断发展、增长和自我实现的趋向，在良好的后天环境中会自然成长，实现“自我”。他们强调人具有主动性和选择性，具有创造性和无限发展的可能性，因此，应尊重人的价值、需要与尊严，相信人可以自己教育自己，并应创造良好条件促进人的潜能的实现。

代表人物：马斯洛、罗杰斯、凯利等。

4）建构主义学习理论

行为主义和认知主义心理学的学习理论是以客观主义的传统知识论为基础，而建构主义则试图超越客观主义知识观和主观主义知识观的二元对立，强调知识学习的内在生成和主动建构活动，走出了学习理论的新路径。建构主义学习理论是从行为主义发展到认知主义后，在客观主义与主观主义之间寻找“第三条道路”的理论。它试图实现知识的“客观性与主观性”的统一、“外部输入与内部生成”的统一、“个体知识学习与社会知识学习”的统一。

建构主义继承与发展了以布鲁纳和奥苏贝尔等人为代表的传统认知主义学习理论的精髓，重视学生已有知识背景在学习中的重要作用，强调学生在学习过程中的主动建构，主张用同化思想来解释学习的内在心理机制等；建构主义者还吸收了行为主义学习理论的一些精髓思想。重新重视以斯金纳学习理论中非常强调的直接经验在学习中的重要作用，直接经验在学习中所起的重要作用重新又被学人所看重，并普遍强调真实情境在学习中的重要作用；此外，人本主义学习理论强调的以学生为中心的教育理念和意义学习的思想也被建构主义者所提倡。由此可见，建构主义学习理论绝不是“横空出世”，而是有深厚的思想渊源。

代表人物：皮亚杰、威特罗克、维果茨基等。

因此我们可以发现，行为主义学习理论着重研究的是人类最本质的认知表现方式即行为变化；认知主义学习理论研究的是人类深入的认知过程即思维方式；建构主义学习理论则是对认知主义学习理论的进一步发展，它主要强调了人类的自我积极建构的能力；而人本主义心理学强调人的情感认知因素的重要意义，为自主学习方面的研究奠定了理论上的基础。

2. 学习的心理机制

学习的过程可以看作是一般的认知过程，从心理学的角度看，学习的整个过程包括感受、理解、巩固和应用四个环节，包含注意力、感知觉、记忆、思维、想象等认知因素。

（1）感受知识。主要是对具体的直观材料的感性认识，是对抽象概念的象征意义的认识及对现实与生活的初步认识。感受知识离不开观察，学生可通过观察获得大量的感性认识，这是整个学习过程的基础。

（2）理解知识。在感性认识的基础上进一步对材料进行概括、比较、分类等，深化对材料的认识，发现事物的内部联系和规律，并在此基础上形成新的认识，继而对新的概念系统化并对之加以评价，并且使这些概念加入已学到的某一科目知识和新抽象概念的总系统中。

(3) 巩固知识。这也就是对所学知识的记忆过程。记忆是人类对过去经验的保持，也是人类所有心理活动的基本条件。只有通过这一过程，我们才能不断积累经验，从而进行正常的认知活动。

(4) 应用知识。用知识来解决实际问题也是学习的根本目的。这一阶段不仅对培养应用知识的能力，而且对于更深入地认识和评价理论都是非常重要的，不论在实验室或生产实践中，对于大学生来说，都是检验所学的知识真实性的最主要标准和巩固信念的手段。

延伸阅读

遗忘曲线

遗忘曲线由德国心理学家艾宾浩斯(H. Ebbinghaus)研究发现，描述了人类大脑对新事物遗忘的规律。人们可以从遗忘曲线中掌握遗忘规律并加以利用，从而提升自我记忆能力。该曲线对人类记忆认知研究产生了重大影响。

艾宾浩斯研究发现，遗忘在学习之后立即开始，而且遗忘的进程并不是均匀的。最初遗忘速度很快，以后逐渐缓慢。他认为“保持和遗忘是时间的函数”，他用无意义音节(由若干音节字母组成、能够读出、但无内容意义即不是词的音节)作记忆材料，用节省法计算保持和遗忘的数量，并根据他的实验结果绘成描述遗忘进程的曲线，即著名的艾宾浩斯记忆遗忘曲线。

这条曲线告诉人们在学习中的遗忘是有规律的，遗忘的进程很快，并且先快后慢。观察曲线，你会发现，学得的知识在一天后，如不抓紧复习，就只剩下原来的25%。随着时间的推移，遗忘的速度减慢，遗忘的数量也就减少。有人做过一个实验，两组学生学习一段课文，甲组在学习后不复习，一天后记忆率36%，一周后只剩13%。乙组按艾宾浩斯记忆规律复习，一天后保持记忆率98%，一周后保持86%，乙组的记忆率明显高于甲组。

延伸阅读

天才的八种学习和思维方法

迈克尔·麦克说：“即使你不是一位天才，你照样可以使用像爱因斯坦和亚里士多德一样的思考战略与战术来增强你的思维创造性，并更好地设计你的未来。”迈克尔·麦克是《思想家玩具》(商务发明创造手册)、《思考丛书》(脑筋急转弯卡系列)和

《突发奇想：天才家们的发明秘密》的作者。他在《天才式思考：从亚里士多德到里那德、从爱因斯坦到爱迪生超级发明家常用的八种战略与战术》一书中，对天才所使用的学习和思考问题的方法进行了归纳和总结。以下这些思维方式是历史上在科学界、美术界以及工业领域内有作为的天才们所通用的具有创造性的思维模式。这些思维方式能够帮助普通人了解天才，并丰富自己解决问题的方法，提高学习和工作的效率。

(1) 从不同的角度去看问题。发现别人从未想到(或还没有公开发表过)的新论点。达·芬奇认为：为了找出问题的本质，你应用不同的方法重新组合它。他认为他第一次看某个问题时总是不全面。通常情况下，重新组合后的问题本身会以一种新的方式呈现出来。

(2) 具体化。当爱因斯坦遇到一个难题时，他总是使用尽可能多的不同方法来展示问题，包括使用多种图表。他坚信在他的思考过程中，一万句话或数字所起的作用远不如一张图表给他的启发能形象地说明问题。

(3) 亲自动手。天才们最大的特点是高生产率。汤姆斯·爱迪生拥有1093种发明创造。为了保证工作效率，他给自己以及助手们规定新点子配额。加州戴维斯州立大学的校长凯斯·辛姆敦通过研究历史上的2036名科学家发现：最受人尊敬的科学家们不仅有非常伟大的创新，同时也有许多“不佳”的想法。但是，这些科学家们从不怕失败，也不怕平庸，通过坚持不懈的努力，最终取得胜利。

(4) 做新组合。不怕与别人不一样或不合常理，将所有的看法、想法和想象以不同的方式重新组合。现代遗传学是以奥地利修道士孟德尔的遗传法则为基础发展而来的，孟德尔将数学的方法引入自己的研究，从而发现了实验中蕴涵的规律，并由此成为遗传学的鼻祖。

(5) 找出彼此之间的关系，将不类似的事物联系起来。达·芬奇通过将铃声和石头落水声联系起来找到了声音是以波浪式传播的。莫尔斯通过观察驿站而发明了莫尔斯电码中继站。

(6) 反向思维。物理学家奈尔斯·鲍尔相信，假如你将物质的对立面放在一起来思考，那么你的思维运动就可以上升到一个新的高度。他将光想象成粒子与波浪促使他发明了互补定律。悬念(逻辑思维)可以让你的大脑创造出新的模式。

(7) 形象思维。亚里士多德认为比喻是天才的一种象征，一个能够看到两种不同领域的相似之处的人是天才，再能把这些相似之处联系起来是需要特殊天赋的。

(8) 增强应变能力。每当我们尝试做什么事失败后，我们就该做别的。这就是发明创造的第一原则。如果我们不单纯地认为失败是没有任何意义的，不单纯地局限于失败本身，而是重新分析整个过程、所有的成分以及如何改变它们以达到不同的结果，我们就可以转败为胜，变失败为成功。不要问：“为什么我失败了?”，而应该问：“我做了什么?”

身边的故事

小王一个学期考试有两门不及格，情绪十分低落，跟老师抱怨说，“现在所学的专业自己不感兴趣，知识遵从父母的意愿而选择的，而且所选的专业不是当前热门专业，不好找工作，所以现在很讨厌自己所学的专业”，据统计发现，类似小王这样不喜欢自己所学专业甚至是抗拒自己所学专业的学生，在高校中并不少见。因情绪低落，动力不足，行为消极，常会出现考试不及格，违纪，退学等不良现象，其中大多数学生内心痛苦、矛盾，思想斗争激烈，忧心忡忡，不知道如何是好。

非智力因素是指那些不直接参与认知过程，但对认知过程起制约作用的心理因素，主要包括兴趣、情绪情感、意志、性格等。作为一个有一定结构和功能的有机整体，非智力因素对学生的学习过程起着定向、引导、维持、强化等作用。我们常说兴趣是最好的老师，兴趣是引起和维持注意的一个重要内部因素，是学习过程中一种积极的心理倾向，也是学习动机的重要心理成分。学生具有强烈的学习兴趣，学习的整个过程就会伴随着积极的情绪体验，当广泛的认识兴趣成为学生的人格特征时，他们将不需要或很少需要外来的奖励，而能自觉进行学习，甚至离开学校以后仍然能坚持学习。情感对学习有较强的调节作用，积极的情感会促进学习，消极的情感则降低学习的效率。大学生要培养健康的、积极的情感来促进学习，在学习中保持适度的教情、良好的心境和饱满的热情，把握最佳学习状态，从而获得最佳的学习效果。意志对于学习的巨大作用是毋庸置疑的，我们可以这样说，缺少意志我们就不可能完成学习任务。学习本身也是培养学生意志力的过程。学习的成效主要取决于非智力因素，一个对学习不感兴趣、又缺少刻苦、勤奋学习精神的人，智力水平再高，学习也很难取得好的成绩。总之在学习过程中我们应最大限度地调动事智因素，使学习变为学生内在的需要和愿望，以饱满的热情和坚定的意志去面对学习，从而实现学习目标。

二、学习的方法

高职学习，你可以这样做！

（一）预习方略

一些同学常常认为课前预习没有必要，反正老师上课时要讲，上课专心听讲就行了，何必事先多费脑筋，还浪费了许多时间。事实上，这是一种错误看法。预习具有多方面的作用：通过预习，对即将要学习的新课能够做到心中有数，知道哪些内容自己能够弄懂，哪些内容自己还没弄懂。这样，听课时，便可集中精力去听那些自己没弄懂的部分。课堂学习就更有针对性，就能够抓住课堂学习的重点和难点；同时预习时要独立地阅读，独立思考，用自己的方式去发现问题、解决问题，独立地接受新知识。在这个过程中，高职同学的自学能力也能得到锻炼与提高。

那么我们如何去预习呢？

1. 选择好预习时间

预习的时间一般要安排在做完当天功课之后的剩余时间，并根据剩余时间的多少，安排预习时间的长短。如果剩余时间多，可以多预习几科，预习时钻研得深入一些；反之，如果预习的时间较少，则应该把时间用于薄弱学科的预习。

2. 反复浏览教材

通过浏览教材，了解教材的主要内容，弄清哪些内容是自己一读就懂的，哪些内容是自己没读懂的。然后带着问题，进行第二次阅读，深入思考，仔细钻研教材。这时阅读的速度可以适当放慢一些，遇到困难，可以停下来，翻翻以前学过的内容，或者查阅有关的工具书、参考书，争取依靠自己的努力把难关攻克，把问题解决，把没读懂的地方读懂。对于自己经过努力仍未解决的问题，也不必勉强去解决，这样会花费大量的时间。可以把这个问题记下来，留待课堂上听课时去解决。

3. 做好预习笔记

预习笔记有两种，一种是做在书上，一种是做在笔记本上。在书上做的预习笔记要边读边进行，以在教材上圈点勾画为主。所圈点勾画的应该是教材的段落层次、每部分的要点以及一些生僻的字句。同时，也可以在书页的空白处做眉批，写上自己的看法和体会，写上自己没读懂的问题。

在笔记本上做的预习笔记时既可以边读边做，也可以在上完课后再做整理。整理的内容包括本节课的重点、难点部分的摘抄及心得体会；本节课讲授的几个主要问题是什么以及它们之间的前后关系、逻辑联系，预习时遇到的疑难点是什么，自己是如何解决的，查阅了哪些参考书或工具书，所查阅的资料中有价值的部分的摘抄及心得体会。

（二）听课方略

严育开在《要学会听课》中对听课策略进行了详细的阐述，他认为听课是学生课堂学习的主要方式。在他看来，学生时代是人生的黄金时代，在这个黄金时代里，学生的大部分宝贵光阴是在课堂里度过的，按每周 5 天，每天上 6 节课计算，一学期 20 周，就要上 600 节课，一年要上 1200 节课。一个学生如果不会听课或听课效率不高，那么学习可能事倍功半或徒劳无功，听课效果不好，学习成绩必然很难令人满意。要学会听课，必须做到：提高认识，作好准备，集中精力，讲究方法①。

1. 提高认识

首先，要认识听课的重要性。课堂教学是教师传授知识、解难释疑、培养能力的主要

① 资料来源：《要学会听课》，http：//www.fwsir.com/jy/html/jy_20080807131726_163928.html。

阵地，同时也是学生获取正确信息、匡正错误、提高能力的主要渠道。离开这个主要渠道谈学习，那无异于丢掉西瓜去捡芝麻。其次，要认识课堂知识的浓缩性。从学习学科知识的角度讲，学生上课的主要任务是在教师的引导下继承人类的宝贵知识财富，并在这个过程中锻炼观察能力、动手能力、听说能力、思维能力、综合分析能力、运用知识解决实际问题的能力等。教师传授的知识，一般都是人类长期实践总结的产物，是人类智慧的结晶。教师讲一节课的内容，可能是一代或几代人的研究成果或经验总结。同时，讲课教师的敬业精神、个性素养、人格魅力也可谓浓缩了其已有的“人生精华”，对学生而言也是一笔宝贵的学习资源。可以说，在教师的指导下，学生走的是一条最近最直的认识道路。抓住了课堂学习，学习效率就能成倍提高。

2. 做好准备

打仗要打有准备之仗，听课也要做好准备工作。一是心理准备，对每一门课、每一位老师的课要感兴趣，应有强烈的求知欲望，应有向老师、向一切内行人虚心学习的精神。不论那一堂课所学内容是复杂还是简单，是难还是易，是多还是少，都应充满信心、认真对待。课前应保持最佳心理状态，厌学情绪、无所谓的态度、逆反心理，往往使课堂学习收效甚微。二是知识准备。课前对上一节课的内容要有所了解，以便自然衔接新内容；对新知识也应有所预习，带着目的、疑问听课，针对性强，效果就会更好。三是物质准备。预计一堂课要用的书、笔记本、试卷、练习本、笔以及其他文具，都应作好准备。作好了各种准备，进入积极的学习状态就会快一些，学习效果自然也就会好得多。

3. 集中精力

俄国教育家乌申斯基曾经形象地比喻说，注意是学习的窗户，没有它，知识的阳光就照射不进来。确实，一个注意涣散的学生，虽然他天天在上课，但由于心不在焉，肯定会一无所获。高职学生只有集中精力，专心听讲，方能提高课堂学习效率。据国外心理学家统计，13～15 岁的初中生可使注意力稳定 30 分钟，15～18 岁的高中生可使注意力稳定 40 分钟，18～22 岁大学生则可以保持更长时间的注意稳定性，高职学生只要对课堂学习充满希望、只要有坚强的毅力，是完全能够在 50 分钟左右一节课的课堂上达到注意力的高度集中的。

4. 讲究方法

做任何事都必须讲究方法，听课也不能例外。听课的方法一般有：听视并用法、听思并用法、“五到”听课法、符号助记法、要点听课法、主动参与法、目标听课法、质疑听课法、存疑听课法等。

1）听视并用法

大多数学生听课是一边听，一边看。听觉和视觉并用，比只听不抬头看的听课效果要好。听是接受声音信息，看是接受图像信息。又听又看，在通过声音传递来记忆抽象的概念的同时，又可结合图像直观，来强化具体的知识印象。听和看的内容应保持同一性，不能听此视彼，分散听课的注意力。听，一般指听录音、听范读、听提问、听讲解；看，主要是指看板书、看挂图、看荧屏或银幕上的多媒体画面，看教师的教态，如教师的举手投足、神情姿态。因为教师要借助这些板书、画面、手势,化抽象为具体、变繁复为简明、变陌生为熟悉。这种方法,以听为主,以看促听,效果很好。

2)听思并用法

边听边思考也是一种有效的听课方法。听一般是被动地吸收,思则是主动地思考。边听边思,可以在由被动转化为主动的过程中,逐步加深对知识的认识和理解。只听不思考,录音机式的听课,囫囵吞枣,谈不上真正掌握知识,更谈不上培养创造性思维能力。一般可从这些方面思考:教材的重、难点在什么地方?老师为什么这样处理教材?老师讲的自己是否真正懂了,老师讲的与自己想的有什么不同?以思促听,能知其然也能知其所以然。

3)"五到"听课法

"五到"就是指耳、眼、口、手、脑都要动起来,多种感觉器官并用,多种身体部位全部参与听课活动。同时调动这些感官所获得的感受是一种综合的、立体的感受。"耳到"指听老师讲,听同学发言、提问,不漏听、不错听。"眼到"指看课本、看老师的表情、看板书、看优秀同学的反应。"口到"指口说,包括复述、朗读、回答问题。"手到"指做笔记、圈重点、批感想、做练习。"脑到"指动脑筋,心力集中、积极思维。"五到"听课法要求听课者全神贯注,灵活地根据课堂情境和老师要求,适时调整听课方法。这种听课方法是效率最高的听课方法之一。

4)符号助记法

无论记忆力多么强的人,都不可能把老师所讲的话全部记住,听课必须记笔记。无论书写速度多么快的人,也不可能把老师所讲的话全部记录下来,这就必须借助符号帮助自己记录,以利长期记忆。如重点语句可打着重号、波浪线或加三角号,疑难问题可打问号,只要自己懂得、自己习惯用的各种有利于记忆的符号都可运用。

5)要点记取法

千万别满堂抄,而应有所选择,比如:讲课要点、板书提纲、图表,新信息、新观点、新方法,补充例题,总结,疑难问题等。特别要注意做笔记时不要影响听课,要恰当分配时间与注意力。作为学生不可能也没必要全盘接收。只记重点,只记难点,去掉无用信息是应该的、必要的。抓住要点听和记,比毫无重点地全部听和记,效果要好得多。有人曾做过实验,三组学生同时收听同一内容的录音带,规定A组全部记录,B组只听不记,C组只记讲授要点。结果A、B两组的学生只记住全部内容的37%,C组学生却记住了58%,可见抓要点,适当做笔记,效果最好。

6)主动参与法

实践证明,凡积极举手发言的学生,学习进步特别快、成绩好。一部分学生只是被动地接受,学得很被动。课堂上,一定要积极参与,主动地学,随老师的教学思路转,这样也可以保证注意力高度集中,听课效果好。

7)目标听课法

上新课前预习时,发现不懂的问题记录下来,上课时带着这些问题听课,目标明确,针对性强。预习时弄懂了的，听一遍等于复习了一遍，加深了印象。预习时不懂的就应特别认真地听、仔细地听。如果老师讲了还是没弄懂，你还可以在课堂上及时提问让老师再讲。有一定目标的听课，往往比漫无目的听课效果好，能帮助你解决大问题。

8）质疑听课法

“质疑”即提出疑问。古人说：“学贵有疑，小疑则小进，大疑则大进。”人们知识的获得、能力的发展都是在不断的质疑中实现的。听课时，对未听懂的问题可以及时举手请教，对老师的讲解、同学的回答，有不同看法的，也可以提出疑问。这种方法也可保证听课者始终集中注意力。会提出问题的学生往往也是会学习的学生。

9）存疑听课法

听课时，遇到疑难问题，不一定马上打断老师讲课，可以暂时记下来，待下课后再思考或再请教同学、老师。这样做，一是不影响老师的教学计划，也不会因个人纠缠某个问题而耽误大家的时间，还可以促使自己深入钻研问题，养成独立思考的好习惯①。

听课的方法很多，因人而异，只要有利于提高听课效率的方法，就是好方法。

（三）复习方略

课后复习是对新授内容进一步消化理解、巩固记忆、触发联想，使知识条理化、系统化的学习过程。“学而时习之”“温故而知新”都充分说明了复习的重要性。按照正常学习程序，课后复习应做好四件事：尝试回忆、看教科书、整理笔记和看参考书。

1. 尝试回忆

就是像过电影一样，在头脑里“重映”上课时一幕又一幕的情景，理解、消化一个又一个关键问题。好比牛吃草反刍那样，吃的时候为了抢速度，狼吞虎咽地吃下去，其中有“夹生”或“生吞活剥”的，休息时，再让食物回到口腔里，细细地加以咀嚼。

尝试回忆，一是可以检查当天听课效果，二是能提高看书和整理笔记的积极性。在明确学习薄弱环节的基础上，有针对性地进行强化复习，提高学习的积极性。那么，怎样进行尝试回忆？

第一，回忆预习的经过。有哪几个新概念，哪些地方懂了，哪些地方当时还未懂，自己是怎么查的、怎么记的、怎么想的。

第二，回忆上课的经过。老师是怎样引入新课的，自己懂的部分老师是怎么讲，自己理解与教师讲的是否一致？自己不懂的部分老师又是怎么讲的，关键的地方老师是如何启发、引导、点拨的？为什么自己预习时弄不懂，老师比自己高明在什么地方？

第三，回忆刚学的新知识。是否真正理解这些内容？知识点是否衔接？尤其是理科内容、工科内容，新知识是如何从旧知识推导或引入的，思路是否贯通？新知识与旧知识有哪些联系？操作程序是怎样的，有哪些注意要点？

---

① 资料来源：《学霸是如何听课的？学霸高效听课9大秘诀》，http://www.360doc.com/content/19/0912/23/64097987_860674717.shtml。

回忆时，可以边回忆边对照课本和笔记，也可以先全部回忆一遍，把回忆不起来或理解不透的地方记下来，一起看书、查笔记，或请教老师或同学把它弄懂弄通。

2. 看教科书

尝试回忆后，不管回忆起来，还是回忆不起来，都应该从头至尾、逐字逐句地看教科书，丝毫马虎不得，要一面看书，一面思考. 因为这时已不是初次看书，而是在预习、听课和回忆的基础上进行的，所以可以全面过目，重点思考。对前面环节中已经理解和记住的部分，不必再花很多时间，要在那些回忆不起来、思考不连贯、理解不深的地方多花些时间，直到彻底弄懂记住为止。

看书时，可用彩色笔把书上的重点、新概念、关键地方、容易忽略之处勾画出来。在书的四周空白处，可以记上一些自己的简要体会，高度概括课文内容的语言以及有利于记忆、带有提示的语句。如果书上写不下，也可以写在一张纸上，贴在书上的眉头或边角上，以便今后看书时，从这些地方迅速得到启示，回忆起书中的主要内容和关键之处。有的同学急于完成作业，或只重视做题目，而不重视看教科书，事实上，这是舍本求末的做法。

3. 整理笔记

整理笔记，主要是把上课时未记下的部分补起来，把记得不准的地方更正过来，把次序颠倒、逻辑顺序不清的地方整理一番。笔记的内容应当简练明白，提纲挈领，详略得当。一般来说，笔记的主要内容有：①预习时发现自己掌握不太好或已忘了的旧概念、定理、公式等；②预习时发现的问题或体会；③自认为的重点、难点、关键；④听讲、看书时自己悟出的重要体会；⑤新知识与旧知识的联系或结合点；⑥容易发生错误和混淆的概念；⑦补充书上或老师讲课中的不足；⑧从参考书上摘录下来的，对本课内容有极强针对性的材料等①。

整理笔记是把知识深化、简化和系统化的过程，带有浓厚的个人色彩和特点。经过整理的笔记无疑是一份珍贵的复习资料，应该妥善保管，以备需时之用。

获得高分最可靠的因素是懂得怎样开发本人的潜力。研究表明："尖子"生名列前茅的技巧其他人并不难学到手。根据美国教育专家和尖子生自己的意见，主要有以下十项：

（1）以学为先。在他们心目中，学习是正事，正事理应先于娱乐。

（2）随处学习。每天练跑途中记忆词语。在盥洗池旁贴一张词汇表，每天刷牙时熟记一个生词；无论怎样各具特色，有一点他们是一致的：保证学习时间，坚持不懈。

（3）讲究条理。把常用的与学习有关的东西都放在伸手可及的位置，将重要的学习用品和资料用一个纸箱或抽屉装好，避免用时东翻西找。

（4）学会阅读。学会快速阅读，提高单位阅读量，学会读一本书的目录、图解和插图，为提前了解本书内容，获取更有效的信息；当积极的读者——不断地提问，直到弄懂字里行间的全部信息为止。

（5）合理安排。再晚也勉励自己当天完成作业。

---

① 资料来源：《听懂课堂内容依旧不会写作业？如何高效吸收课堂内容》，http://zj.qinxue100.com/news/27198.html。

(6) 善做笔记。强调记笔记的功夫,尖子生往往一边听课一边记重点。有的在笔记本中间划一道线,半边摘录课文概要,另半边记下老师补充的东西。

(7) 书写整洁。

(8) 及时提问。

(9) 学习互助。学生经常一起讨论家庭作业中的难题,使用不同的解题方法并相互交流心得。

(10) 自我测查。记笔记时,对自认为可能会考的知识点格外注意,课下根据这些知识点自编模拟题,并在考试前夕做出书面答案。如果哪里答的不圆满,就回过头来再复习①。

可以看到上述尖子生成功的十大秘诀并无深奥难懂之处,我们每个人只要用心,都可以做到。果真如此,或许我们离学习的成功也就不远了。

4. 看课外书

现在课外书很多,有的高职学生不加选择乱看一气,少数男生整天沉溺于武侠小说,女同学整天手捧情爱小说,实在是利少弊多。乱看课外书犹如把自己带到山高路险的歧途上跋涉,事倍未必有功半,危害甚大。俄国作家别林斯基说过"阅读一本不适合自己阅读的书,比不读书还坏"。清朝学者陆世仪说:"凡读书须识质,方不错用功夫。"

那么,高职学生应该选择哪些课外书籍,又应该怎样阅读呢? 下面提几点意见供同学们参考。①根据任课老师的推荐书目,选择深浅相宜、解疑释难的专业参考书。每门课程可以选一本主要参考书,这本主要参考书的编排体系应与教科书相同或相近,水平相当或略深一点,作为课本的伴读本,其他的作为一般参考书。②结合自身的专业方向、知识结构,选择相关课外专业书籍、学术报刊等阅读,作为拓展自身知识视野、了解学术前沿的重要路径。③带着所思考的问题、老师所布置的任务、实践中所面临的难题,广泛查阅相关资料、搜索网络资源,进行专题研究,深化对某一领域知识的认识。④课外书中有精彩的论述,可以缩写或抄写在课本的有关地方,也可摘录放入笔记本的相应部分。

延伸阅读

复旦大学日前推出的《上海大学生发展报告》对当代大学生阅读习惯进行了一次调研,结果显示经常阅读人文社会科学典籍和学术类著作期刊的大学生不足三成,大多数学生课外阅读只是为了休闲消遣。有关专家表示,除了学生自身偷懒外,整个社会的阅读风气和学校教学上的忽视也是影响大学生阅读习惯的原因。

该报告指出,现代社会发达的传播条件使大学生的阅读面扩大,但非学术类阅读占的比例升高;相比之下学术类阅读显得单薄,专业期刊与外文文献阅读更是稀

① 资料来源:《尖子生的十大秘诀》,http://www.360doc.com/content/11/0305/21/6157952_98457405.shtml。

少。调查显示，经常阅读本专业经典著作、人文社会科学典籍、专业学术期刊、外文学术文献的学生比例分别为15.2%、22.8%、9.3%、5.2%。而经常或偶尔阅读通俗文学读物、时尚报刊、外文报刊的比例则高达88.5%、86.4%、73.9%。

华师大外语学院三年级学生小张表示，学语言的学生去读人文或语言专业书籍没什么价值，学语言就是为了应用。上师大生物系学生小冯认为，“专业学术读物太过枯燥，看专业教材就够呛了，课外再读专业期刊简直是自我折磨，至多是写毕业论文时我才会去看专业书籍。”

调查还显示，医科类学生的阅读率是各专业中最低的，仅有23%的学生课外阅读学术读物。复旦大学医学院学生小沈表示，读医科的学生课业负担很重，各门医学知识均要熟记于心，他们无暇再去读什么人文或学术经典。

复旦大学哲学系教授张汝伦不无遗憾地告诉记者，大学生不爱读自己的专业书籍，却热衷读小说、休闲报刊读物的现象，其实主要还是受到整个社会阅读风气的影响。

他直言，现在社会上大多数人都把阅读当作消遣娱乐，甚至有不少专家、学者在媒体上给读者开的阅读书单里面，也尽是武侠等通俗小说，“大学生在这样的大环境影响下，又有几个能静下心来读一些严肃的书籍?”

同济大学计算机系博士生导师张教授则告诉记者，“不要说本科生了，硕士生能潜心看看书的也屈指可数。”张教授在面试几位报考博士学位的硕士生时，叫他们说几个世界权威的学术期刊、学术会议的名字，居然鲜有能对答如流者。而他发现这与学校教学上的忽视有关，很多老师在指导学生时也往往关心实用技术，轻视对理论、学术的指导，不提供教材外的参考书目，或者提供参考书只流于形式。

张汝伦教授在复旦给学生开读书讲座时多次说：“千万不要放弃阅读人类文明几千年留存下来的宝贵精华，否则真的是人生一大损失。”他认为，大学生阅读不应功利和贪图消遣，而应加大对人文学科和本专业经典著作的涉猎；学校也可以通过组织书友会和阅读讲座来提升学生的阅读兴趣和品位，增加积累。

张教授也指出，由于学科理论的最新发展反映到课本上，至少要有两三年时间，因此除了学习教科书知识外，对于理工科、医科等专业学生来讲，多看外文学术著作和刊物是必须的。

他建议，各高校的外文学术图书馆不该仅允许研究生进入，也应该向本科生全面开放，以提供更多的阅读资源。此外，通过要求学生在看参考书后写读后感、综述类的文章，并且把参考读物的知识反映在专业课考试内容上，不失为促进学生扩大学术类读物阅读量的好方法①。

① 资料来源：《人文学术类书籍遭冷遇大学生课外阅读只为消遣》，2019年11月18日，http://www.liguo.cc/6/178787.html。

（四）操练方略

怎么学好技能

我国高级技能人才奇缺，出现了“好钳工比研究生还难找”的局面，高职院校所培养的学生正应该是掌握一定技术技能的应用型人才，这也应该是高职学生的优势所在。为此，高职学生要深知技术是找工作的敲门砖，除了文化知识的掌握、一般能力的开发以外，还必须关注动作技能的学习，懂得动作技能的训练方略，加快动作技能的形成进程。

1. 明确练习的目的与要求

练习是动作技能形成的基本途径，所谓“熟能生巧”即充分说明了练习的重要意义。高职学生只有明确了练习的目的，才能产生完成练习的内在动机，从而提高练习的积极性和主动性，更加自觉地对待练习，并在练习的方法上动脑筋，在运用感官的同时，还会运用理性去展开思考，去指导练习。研究表明，动作技能的获得与增进，有赖于学习者的主动练习。

2. 要有一定的心理练习

所谓心理练习，是指仅在头脑内反复思考身体动作的进行过程，心理复演有助于动作技能的学习。心理练习不受时间、地点、器械的限制，而身体几乎不会产生疲劳。关于心理练习的效果，有很多人做了研究。早在1952年，哈比(S. F. Harby)曾对动作技能学习中的心理练习与身体练习做了比较。他发现，心理练习在自由投篮的动作技能的发展中有显著影响，若能将心理练习与身体练习相结合，其效果最好。决定心理练习有效性的关键是学习者要对练习的任务熟悉。从未进行过身体练习的动作，不可能作心理练习，若练习，也只能是错误的练习。另外，心理练习的时间不能太长，否则容易产生厌烦情绪，使作业水平下降。此外，在心理练习时，外界起妨碍作用的刺激应当少，要专心致志于想象的动作，这样才能取得最好的效果①。

3. 依据动作技能的性质与实效来考虑练习的策略

动作技能的练习主要有两种策略，即直接练习和以原理为指导的练习。究竟选择哪一种，应视该技能的性质与实效而定。有的动作练习，可以先从原理中得到启发，再进行练习，就能取得事半功倍的效果，如电工技能的掌握，可以先从电力原理的掌握开始，来提高学习的效率。但多数动作技能则有赖于直接练习，如在游泳方面，应用原理练习，对掌握动作技能的实际效果不大，与其将时间花费在原理学习上，倒不如直接练习更能取得实际效果。

4. 根据动作技能形成的特点，适当分配练习的次数与时间

关于时间的安排，须视动作技能的复杂程度、学习者的身体状况及动机水平而定。一般说来，适当的分散练习要比过度的集中练习效果更好。因为，集中练习带来的疲劳和厌烦，会使学习者的注意力降低，并且容易使练习变质到只不过重复而已。当然，如果动作

---

① 皮连生：《学与教的心理学》，华东师范大学出版社，1997年，第177－178页。

技能简单，经几次练习就能熟练掌握，就无分散之必要；反之，如果学习者身体状况欠佳，不能长时间地坚持练习，为了避免产生疲劳或消极情绪，自然以分散练习为好。另外，学习复杂的技能时，最好把学习时间分成较短的间隔，也就是说，具有一定的间歇和停顿，以便巩固和休息，避免不当内容的巩固和不适技能的定型。事实上，在许多情况下，分散的练习或留间隔，都能加快学习的进步。

5. 根据动作技能的复杂程度安排练习的内容

通常一套完整的动作技能可以分解为同时或按先后次序出现的局部技能。高职学生在学习动作技能时，是将技能的全部内容一次学完的整体练习法好呢？还是采取以部分内容为练习单位并在初步掌握的基础上再练习后续技能的局部练习法？这要结合具体情况分析。如果一种技能比较复杂，并且是由若干局部技能所构成，先用局部练习法再用整体练习法，效果较好。如果一种技能的各个动作之间联系密切，采用整体练习法，效果较好。有专家曾经在羽毛球、排球等方面做过比较研究，结果是排球从局部开始练习效果好，而游泳采用整体练习法效果好。因此，高职学生要根据动作技能的性质以及自身的运动能力、体力等因素综合考虑是采用整体练习法还是局部练习法，开展有计划、有步骤的操练。

6. 充分利用练习中反馈的强化作用

所谓反馈，就是学习者知道自己的学习结果。学习者知道自己每次练习的结果，就可以进行正确的分析和评价，从而对学习起到促进作用。我们通常都有这样的体会，如果自己关门独自学跳舞，可能很长时间之后，练习的动作还是错误的，或是进步不快。相反，如有“舞林高手”现场指导，可能转眼之间我们即能掌握要领。一般而言，反馈有二种来源：一是来自学习者自身对活动本身所显示的结果的感知；一是来自学习者外部，因为有些技能的正误、在表面上不易觉察，如在乐器学习中，音调、节拍等正确和谐与否，高职学生不一定都能感觉出来，此时须请教老师，请他们帮助自己指正，则是比较有效的反馈强化。

7. 正确面对“高原现象”

有为数不少的学生在技能训练的初期进步较快，中期则往往有停滞不前或稍有下降的现象，训练的时间与训练成绩之间关系的曲线保持水平状态不再上升，训练的航船开始在漩涡中打转，时间和汗水并没有结出成功之花，人们一般将这种现象形象地称为高原现象。

在动作技能学习中出现高原现象是普通而正常的，呈现的时间有长有短，它的出现并不意味训练成绩达到顶峰。面对“高原现象”，如果能及时调整心理，改变旧的训练模式与方法，就能够很快地突破高原期，使训练成绩再次上升。反之，则会在高原的迷雾中徘徊，逐渐丧失训练信心。

是什么影响了你的学习？

三、常见的学习问题与调适

身边的故事

小李是一位来自山区，家庭经济困难的高职生，学业成绩一直非常优异。上大学后，忽然感到心中茫然，学习没有动力，生活没有目标，有时候想到辍学在家的妹妹和年迈的父母，也恨自己不争气，可他找不到奋斗的目标与学习的动力，学习上得过且过，生活上马马虎虎，盲无目的，上课打不起精神。他说："我不是因为喜欢上网而荒废了学业，而是因为实在没劲才去上网聊天打游戏，我如何才能摆脱这种状态？"

（一）学习动机缺乏的调控

英国作家塞缪尔·约翰逊说过，"对知识的渴求是人类的自然意向，任何头脑健全的人都会为获取知识而不惜一切。"英国哲学家罗素也认为，"知识是使人类快乐的主要因素之一。"可由于应试教育观念的影响，部分中小学生将学习的主要目标定位为升学，而当他们最终进入高等院校之后，就失去了追求的方向，以为可以开始享受生活，满足于"六十分万岁"，也有部分学生因为进入的高等职业院校与自己理想中的学校存在着一定的差距，对前途失去信心，"破罐子破摔"，整天被动应付学习，这些都会导致学生主动学习的动力不足，使他们并不能从知识中找到快乐，学习成为苦差，学习效果不佳。因此，每位高职学生都应保持良好的心态，不断提升自身的学习动力，努力形成积极进取的人格。

1. 明确学习的目的和意义，激发求知需要

休谟说过，在争取幸福的问题上，求知欲比追求财富的欲望是更加可取的。著名哲学家培根也强调"知识就是力量"，有了知识，才能担当起建设祖国的重任。一名高职学生必须明确学习的社会意义和个人的意义。我们应该明白，学习能使自己获得就业所应具备的最基本的专业知识和基本技能，增强自身的就业竞争实力。在学历社会向能力社会过渡的今天，尽管我们的学历相对较低，但只要有一技之长、有自身的独特能力优势，我们同样可能赢得立足之地，赢得美好的人生，我们要把学习当成自身的需要，变"要我学"为"我要学""我爱学"。

延伸阅读

6月10日，在北京发布的《就业蓝皮书：2019年中国大学生就业报告》显示，2018届中国大学生毕业半年后的就业率为91.5%，高职高专就业率连续两次超过本科。这份报告由第三方教育质量评估机构麦可思研究院撰写，调查数据基于麦可思对于2018届大学毕业生（全国样本为30.3万）毕业半年后，以及2015届大学毕业生（全国样本约25万）毕业半年后的调查问卷。调查显示，2018届大学毕业生的就业率为91.5%。其中，本科毕业生就业率达到91.0%，较2014届（92.6%）下降1.6个百分点；高职高专毕业生就业率为92.0%，较2014届（91.5%）上升0.5个百分点。近两届高职高专毕业生就业率高于同届本科①。

2. 培养独立进取的个性

学习动机与独立进取的个性是密不可分的，个性是独立进取还是被动退缩与动机水平关系密切。上进心强、抱负水平高，将持续地推动学习活动高效率地进行，而良好的学习效果又给学习动机带来自我强化的作用，反之，缺乏上进心且抱负水平低，只能使学习处于被动状态，甚至恶性循环。所以高职学生要注意通过多种途径不断强化自我的意志品质，养成良好自觉的学习习惯。

3. 设定中等难度的学习目标

中等难度的学习目标是指学生通过努力可以实现的目标。过易的目标不能满足自己的成就感，不足以激发动机；难以实现的目标，也容易使自己畏难、气馁。而中等难度的学习目标是经过努力可以实现的，自己从中体验到成功感，从而产生学习兴趣，激发学习动机。

苏联心理学家维果茨基提出“最近发展区”的概念。他认为“最近发展区”是学生现有的发展水平（即学生能运用已有的知识经验独立地完成任务，不需教师的帮助即可达到的水平）与学生的第二个发展水平（即在现有发展水平之上，学生不能自行完成任务，须经过教师的启发帮助才能达到的水平）之间的距离。教育要促进学生的心理发展，必须把着眼点放在学生心理发展的第二个水平上，也就是说，高职学生应不断地向自我提出新的课题和任务，它们的水平应稍高于现有水平，以不断挑战自我，使自己能“跳一跳摘到桃子”。

4. 注意学业成败的合理归因

根据归因理论，将成功归因于内部因素（努力、能力）将失败归因于外部因素（任务难度、运气）的学生认为，他们能够控制自己的行为。将失败归因于缺乏努力和方法不当，不会对学生的坚持性产生消极的影响，正相反，失败会带来一些有益的学习经验，在一些任务中的失败能够促使学生设立更合理的目标，尝试新的策略，发展自己对挫折的承受力。

---

① 资料来源：《惊！2018年的高职院校毕业生比本科生就业率高92%!》，http://km.pxto.com.cn/news/shgz/2002126.html。

而将成功归因于外部因素，将失败归因于内部因素（能力）的学生往往认为他们没有成功的能力，他们无力避免失败，也不去追求成功，对学生的坚持性会产生消极的影响，同时会产生失落感、无力感，这就是学习无助感。归因倾向是后天形成的，并不是先天遗传的结果，高职学生完全可以在教师的指导下，学会合理归因，对自身学业的成败进行科学的总结与分析，多从主观努力方面寻求原因，以不断增强自我效能感，增强自信心，勇于迎接学习挑战，而不是如下例中的女生过多地抱怨外部环境，怨天尤人。

身边的故事

某学院一年级女生，来访时表现出精神沮丧、焦虑不安，自称：上××学院××专业非常失望，师资力量差，专业课没劲，如同上了“贼船”，可已经“上”了，也“开船”了，没办法，只好度日如年地熬日子。

根据心理学家贝克（A. T. Beck）的观点，该学生的认知障碍属于认知偏差中的“选择性概括”，即仅根据个别细节而不考虑其他情况就对整个事件作出结论，这是一种瞎子摸象式的、以偏概全的认知方式。据此，咨询人员从几个方面询问，并与咨询对象协商、讨论，以求得共识。

① 你已选择的专业的社会意义？

② 你所在的学院的现状及其发展前景。

③ 你从事未来的职业有哪些优势？

④ 你对本专业的认识是否有偏差？

⑤ 任何学校的教师都有好、中、差，作为学生应怎样正确认识和积极对待？

⑥ 本学院往届的优秀生是怎样对待这些问题的？

通过讨论，咨询对象豁然开朗，她以饱满的热情投入了学习，几年后顺利地走上了工作岗位，并在工作后的第一年的春节打来电话，在祝贺新春之际对咨询人员的帮助表示感谢[①]。

身边的故事

小张是一个非常要求上进的高职生，一进校就对自己有明确的人生规划。她想考各类技能证书，还想拿到英语四级证书，所以她每天都会花十几个小时在学习上，经常会熬夜去看书。经过一学期的努力，她发现不但身心疲惫，而且学习效率也很低。她感到很烦恼。

---

① 郑日昌：《大学生心理咨询》，山东教育出版社，1996，第 300 页。

（二）学习习惯不良的克服

英国教育家洛克说："事实上，一切教育都归结为养成儿童的良好习惯，往往自己的幸福都归于自己的习惯。"俄国教育家乌申斯基也指出："良好的习惯乃是人在其神经系统中存放的资本，这个资本在不断增值，而人在其整个一生中就享受着它的利息。"良好的学习习惯有助于减轻高职学生的身心负担，避免注意力的分散，使意识专注于学习之上，能极大提高学习效果。相反，恶劣的学习习惯则可能使我们"蒙受重大损失"，我们必须克服以下常见的不良学习习惯。

1. 有劳无逸的习惯

人的耐力是有限的，打破限度就会造成永久性损伤，尤其是眼睛、视角长时间固定在一个范围内，最容易引起眼肌疲劳，造成假性近视，甚至发展成真性近视。因此，在学习时既要充分利用最佳学习时段，又要注意劳逸结合。每学习一个小时以后，都休息 10 分钟，做一些锻炼身体的运动，及时消除大脑和眼肌的疲劳，防止造成疲劳积累，提高总体学习效率。在实际生活中，有些学生，一旦学习热情上来了，就废寝忘食，有劳而无逸，得到一本好书，就一口气看上几个乃至十几个小时。学习起来，不感到累就不休息，不感到困就不就寝，劳逸不结合，睡眠不定时。这种学习习惯，一方面学习效率不高，另一方面天长日久必将对身体产生副作用。

延伸阅读

浙大心理学系教授、省心理学会秘书长曹立人教授研究发现，每个人的每天学习极限是 16 个小时，法定学习时间为 6～10 小时，良好学习时间是 2～4 小时，而最佳学习时间是在 2 个小时。

曹教授研究发现，人的最佳学习时间每个人均不同，它分为百灵鸟型（早上）、夜猫型（晚上）、麻雀型（早上和下午都有，但中午需午休）、混合型四种。

曹氏的最佳学习（识记）时间测算方法为：在英语（GRE 词汇）中找 1500 个难度大单词（每个单词长度由 8～10 个字母组成），将单词 10 个一组写在卡片上，以一个星期为测算周期，每天起床后五分钟识记，每隔 2 小时打乱顺序再识记五分钟，看看每天能默写多少个单词，总结一个星期来，再用坐标方式，将默写出的单词按抛物线形式标出来，波线最高段就是最佳的学习时间[①]。

2. 非记全笔记不可的习惯

在听课过程中，有些学生认为，上课听不懂没关系，只要把笔记记全就可以。于是他

① 资料来源：《不要用金钱承诺引诱孩子》，http://news.sina.com.cn/c/2004-02-16/08351812593s.shtml。

们选择了“以记为上，以听为辅”的听课原则。这种做法不把主要精力放在思考问题上，而是跳过自己认识事物应当经历的艰苦思考过程，去直接记老师所讲授的现成结论。结果课后笔记一大本，问题也一大堆，只好自己重新去理解，浪费了课堂学习时间，降低了学习效率。长久以往，还可能形成“上课记笔记，作业抄笔记，考试背笔记”的机械学习方式，不利于批判性思维的养成和创新思维能力的培养，正所谓“学而不思则罔，思而不学则殆”。

3. 只满足于知识记忆的习惯

尽管孟子的“尽信书则不如无书”的名言为大家所熟悉，但是部分高职学生对课本仍存有盲目崇拜的心理，课后复习只满足于记住一些现成的知识和结论，未能养成对课本进行质疑的良好习惯。事实上，一个人读书能提出一个有价值的问题，往往比背十页书的收效还大。因为前者是能动的创造，而后者只是简单的记忆。从哲学角度看，任何真理只能是相对真理，而没有绝对真理。由于受到种种因素的限制，前人的知识结论不可能十全十美，总存在着这样或那样的问题，而这正是我们思维的开始，正是我们发现真理、发展真理的良好契机，只注重积累，积累得再多也不过在别人身后爬行，很难超越前人与他人。我们要始终清醒地意识到“知识不是某种完备无缺、纯净无瑕、僵化不变的东西。它永远在创新，永远在前进。”只有关注积累也注重创造，才能建立自己的学业大厦，才能站在巨人的肩膀上攀登新的高峰。

此外，高职学生还可以经常反省，看看自己是否“在固定的时间进行学习”、是否“身边经常备有辞典、字典之类的工具书”“学习结束之后，能否收拾书桌”，不断提醒自己养成良好的学习习惯。

身边的故事

每次我面临重大考试的时候，耳朵总是特别敏感，老是能听见后边学习的人翻书的声音，总觉得他们效率很高，一会就要超过我似的，这种声音给我的压力好大，以至于我根本无法静心学习，严重影响我的学习效率和思考能力，在高三的时候我就因为这个几乎没有学进去，现在考试，我可不想再重复了，大家说我该怎么办？

（三）考试过度焦虑的矫治

临近考试，部分高职学生由于种种原因，常常出现类似以上同学的焦虑紧张的心理，这势必影响正常水平的发挥，为此，考生必须采取积极措施，主动加以矫正。

1. 考试前要注意调节情绪

考试前要保持坦然的心态，正确对待各种考试。积极进取，但不要刻意追求。心理学研究表明，只有中等强度水平的动机，最有利于学习任务的完成。要有一颗“平常心、平静心”来对待复习迎考。做到了行动上的“不急”，心理才能“不躁”。情绪稳定了，学习效率才会高。同学之间不要大事、小事斤斤计较，免得影响学习心境。

如在紧张情绪到来时，可以提醒自己：“我一定行，没有必要紧张。”如果失眠了，就告诉自己：“失眠是不想睡，等困了就睡着了。”遇到不会的问题，告诉自己：“相信我一定能做出，如果我不会别人也不会。”再如：“我今天精神特别好，学习效率一定高”“这几天胃口好，身体一定不会有问题”……通过暗示，减轻心理压力，消除紧张的情绪，达到鼓舞斗志的目的。

同时，要抓住复习迎考的机会，尽自己的最大努力，对考试结果不要过早思考、过分顾虑。在考试前不要谈论考试结果的问题，也不要给自己下达“硬性指标”。要因人而异地安排复习时间，不要打疲劳战术，不要随意改变原有的作息时间，避免打乱已经形成的生物钟。充足的睡眠、健康的身体、清醒的头脑是高效率学习的保证。

2. 考试过程中要讲究策略

进入考场，要尽快安静，不要交谈，如果心情紧张，可以做几次深呼吸。摆放好自己的文具和相关证件，等待老师发卷。当试题发下来后，可能离考试还有几分钟时间，这时虽然不能用笔答题，但你可以浏览试卷，检查试卷是否有破损、印刷不清等问题。

答题过程中，要注意冷静分析，当遇到熟悉的问题时要看与自己所见题目有无变化，防止照搬答案不得分；当遇到难题时，要思考与之相关的基础知识，从中找出问题的突破口。不求题题都去做，舍卒保车很重要。在主观题的答题中，要适当阐述自己的观点，多数高校教师鼓励学生就相关学术问题有自己的独立思考，而不是与教师、与笔记的完全一致。交卷前的检查修改，要尊重第一印象，拿不准的不要随便改动，免得改错了答案。

3. 考试结束后要尽早休息

离开考场后，尽早休息，确保下一场考试精力旺盛。交卷后，知道与不知道结果已经是不重要了。同学之间不要对答案，免得知道了自己的错题，影响下一科的考试情绪。

除了上述措施外，高职学生还可以在心理咨询老师的指导下，运用系统脱敏法来克服考试焦虑。其步骤和方法如下：第一步，列出引起你考试焦虑反应的具体刺激情景。如“明天就要考试了”，“我是走在去考场的路上”，“我被一道题难住”等。

第二步，将上述刺激情景从弱到强的顺序，排列“焦虑等级”。下面是假定的6个刺激情景的合理排列，它们引起的焦虑反应是依次递增的：

① 明天就要考试了，我还有很多书没有看；

② 我走在去考场的路上；

③ 我收到了试卷；

④ 我被一道题难住了；

⑤ 时间快到了，我根本做不完了；

⑥ 考试结束后我和别人对答案，发现自己的许多答案同他们不一样。

第三步，通过放松训练形成松弛反应。现在假定你已完成了全部放松步骤，机体正处于完全放松的状态。

第四步，按照焦虑等级，在大脑想象中循序使松弛反应抑制焦虑反应。当你完全放松时，开始想象“焦虑等级”中的第一种情景。明天就要考试了，可你还有很多书没有看。围绕这一情景利用你的想象力在脑海中生动地加以描绘。这种描绘没有固定的模式，可尽情创造。你可以想象你手忙脚乱地翻书，可以想象同学问你问题你都答不出来……在想象过程中，如果你发现有些部位的肌肉开始紧张，身体开始出现一些焦虑反应，如心跳加快、出汗、呼吸急促等，就需要再次进行放松，直到你的想象结束后，同时感觉到所有的肌肉完全放松为止。这说明你对“焦虑等级”的第一种情景的脱敏成功了。松弛反应已经抑制了想象中的相应焦虑反应，接下来对第二种情景进行脱敏。以此类推。

对所列“焦虑等级”的脱敏，每次数量不宜太多。一般每天进行一次，每次脱敏所包括的“焦虑等级”不应超过三种[①]。

身边的故事

大雄，高职二年级学生，他工作能力很强，身上兼任四个主要学生干部。一年级时还能应付过来，二年级后学习压力加重，自己想参加专转本的考试，但工作中又要不断地学习，花去了他很多的精力。他经常会失眠，伴有轻度的精神衰弱，身体上出现肥胖现象。

（四）学习疲劳的预防

莘莘学子经常因为长时间看书学习或睡眠不足而头晕脑疼，表现为思维迟钝、反应缓慢、注意涣散、情绪烦躁、焦虑不安、感到无聊等，我们称之为学习疲劳。学习疲劳是属于学生学习心理障碍的一种，它影响着高职学生的正常学习，我们应引起高度注意。

学习疲劳的产生，直接与大脑皮层的内抑制有关：由于长时间紧张学习，皮层的能量消耗过程逐渐超过恢复过程，工作能力就会下降，兴奋性降低并出现保护性抑制，这就是疲劳产生的生理抑制。大脑皮层若长期处于疲劳状态，在生理学方面会使学生出现视力减退、食欲不振、面色苍白、血压增高、大脑供血不足、头晕、失眠、乏力、手足发冷等症状；在心理学方面将会出现心情忧郁、情绪烦躁、缺乏信心、记忆减退、注意力不能集中等症状。不言而喻，注意用脑卫生，防止疲劳特别是过度疲劳现象的产生是我们学会学习的一项重要内容。

① 唐红波、陈俊、刘学兰：《中小学生学习心理辅导》，暨南大学出版社，1997，第 148－149 页。

怎样才能预防学习疲劳产生呢？参照陈家麟教授在《学校心理教育》一书中的观点，我们提出以下建议：

1. 确保休息睡眠时间

休息可使疲劳得到消除，这是由于身体活动所消耗的物质在休息时可由平缓的呼吸和营养得到补充。关于休息与消除疲劳、恢复精力的时间关系问题，日本心理学家田中宽一的研究指出，如果作业时间以算术级数增加，则恢复精力所需要的时间以几何级数增加。如半小时作业需10分钟休息，则1小时作业需20分钟休息。

休息一般有三种方式：一是安静休息，即睡眠和闭目养神，又称消极休息；二是活动休息，如散步、打球、轻微体力劳动等，又称积极休息；三是交替休息，如把文科、理科穿插起来学习，则皮层的神经细胞不仅不会疲劳，且还会有相互促进作用。为了使休息能充分发挥消除疲劳的作用，高职学生一定要保证自己的睡眠时间。应该认识到，睡眠不但可以消除一天的疲劳，保证高级神经系统的正常功能，而且也是自己身心发育的必要条件。睡眠时间长短因个人的体质、习惯、学习的性质、气候的不同等而有差异，每位高职学生要科学把握。作为脑力劳动者，高职学生最好能保持一定时间的午睡，这将有利于提高下午和晚上的学习效率。

2. 保证营养充足合理

为了预防学习疲劳的产生，除通过充分的休息、睡眠来进行调节外，还应该通过增加营养来帮助高职学生改善大脑的活动机能，缓解脑力疲劳。据研究测定，大脑的重量虽然只占人体的2%，但消耗的能量却占全身消耗能量的20%左右。脑所需的营养成分主要有脂肪、蛋白质、糖类、维生素B族、维生素C、E和钙。因此，为了提高大脑工作效率，必须多吃一些健脑益智食物。就植物性食物而言，主要有核桃、黑芝麻、金针菇、小米、玉米、红薯、香蕈、海藻、葵花子、西瓜子、南瓜子、松子、栗子、花生、杏仁、黄豆制品等；就动物性食物而言，主要有动物脑、鸡蛋、鹌鹑、鱼、鸭、兔肉、羊肉、瘦猪肉、牡蛎、海螺、虾、乌贼等。总体而言，高校食堂会有科学的食谱，高职学生也可以在选购饭食时适当注意营养搭配。

3. 学会使用背景音乐

欢快的音乐能调节大脑及整个神经系统的功能，协调身体各器官的活动，这对于消除因学习紧张而引起的心理疲劳效果很好。研究发现，旋律优美的轻音乐会使人情绪镇定、恬静愉快；激越昂扬的曲调，能激发人体内的潜能，使人精神焕发，对于消除因情绪消沉、遭受挫折而引起的心理疲劳来说，效果尤为明显。例如，维瓦尔弟的大提琴协奏曲《四季》中的《春》、德彪西德管弦乐组曲《大海》和海顿的组曲《水上音乐》都有消除疲劳的作用。在学习活动中，在不影响他人的前提下，不妨相机使用上述音乐作为背景音乐[①]。

4. 适度进行体育锻炼

高职学生在学习过程中最普遍的姿势是坐姿，长期维持这种姿势对血液循环功能有

① 陈家麟：《学校心理教育》，教育科学出版社，1995，第103－105页。

极大伤害，它能使腹腔、盆腔中出现瘀血现象，周围的血液也要随之减少；由于身体经常处于前倾姿势，可形成呼吸表浅、肺活量减少，物质代谢功能也随之下降，从而造成疲劳。为了防止上述现象产生，高职学生要进行适度的体育锻炼，如每天步行 30 分钟，每周 5 次，最好在饭后 1 小时进行。通过锻炼可使输送到躯体和脑的氧增加，促进血液循环，提高机体的灵敏程度，从而使人乐以忘忧，焕发精神，消除疲劳。

根据一些苏联学者的建议，如果在学校里上课或上自修时，可适当地做一些疲劳防治操：坐着时做些挺胸直背的动作，同时用手臂绕圈按摩腰部；身体后屈，伸腿、臂，伸直用力摆几次；慢慢地做几次头向左右、前后弯曲或绕圈的动作，然后用按摩法轻轻地按摩颈肌、肩胛肌；深吸气，然后慢慢地呼气；两手臂下垂，做几次手的动作，松紧手指，两手腕放松抖动等；交换坐姿，背靠，移动椅子，再次变换坐姿；离开座位，在教室内或室外走动走动。也可在宿舍用温热水洗脚、按摩脚心、解除疲劳。总之，高职学生可以根据环境，选择最适合自己的方式调节，以达到事半功倍的学习效果。

心理拓展

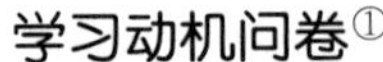

学习动机问卷①

请你对以下每种情况是否与自己符合作一个判断：

(1) 上课老师提问时，我喜欢听同学回答问题和老师的总结。( )

(2) 我的学习成绩比别人差，就会感到难过。( )

(3) 做功课和接待朋友这两件事，我更喜欢后者。( )

(4) 每天晚上和星期天的学习时间，我都安排得井井有条。( )

(5) 我觉得学习真是一件苦差事。( )

(6) 作业中遇到难题，我喜欢自己动脑筋思考去解决。( )

(7) 我很少预习也照样听课。( )

(8) 假期里我也是每天学习，从不赶作业。( )

(9) 不感兴趣的课程，我就不愿花很大的精力去学。( )

(10) 我喜欢和别人讨论学习中的问题。( )

(11) 我听课时从不走神，总是尽量领会老师讲的内容和讲课的意图。( )

(12) 学习成绩好不好，我不在乎。( )

(13) 我在考试前"临阵磨枪"，效果往往挺好的。( )

(14) 即使是我特别想看的电视节目，在没做完功课前也不看。( )

(15) 老师留的选做题太难了，我一般都不做。( )

(16) 就是想多学一点知识，考试不考试无关紧要。( )

---

① 唐红波、陈俊、刘学兰：《中小学生学习心理辅导》，暨南大学出版社，1997，第 79－81 页。

(17) 我在学习上有忽冷忽热的毛病。( )

(18) 我喜欢习题的多种解法。( )

(19) 上课没听明白的问题,我也不愿意问老师或同学。( )

(20) 我不埋怨老师讲得好不好,主要靠自己努力。( )

(21) 我喜欢解答能从教材中找到答案的问题。( )

(22) 偶尔一次考不好,我不气馁,总会赶上的。( )

(23) 我在学习时,有点噪音就学不下去了。( )

(24) 不管老师布置不布置作业,我都有自己的学习内容。( )

(25) 现在学习的东西,将来用不上,不是白学了吗?( )

(26) 既使平时有个小病小灾的,我也从不耽误学习。( )

(27) 每次发下试卷,只要听明白老师的试卷分析就不再改正自己试卷中的错误。( )

(28) 当天的功课当天完成,我从不拖拉。( )

(29) 我不喜欢看课外参考书。( )

(30) 有问题时非弄个水落石出不可。( )

(31) 每天课后写完作业,我就觉得踏实了。( )

(32) 每次考试后,分析自己的试卷,找到知识中的缺陷。( )

将你选择的结果计算一下:凡偶数序号的内容,你选择“是”,请记上1分,选择“否”则为0分;凡奇数序号的题目,你选择“否”,请记上1分,选择“是”则为0分。将分数相加,按以下标准来评价自己的学习动机强弱:

25~30分	学习动机很强
16~24分	学习动机一般
15分以下	学习动机很弱

专题四 人非草木 孰能无情——情绪情感

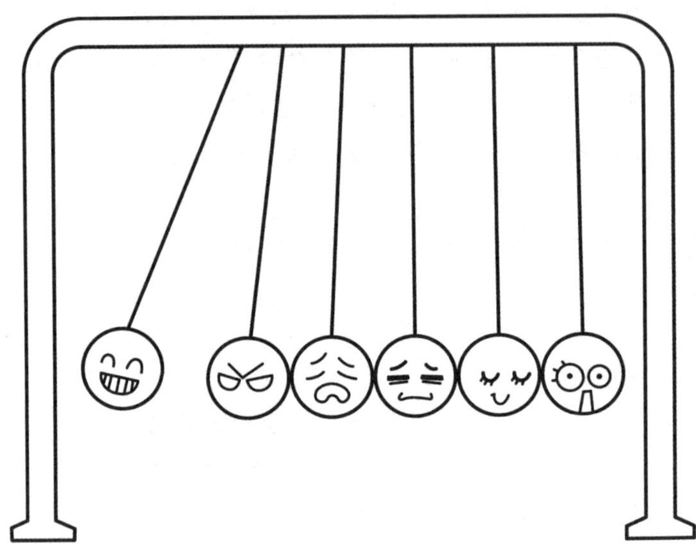

单元导读

在日常的学习生活当中，我们有时候会开心愉悦，有时候会闷闷不乐，有时候会欣喜若狂，有时候会惊恐万分，有时候郁郁寡欢，有时候兴高采烈……，各种情绪伴随着我们生命的始终，也点缀了我们心灵的天空，如同影片《头脑特工队》描述的那样：从我们出生那天起，情绪便渐渐产生，快乐、悲伤、恐惧、愤怒、厌弃，我们经历的每一刻都将包裹着情绪被储存为记忆。情绪对我们的身心有很大的影响作用，我们享受着情绪带给我们的多彩生活，也会接受着情绪带给我们的压抑羁绊，学会识别情绪，管理情绪，做情绪的主人，对于增进身心健康，进而促进专业情感认同，增强学习和工作的积极性及热情度，成就美好人生是有重要意义的。

案例导入

2020年春节，“新冠肺炎”成了人人谈虎色变的词语，孙婷虽然是在一个月之前坐高铁回家的，但因为她所居住的小镇确诊了一例新冠肺炎病例，她最近忽然感觉不对劲了，四肢乏力，还有点咳嗽，又不敢去医院，好在不发热，吃了点感冒药，过了几天，感觉好多了，但是紧张、焦虑、担忧没有消除，想起自己年前去的那些地方，自己遇见的人，会不会有“潜伏者”……，想得觉也睡不好，吃不下饭，再加上长时期在家里不能出去，闷得慌，很不舒服。妈妈告诉她，这么长时间过去了，没有感染，不会有问题的。她也知道自己没有接触新冠肺炎病毒的机会，可是担忧、恐惧就是挥之不去，妈妈天天做好吃的，家人天天陪伴她，她还是担心、焦虑，越来越消瘦，网课听不进……她自己也无法理解，为什么她明明知道不会有感染的途径，可还是那么焦虑、担忧呢？显而易见，孙婷出现了情绪问题。人的情绪以认识为基础，而情绪反过来又会影响人的认识，影响人的身心健康。

一、情绪的概述

人非草木，
孰能无情

（一）情绪的定义

当我们在一场考试中考出了很好的成绩，我们会兴高采烈；当我们受到误解和侮辱时，我们会愤怒委屈；当我们吃到一顿渴望已久的美餐时，会感到满足惬意；当我们失去心爱之物时，会懊丧惋惜……，这些体验就是情绪。

情绪是人对客观事物是否符合主体需要而产生主观态度体验。广义的情绪包含情感，我们这里讨论的是广义的情绪。

“世界上没有无缘无故的爱，也没有无缘无故的恨”。情绪情感不是自发的，是由为客观事物引起的。和煦的阳光、清凉的海风、无际的草原会使人心旷神怡；忙碌的街头、拥挤的火车、喧嚣的市场会使用人烦躁不安；限时的工作、未完的试卷、欠债的通知会使人紧张焦虑等，都说明引起情绪情感的根源是内在或外在的客观事物。

为什么有时同样的刺激，对不同的人所引起的情绪情感是不一样的呢？一个很看重学业的学生，当他获得一个很好的学习机会时，他会欣喜、满意、自豪，而一个对自己学习没有任何要求、抱无所谓态度、只要玩得开心的学生，这样的机会不会引起他情绪多大的波动，而坐在教室里认真学习却让他感到苦恼、枯燥。可见，情绪与一个人的内心的向往和需要有关。需要不同，则情绪情感有异。食物能让饥民兴奋、满足，却不一定能让一个衣食无忧、饱食终日的人快乐。

如果客观事物的特征与自身的主观需要是相一致的、相符合的，如急需求职的人获得一份满意的工作等，就会产生满意、喜欢、愉快、爱等积极的情绪体验；如果客观事物与自身的主观需要是不一致的、相违背的，如很想获得大家信任却屡屡遭到别人的误解和轻视等，就会产生不满意、郁闷、痛苦、忧愁、恐惧、愤怒、羞耻等消极的情绪体验。常见的积极情绪有：希望、决心、愉快、信任、自尊、乐观、自信、抱负等；常见的消极情绪有：担忧、紧张、失望、内疚、愤怒、嫉妒、焦虑、懊悔、怀疑、悲观等。

什么是人的需要呢？需要是人在生理和社会等方面的渴求和欲望。对于食物、水、空气、温暖、休息、安全等方面的需要就属于生理性需要，对于劳动、交往、学习、尊重、爱等方面的需要就是社会性需要。

美国的人本主义心理学家马斯洛把人的需要分为五个层次：一是生理的需要，是人与动物所共有的，包括饮食、性、排泄和睡眠。二是安全需要，是指人身安全、劳动安全、职业安全等，其中包括防备肉体上的损伤、疾病以及意外事情的发生。三是归属与爱的需要，即个体要有组织、家庭、社会的归属感，归属感的建立是个体社会中重要的组成部分。这是一种社会需要，其中包括与亲人、同事、朋友、同学的来往、交际，获得友谊和爱，并为团体和社会所接纳等。四是尊重的需要，包括两个方面，一方面是要求别人对自己重视，相应地产生威信、认可、地位等情感；另一方面要求自尊，与此相应的是适应、胜任、信心等情感。五是自我实现的需要，这是最高层次的需要，是指满足自己发展与成长的愿望，做自己最适宜的工作，发挥自己最大的潜能，成就自己所能达到的目标(见图 4-1)。一般而言，生理需要是前提和基础，但人生观、价值观的不同，每个人占主导地位的需要是不一样的。

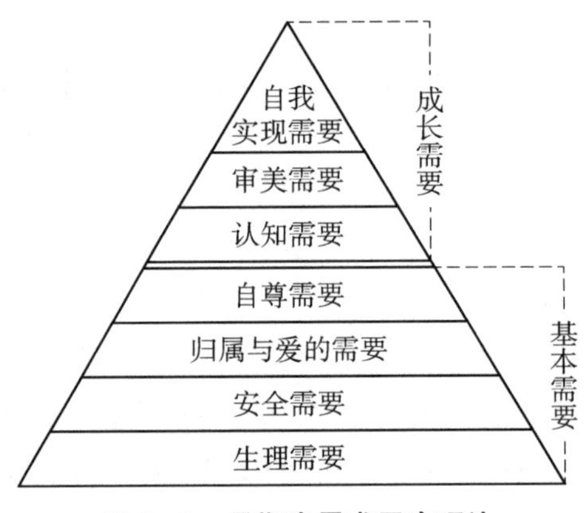

图 4-1　马斯洛需求层次理论

需要的不同，就造成人面对同样的刺激，会产生不同的情绪情感。有人吃饱喝足就满意了；有人因拥有金钱而高兴；有人因能发挥才能而如意；有人废寝忘食，刻苦探索，为获得真理而兴奋不已；有人因关心他人，帮助别人解决问题而快乐。

作为大学生，我们应学会合理调节自己的需要，弄清楚自己的生活状态、主要任务和人生目的，理清自己的需要层次，并通过自己的努力，实现合理需要，做一个有高远理想又能脚踏实地的人。

延伸阅读

情绪觉察训练——情绪红绿灯

目标：帮助学生了解觉察各种情绪表现

材料：彩色笔、纸

步骤：(1) 给出不同的情绪，如惊奇、愤怒、悲伤、厌恶、忧愁等，让学生只用面部表情表演，让其他同学猜；

(2) 列出喜、怒、哀、惧四种基本情绪，请同学们在每种类型后面写出尽可能多的表达这种情绪的词语；

(3) 将所写的词语做个分类，用绿色笔在表示正面情绪的词语上做记号，用红色笔在表示负面情绪的词语上做记号。

(4) 想一想，你在生活中曾经经历过难忘的正面情绪和负面情绪，谈谈感受。

（二）情绪的表现形式

怎样读懂别人的情绪

情绪是一种个体主观体验，但在情绪发生时，也总是伴随着某种外部表现，这种外部表现是可以观察到的某些行为特征，也就是表情，包括面部表情、姿态表情和语调表情。

高兴和兴奋时“眉开眼笑”，气愤时“怒目而视”，恐惧时“目瞪口呆”，悲伤时“两眼无光”，惊奇时“双目凝视”等，就是指面部表情，在面部表情中，眼神是一种十分重要的非言语交往手段，我们通过观察人的眼神了解他（她）的内心思想和愿望，推知他们的态度是赞成还是反对、接受还是拒绝、喜欢还是不喜欢、真诚还是虚假等。艺术家在描写人物特征、刻画人物性格时，都十分重视通过描述眼神来表现人的内心的情绪，栩栩如生地展现人物的精神风貌。

姿态表情是指面部以外的身体其他部分的表情动作，包括手势、身体姿势等，人在不同的情绪状态下，身体姿态会发生变化，如高兴时“捧腹大笑”，恐惧时“紧缩双肩”，紧张时“坐立不安”等。姿态表情中最重要的是手势，手势通常和言语一起使用，表达赞成还是反对、接纳还是拒绝、喜欢还是厌恶等态度和思想。手势也可以单独用来表达情感、思想，或做出指示。在无法用言语沟通的条件下，单凭手势就可表达开始或停止、前进或后退、同意或反对等思想感情，“振臂高呼”“双手一摊”“手舞足蹈”等手势分别表达了个人的激愤、无可奈何、高兴等情绪。心理学家的研究表明，手势表情是通过学习得来的。它存在个别差异，也存在民族的差异。

除面部表情、姿态表情以外，语音、语调表情也是表达情绪的重要形式。语音的高低、强弱、抑扬顿挫表达了说话者相应的情绪。例如，在运动会上鼓励运动员加油时，声调是高亢、响亮的；而在做错事被严厉批评以后的表达则是低而缓的。同样的内容，不同的语调就表达了不同的情绪和含义。试用十种不同的语调说："请你到这里来"。

（三）情绪的基本状态

人的一切心理活动都带有情绪色彩，人的情绪也是多种多样的，根据情绪的强弱程度和维持的时间长短，大致有以下三种状态。

1. 心境

"如涓涓细流在山涧流淌，我的心轻舞飞扬，感恩上苍，让我拥有生命，享受阳光……""就像行走在黑夜里，我找不到方向，看不到光亮，内心一片荒凉，我累了。但孤寂的黑夜，让我难以入眠……"这里两种不同心理状态的描写，实际上反映的是人的心境以及在这种心境状态下的整个心理感受。

心境是一种比较持久的、微弱的、影响人的整个精神活动的情绪状态，具有弥散性的特点，它虽不猛烈但悠长、弥散，会使我们把整个人生看得或喜或悲，当一个人处于某种心境中，就好比戴上了某种有色眼镜，往往会以那种情绪看待一切事物。

心境对学习、生活、工作有很大影响。积极、良好的心境有助于人的主动性、积极性的发挥，效率的提高，"阴雨绵绵也觉得温馨浪漫"；消极、不良的心境则给人厌烦、消沉之感，"阳光灿烂总觉得刺人眼痛"。

只要人清醒着，心境就存在，人是否感到快乐、幸福，与心境的状态密切相关。良好的心境应该是愉快的、宽松的、乐观的、平静的。

我们在入学初期，可能会因高考的期望与现实的差距而情绪低迷郁闷，随着对人生价值的深入理解，对高职院校培养目标的认识，以及对社会人才需求形势的了解，同学们的信心会增添，人生态度会逐渐积极起来。当掌握了熟练的技术，获得了学习的成功，积极愉悦的心境会替代当初的苦闷彷徨的心境，而且保持的时间较长。当然，因人而异，有的同学也会有长久的闷闷不乐，这样下去会影响学习生活，造成心理不健康。三年的时光在一片灰色中度过，将是一件令人遗憾的事情。

身边的故事

小张因高考分数不理想，上了高职院校，开始时情绪低落，郁闷不欢，干什么都提不起劲，后来他了解到高级技术人才就业形势很好，而且他的技能学习效果不错，还作为"技术能手"受到表扬，从此他一扫心中阴霾，觉得阳光充满心间，生活五彩斑斓，他的微笑多了，走路更富有节奏了，以饱满的热情度过每一天。虽然有时也有烦恼，尤其是作为班长，很辛苦，还可能会有些同学不理解，但他仍然充满着自信和快乐，最后，他以优异成绩毕业，并得到了一份满意的工作。

2. 激情

情绪并不总是像小绵羊那样“温和”“柔顺”，在特定的情况下，它会如骏马奔腾、雄鹰振翅，这也是人生情绪表达之必需，人生因此而灿烂。

激情是一种强烈、短暂、爆发式的情绪状态。强烈而短暂的激动、暴怒、恐惧、狂喜等等情绪都是激情的表现。激情通常是由一个人生活中具有重大意义的事件或内心强烈的冲突过分累积所引起的。如足球迷在看到喜欢的球队奋力拼搏踢赢一场球赛后，会表现出狂喜、冲动等激情。而委屈压抑太久，往往会以愤怒来发泄或者以号啕大哭来排遣。

激情有积极和消极之分，积极的激情可以使人投入巨大的热情、产生巨大的动力完成某项工作。如黄继光被敌人封锁我军前进的恶行所激怒，毅然以身堵枪口，用宝贵的生命赢得了我军胜利的机会。但在消极的激情下，人的认识活动的范围往往会缩小，自控能力往往会减弱，不能正确评价自己的行为意义和后果，不能很好地约束自己的行为。如马加爵就是无法控制自己的激动、愤怒而冲动砍杀同学的，事后，他后悔地说，如果能稍微克制一下，或者找个合适的渠道宣泄一下，也许就过去了。

消极的激情还会影响身体健康。

我们来回顾一下《儒林外史》中“范进中举”的故事，看一看激情对心理健康的影响。范进从20多岁开始应考，连续考了30多年，考了20多次，全都名落孙山，穷困潦倒，家里经常揭不开锅，处处遭人白眼和嘲笑，连他那个杀猪的岳父胡屠户也动辄将他唾骂。他心中的压抑、苦闷可想而知，但他不死心，54岁了还要去碰碰运气。

不料这一次范进考取了秀才！这已经使他高兴得不得了。更不料半年后，他竟又考取了举人！这可是了不得，一举成名了！范进的狂喜是情理之中的事。小说是这样描写的：“范进不看便罢，看了一遍，又念了一遍，自己把两手拍了一下，笑了一声道：‘噫！好了！我中了！’笑着，不由分说，就往门外飞跑，把报信人和邻居都吓了一跳。走出大门不多路，一脚踹在塘里，挣起来，头发都跌散了，两手黄泥，淋淋漓漓一身水，众人拉他不住，拍着笑着，一直走到集上去了。众人大眼望小眼，一齐道：‘原来新贵人欢喜疯了’。”范进由于几十年醒里梦里苦苦追求的愿望突然达到，一下子身价百倍，成了老爷，狂喜过度，不能自控，导致大脑皮层机能紊乱，一下子表现出精神错乱的症状①。

大学生处在朝气蓬勃、精力旺盛的青年期，情绪体验本身就是强烈的，对生活充满热情和激情，容易欢呼雀跃，也容易义愤填膺，往往对符合自己人生价值观的言行和事件产生强烈的积极情绪，而对不符合自己理想信念的言行和事件迅速产生否定的情绪，有时还有疾风暴雨式的盲目、冲动，有很多后悔不已的后果就是在负面的激情状态下产生的。我们应该锻炼和提高自己的情绪管理能力，用坚强的意志力对自己的激情进行有效的利用和控制，同时对别人的激情进行有效的疏导和指点。

3. 应激

有时生活并不总是按规律进行，它会在猝不及防时对人进行考验，这时我们的情绪会

---

① 马绍斌：《心理保健》，暨南大学出版社，1995，第162页。

在一刹那间迸发聚集，以应对突如其来的变故，来保护自己的身心，这时情绪处于应激状态。

应激是在出乎意料的紧急情况下所引起的瞬间情绪状态。这时候，人的整个机体处于激活状态，心率、血压、肌肉紧张度都发生了显著的变化，情绪处在高度的应激化状态。在这种情况下，有时会使人做出平时能力所不能为的或者大胆勇敢的事。如在火灾中，一名中学生镇定而又飞速地背起患病在床的母亲逃出房间，而在平时是做不到的。当然，有时也因情绪过度，手足无措，使人做出不适当的反应，如发生火灾，不加分析就从高楼往下跳。在突如其来的情况下，有人是出奇的冷静，而有人是惊慌失措，人的应激状态是有区别的。人如果长时间地处于应激状态，对健康是不利的，有时甚至是危险的。加拿大生理学家谢尔耶认为：应激状态的持续，能够击溃一个人的生物化学保护机制，使人降低抵抗力。

二、情绪的作用

只要人清醒着，情绪就存在着。从初生婴儿用哭和笑表示冷暖饥渴，到耄耋老人感悟人间冷暖时深藏不露却又深刻丰富的喜怒哀乐；从衣食住行问题解决后的满足与惬意，到创造发明中的焦虑与喜悦；从对花鸟鱼虫的喜爱，到对英雄人物的崇敬……情绪情感贯穿于人的整个心理过程，并通过动力、调节、感染等方式发挥着不可替代的作用。

（一）良好情绪的积极作用

1. 提高学习效率

列宁说："没有'人的情感'，从来没有也不可能有人对真理的追求"。我们对某事物具有感兴趣、热爱等情感，才会对它进行自觉的、认真的乃至狂热的探究。达尔文小时候在捕捉昆虫时，手里装不下了，就把虫子含在嘴里，这种痴迷和执着与他对自然、对昆虫的强烈兴趣密切相关，也正是因为这份热情，成就了达尔文的"生物进化论"。著名作家巴金说过，他写作不是凭借才华，而是沉溺在"对我的国家和人民无限的爱"的体验之中。

英国心理学家高尔顿认为："不存在没有热情的智力，也不存在没有智力的热情。"情绪情感如同肥沃的土壤，知识的种子就播种在这个土壤上。一旦我们对学习失去了兴趣、爱好等情感因素，思维、记忆、想象等认识机能就会受到压抑，如同土壤失去养分，种子难以发芽。兴趣、爱好、热情等是我们学习时全神贯注、坚持不懈的心理条件。

每个人都有这样的经验，当心情舒畅、兴高采烈时，乐于接受外界信息，而且记得快，也不易忘记，思维活跃、敏捷，容易解决问题，而在郁闷和愤怒的情况下，无心学习，思维迟钝、注意涣散，判断容易出错。如：有一次德国著名化学家奥斯特瓦尔德收到一位名叫贝齐里乌斯的年轻人从国外寄来的一篇论文。在论文中，那位青年提出一种新的理论——离子论。但这种观点在自己国内得不到支持，故希望化学家审阅，以便鉴定该论文的价值。但奥斯瓦尔德收到信的那天，正牙痛发作，疼痛难忍，妻子又分娩不顺，他坐立不安，心情浮躁，好不容易才勉强看完论文，只觉得满嘴胡说八道，便弃置一边。过了两天，牙痛好了，妻子也终于生产了，他心情愉快，又想起了那篇论文，重新审阅，拍案叫绝，他那敏锐犀利的目光一下子看到了该论文的科学价值，便推荐发表于德国科学杂志。此后，那位青年因此项成果而荣获诺贝尔奖。同一篇论文前后得到了同一个人的两次完全不同的评价，原因正在于不同情绪状态对人的认识的影响。

积极的情绪情感，如乐观、轻松、快乐、热情等，能提高人的生理和心理活动的能量，从而提高学习和工作的效率；而消极的情绪情感，如悲观、失望、抑郁、紧张等，会抑制人的生理和心理能量的发挥，从而降低工作和学习的效率。

2. 促进品德形成

能引起我们内心情感触动的道理更能让我们接受，容易成为我们的信念，譬如因为有强烈的民族感和振兴国家的责任感，我们敬爱的周恩来总理少年时就树立了“为中华民族之崛起而读书”的信念。

具有的道德情感的道德行为才是坚定有力的。法国作家蒙田说：“我有一种廉耻之心，如果我说了谎话，良心就会倍受折磨”。他还说过：“为了美德必须爱美德”。《晏子使楚》中的那位机智幽默的齐国小矮人，凭着自己对祖国的忠诚之心，挫败了楚国君臣的一次次刁难和羞辱，维护了祖国的尊严。董存瑞舍身炸碉堡，就是因为心中充满了对祖国的热爱和对敌人的仇恨。

只有在正义感与荣誉感的驱使下，在爱心与幸福感的策动下，我们才会有与之相应的道德认识和道德行为。爱集体，才会珍惜集体荣誉；心中对他人有同情之心，才能乐于助人，为人民服务；对自然有怜惜关爱之情，才不会肆意践踏草坪，采摘鲜花……

一个人只有学会关心他人的幸福和发展，特别是关心那些看似与自己无关的的人的疾苦，他的心胸才会一步步摆脱狭隘的自我，把眼光从一己私利上移开，逐渐发自内心地投向周围的整个世界，进而发现自己在这个世界的使命，并高于常人的勇气和毅力去成就一番事业。

让我们拥有一颗爱国之心、爱人之心、爱岗之心、爱己之心，唯其如此，才有积极的态度、坚定的德行。

3. 有利人际沟通

情绪情感是通过面部表情、动作表情和语言表情来传递内心信息的。一个眼神、一个声调、一个动作就是一个心情的表露，可以从中了解对方的一些思想，即使一个人老练成熟、善于掩盖，一些细节也会泄露其内心秘密。心理学家阿尔波特研究发现，在日常生活中，55％的信息是靠非言语表情传递的，38％的信息是靠言语表情传递的，只有7％的信息才是靠言语传递的。

眉飞色舞地侃侃而谈会给人以兴致勃勃，很愿意沟通的感觉；有气无力，面无表情会让人以冷漠无礼，不想沟通的感觉。课堂上教师的微笑会让学生感受到被关心和重视，学生专注的神情、踊跃的应答也给老师以鼓舞和信心，这样的交流很容易产生教学相长的效果。

有时一个简单的面部表情就能表达一个人的态度，一段有声有色的语言就能让别人了解自己的思想，而人们有时却需要从各方面的表情进行综合判断。这与人的情绪情感表达特点及理解能力有关。

积极的情绪情感是良好人际关系的基础，快乐、热情会给人以开朗、乐于交往的感觉，容易与人建立和谐的人际关系，也容易形成友善、合作、宽容的心理品质。内心的友好加上微笑的表情是人际沟通的催化剂。

4. 促进身体健康

情绪是健康的良药

情绪情感除了发挥上述作用，以保障人的生存和发展以外，它还有一个重要功能，即促进身体健康。

良好的情绪情感能增强人体对疾病的抵抗能力和康复能力，马克思曾指出："一种美好的心情比十副良药更能解除生理上的疲劳和痛苦。"积极、愉快、乐观的情绪可以帮助人战胜疾病，可以使人强壮和长寿。美国医生辛德勒曾在《天天都过好日子》一书中说："每个人体内都有人所共知的有助于身体健康的力量——就是良好情绪的力量。"

在人的生命过程中，自足、兴趣、憧憬等与快乐有关的情绪能使人感受生活的轻松与美好，人际关系的亲密和谐。我们聆听着自己最喜欢的音乐旋律，内心涌动的共鸣与欢乐；我们与自己崇拜和喜爱的人在一起，表现的满足与幸福；我们刻苦拼搏，比赛得胜，内心涌动的骄傲与自豪……这些美好的情绪情感，不啻生命之美酒。即使是适当、短暂的苦闷、孤独和忧伤等消极情绪，也并不都是坏事，如不幸的事件使我们悲伤流泪，违法犯罪事件使我们愤怒痛恨都是一种正常的情绪情感表达。电影《头脑特工队》表达的就是成长就是要学着和自己的各种情绪相处，喜怒哀乐才是完整的人生。人生因为情绪的丰富而缤纷。

所以说，情绪情感是人的心理活动的"动力源""调置器""观测仪"……如果我们生命中没有智慧，它仅仅会黯然失色，如果我们生命中没有情感，它就会毁灭。

（二）消极情绪对健康的影响

丰富的情绪贯穿于人的整个心理过程，并调节着人的身心。积极良好的情绪可以增进心理健康和身体健康，有助于人保持积极乐观的人生态度和健康的生活方式。过度的不均衡的负面情绪会影响心理健康，会影响良好的人际关系，还会以"攻击"身体器官的方式来影响身体健康。比较容易攻击的地方是：

（1）消化系统。在所有心身疾病中，胃肠疾病是排名第一位的。面对强大的压力，胃会变得敏感脆弱。有些人在伤心痛苦时，就会胃口差，甚至会胃疼或腹泻。是什么让胃口忽然不好了的呢？是胃出问题了吗？其实最初胃没有什么问题，是情绪在作祟，总是处在这种消极情绪下，时间久了胃就会真的有问题，甚至引发胃溃疡。例如电击猴子实验。两只猴子被分别缚在两张电椅上，电流是每 20 秒激发一次。被电击的滋味当然不好受，它们开始号叫挣扎。甲猴子很快发现，它的电椅有一个压杆，只要在电流袭来之前压一下压杆，就可免遭电击；而乙猴子却发现，它的电椅上没有压杆。于是，甲猴子就担负起压杆的责任，他紧张的估算着电流袭来的时间——结果是，要么两只猴子同时逃脱电击，要么它们一起受苦。是逃脱还是受苦，这完全取决于甲猴子，于是甲猴子就背负着超强的心理负荷和责任感，而乙猴子虽然很无奈，却无忧无虑——最后，甲猴子得了胃溃疡，乙猴子却安然无恙。那只乙猴子真的是安然无恙吗？它是绝对健康的吗？其实，无奈终究会使它崩溃。

(2) 内分泌系统。当人遇到突如其来的刺激时，受了惊吓的情绪会立刻“通知”肾上腺大量分泌肾上腺素，肾上腺素可以让身体处于亢奋，敏感机灵。比如开车在路上，疲劳欲睡，忽然一个小狗从车前窜过，你惊吓紧张，这个时候你会发现你变得异常敏感和灵活，瞌睡全无，这就是肾上腺素的功劳。但总是让肾上腺素紧急大量分泌，久而久之它就养成了亢奋的分泌水平，最终引发疾病。

(3) 皮肤组织。不管是紧张时头皮发痒、焦虑时头皮屑增加、睡不好、狂掉头发，还是反复无常的荨麻疹、湿疹或是看似寻常的痤疮、皮脂炎，都可能是长期不良情绪带来的后果。“情绪好，皮肤靓”是有道理的，有人总是把美容寄希望于化妆品，其实最好的化妆品就在自己的手里，那就是情绪。情绪好，大脑神经调节物质乙酰胆碱就分泌得多，血流通畅，皮下血管扩张，就会面色红润，神采奕奕。

不仅如此，还有诸如高血压、冠心病、脑血管病、神经功能症、胃溃疡、慢性肝炎、支气管哮喘、糖尿病以及癌症等，与紧张、烦恼、悲伤、惊恐、焦虑、沮丧、愤怒、抑郁等与过度的不良情绪都有密切关系。

我国古代著名医学典籍《黄帝内经》里就有“身心相关”一说，所谓“喜伤心，怒伤肝、恐伤肾、思伤脾、忧伤肺，”说的就是情绪与身体的关系。例如“杯弓蛇影”的故事。古时分，一个人到兄弟家吃酒偶然发现酒杯里有一条蛇影，但碍于情面，硬着头皮把酒喝下。随后疑心自己中了蛇毒，不久身体颇感不适，不思饮食，最终患了一场大病。后来，他得知那杯中的蛇影，原来是兄弟挂在墙壁上的一张弓的影子，这才解除了疑虑，恢复了心境的安静和身体的健康。此人的病况完全是由疑虑的心境形成的。

三、情绪管理

拥抱负面情绪

（一）常见的负面情绪

任何一个正常的人都会有负面情绪，有时负面情绪是一种发泄，一种自我保护，如长期压抑后的痛哭；负面情绪有时是一种高级情感的表现，如对日本军国主义行为的强烈愤恨；有时能对人有激发和修炼的作用，韩信用胯下之辱来激发自己，孙膑用断膝之痛来成就《孙子兵法》，正如有人说：“磨难也是一所学校”。丰富的情绪使人生多彩，重要的是不能让负面的情绪长期占据心头，消极人生，侵蚀生命。

凡是不能满足人的需要的事物，就会引起人否定的态度，并产生不愉快、消极的情绪。

这是很正常的。以下几种是我们常有的负面情绪：

1. 愤怒

愤怒是人对客观事物不满而产生的情绪反应。愤怒具有两重性，既有充满凛然正气的怒，鲁迅的“怒向刀丛觅小诗”表现的就是他对邪恶势力的正义之怒。也有毫无意义的不该发作的感情冲动。正如古希腊学者毕达哥拉斯所言：“愤怒以愚蠢开始，以后悔告终。”

愤怒的产生是环境与个人内部的心理因素相互作用的结果，是一种激情状态。有时它是由生活中具有特殊意义的事件引起的，例如在公共场所受到侮辱；有时它是个人内心处于过度的压抑引起的，例如长久压抑后的发泄；有时是由相互矛盾的愿望、挫折和冲突引起的，如很想完成老师交给的任务却屡屡失败等。当个人非常迫切的愿望受到环境的阻碍或干扰，而又无法克服时，情绪就会激动起来，常见的愤怒表现为掷物、踢东西、摔门、顿足、骂人、打人、出走、拒绝交流等。

具有旺盛精力、强烈个性特点的大学生很容易愤怒、冲动，尤其在遭受别人的嘲笑、压制，自尊、自主受损以后，更容易产生愤怒情绪。当然，大学生以拳打脚踢表示愤怒的形式少了，间接的嘲讽、讥笑、辱骂的形式多了。随着年龄增长，愤怒的情绪会逐渐减少。增强修养，提高认识是妥善处理愤怒情绪的重要前提。

2. 恐惧

恐惧是自己感到危险、企图逃避而出现的情绪。自然界一些现象、想象中的恐怖形象、陌生的人和事、意外的事件等都容易引起恐惧情绪。对于我们大学生而言，个人能力的强弱、学习成绩的高低、他人印象和评估的好坏都可能成为大学生恐惧的因素。还有一些特殊的、属心理问题的恐惧，如恐高，怕黑等。

恐惧的外部反应是全身僵直和出现逃避的心态。我们同学对恐惧的反应有时会加以掩饰，保持冷静，积极考虑对策，这也是一种情绪成熟的表现。当然，随着认识水平的提高、能力的增强，大学生的恐惧心理应是越来越少。

3. 嫉妒

嫉妒是自私、恐惧、忧虑和愤怒混合而成的复杂情绪。往往是因为惧怕别人威胁自己的地位或荣誉而发生的忧虑和愤怒等情绪。一个人的身份、地位、年龄、能力、成绩、相貌、经济条件等都可能成为嫉妒的原因。嫉妒的反应有攻击、讽刺、嘲弄、贬低别人，或者向同情者倾诉，不与嫉妒对象接触等。

轻微的嫉妒心理可以激发自己奋起直追，刻苦努力，程度较深的、长期不化的嫉妒情绪则会使心境消极、容易发怒，还会引发不理智的行为，害人害己。在高职学生群体中，存在着因学业、相貌、能力等方面引起的嫉妒，有些同学能化之为动力，积极努力，竞争取胜；也有些同学会以损坏他人利益换取暂时的心理平衡，但终究会走入恶性循环的泥潭。我们应正确看待自己和他人优点，宽容宽厚，用努力和实力展示自己。

4. 焦虑

焦虑是因遭受心理上的冲突或挫折而发生的一种紧张的、恐惧的、焦躁不安的情绪状态。焦虑表现为闷闷不乐，坐卧不安，动辄发怒，武断苛责或无动于衷，脾气古怪等。焦虑对人的身心健康有很大影响。

延伸阅读

一天早晨，死神向一座城市走去，一个人问道：

“你要去做什么？”

“我要去带走100个人。”死神回答。

“太可怕了！”那个人说。

“事实就是这样，”死神说，“我必须这么做。”

这个人跑去提醒所有人：死神即将来临。

到了晚上，他又碰到了死神。

“你告诉我你要带走100个人，”这个人说，“为什么有1000个人死了？”

“我照我说的做了，”死神回答，“我带走了100个人，焦虑带走了其他那些人。”

过度的焦虑会伤害生命。对于大学生而言，人际关系适应不良、对学习成绩的担心、对就业的担忧、对自身相貌的苛求都会引起焦虑情绪。适度的焦虑可以成为行动的推动力，学习时适当地对学习成绩好坏的焦虑能激发自己勤奋学习，认真思考。对自己是否为社会所认同的焦虑能促进自己更好地遵守社会准则。而过分的、不适当的焦虑会使人过度紧张，发挥失常，或动辄发怒，或冷漠无力。

5. 忧郁

抑郁是一种过度忧愁的、伤感的情绪体验。这是由于丧失需要的事物、与熟悉和热爱的事物的分离而产生的情绪状态。忧郁的人无精打采、闷闷不乐、意志消沉、一筹莫展、忧愁沮丧不乐，有时还会伤心，失眠等。短暂的、有原因的忧郁情绪是正常的，亲人去世，谁不悲伤？丢失爱物，谁不心疼？朋友分别，谁不忧愁？但如果这种心态持续加强而不纾解，就可能会成为忧郁症。

此外，人还会常有悲伤、怨恨、狂躁等消极情绪。偶尔的、暂时的、有正当原因的消极情绪并不可怕，我们应正确看待，勇于接受。正是因为愁，才有了南唐后主李煜的“问君能有几多愁，恰似一江春水向东流”的佳句。人的任何情绪对人都是有用处的，比如恐惧心理使人逃避危险，紧张心理使人具有激情。负面情绪和正面情绪是一个整体。没有负面情绪，就不可能有正面情绪。不会表达愤怒和悲伤，就失去表达喜悦和高兴的能力。纪伯伦说：“悲伤在你心中切割得越深，你便能容纳更多的快乐。”但我们不能让消极情绪无端发生、长久占据，也要避免情绪的不稳定和变化无常。

身边的故事

一位学生说："我总是处在两种状态中，或是感到身心疲惫、乏味无聊；或是感到很大压力、高度紧张。我的生理机制只有两个排挡：高速挡和低速挡。我觉得自己已耗尽一切。控制不住方向了。最令我忧虑的是，我似乎看不到任何真正奇妙有趣的事了。我不会感到激动，也不会感到悲伤。我几乎从未畅快淋漓地笑过，也没有痛彻心扉的哭过。我的身体做着各种动作，但似乎没有一丝感情在里面……"

这种情绪的冷漠很值得警惕。当消极情绪或长久不散，或无端地发生，或变化无常，且影响了正常的学习、工作和生活时，就要对情绪进行管理和调控，如谚语所说："感情驾车，应由理智抓住缰绳。"

快乐是可以创造的

（二）情绪的调节

所有的情绪都是能量，疏导了人就恢复心理平衡和健康，堵塞了就会得心理障碍和疾病。

愤怒、悲伤、恐惧和其他负面情绪通常都不受欢迎。而这些感觉带来的一般都是不愉快的经历，所以，我们不喜欢甚至厌恶这些情绪是可以理解的。但我们期望自己每时每刻都是积极乐观的，都是开心快乐的，也是不现实，避免所有不舒服的感觉是不可能的，如果没有体验过悲伤，怎么会在快乐时有强烈的感受？我们应该善待我们所有的情绪情感。负面情绪有时候是给我们一种提醒或者保护，例如"悲伤"可以表明对某人或某事的重要依恋，可能受到威胁或失去，当我们失去亲人时，就需要悲伤；"恐惧"可以提醒我们危险，使我们采取措施保护自己，确保我们的生存；"厌恶"可能会使我们远离危险或具有传染性的人和环境；"羞耻"可以让我们感受到与道德的背离，可以帮助我们纠正错误并回到正轨。我们希望快乐，但也不要忽略负面情绪的好处，接纳它，才能不会为焦虑而焦虑，面对由负面情绪而再次引发的负面情绪。

值得注意的是，所有的事情一般都是过犹不及，负面情绪也是如此，而且拥有阳光心态，管理好情绪，让人生快乐是一种能力，也是人生的使命。

作为大学生，大部分同学都有一颗快乐的心，但也有些同学，始终提不起劲来，喜欢生气，不喜欢自己、父母、老师和同学，不爱读书，不爱参加集体活动，不愿意接受考试、竞争，这种灰色的心境会影响做人的态度、学习的效率。如何做到从消沉到积极，从自卑到自信，从惆怅到快乐，这是人生成功的前提，也是人生成功的目标。

情绪的管理能力包括情绪承受能力和调节能力，一个人面对挫折和压力的心理承受力和耐性是自己摆脱不良心态、保持心理健康的重要条件。生活不可能一帆风顺，情绪也不会稳固不变。我们应该明白，困难和挫折是一种打击，也是对自己意志、信心、智慧和能力的磨炼。同样，情绪的变化是正常的，其“缰绳”应掌握在自己手中。有很多一时冲动、后悔莫及的事情，也有很多“柳暗花明又一村”的案例，我们可以从中得到启发和教训。所以，我们不能小看了自身的情绪调控能力，这种能力不仅有利于自己的情绪健康，也能帮助其他同学度过心理的阴雨时段，营造一个快乐的集体氛围。我们应该有意识地去认识挫折、面对挫折，提高情绪管理能力，把持情绪的航向，朝着健康有效的方向行驶。

身边的故事

一位女生刚从秘书学校毕业，她想找一份医药秘书的工作，由于缺乏这方面的工作经验，面试了好几次都没有成功，有时甚至是别人一看她的简历就拒绝了她。屡试屡败，她有点灰心和委屈了，但瞬间她就知道那样只会使她永远也达不成目标。于是，她调整心态，鼓励自己：“我要得到这份工作！”她说：“我懂得这份工作。我是一个勤快而自律的人，我能够做好这份工作。医生将会视我为不可缺少的人。”她经常重复这些语言，给自己鼓劲，重复训练以后，她变得自信从容了。在又一次面试时，她充满自信地走进了办公室，并且热忱地回答问题，希望医生能够用她，结果她出色地发挥了自己的水平。几个月后，医生告诉她，当他们看到她的申请表上没有列着任何经验的时候，他们本不打算用她，但是那次面试时她的热情和自信征服了他们，决定给她试用的机会。

她把热情和自信带到了工作中，她的工作得到了大家的认同和赞扬，她成了一名很好的医药秘书。可以说，她的成功取决于她的情绪调节能力[①]。

1. 保持乐观和向上的心态

1）培养仁爱之心

爱心能使自己高尚、快乐，能让别人愉悦、享受。正如我们前面所说，对大自然的关爱，对亲人、友人、恋人的爱，以及对我们身边的人或事包括对自己的爱，会让我们内心轻松开阔，一切不良刺激都会变得渺小和微不足道，并能让我们正确对待所遭遇的挫折和困难，对未来充满希望。

爱因斯坦曾说：“一个人是被我们称作宇宙的这个整体的一部分……我们必须扩大关爱的范围，拥抱所有生灵与整个自然，感受世间万物的美丽，只有这样我们才能将自己从孤立个体的错觉中释放出来。”所有人都应相互关心，和睦团结，共同分享、照料和保护所有的水、土地、植物、动物以及作为整体一部分的人类。我们在与自然的共处中得到满足；在真诚对待别人，主动帮助别人，与别人分享思想和知识中，得到爱戴；在对自己的负责与

① 余会军：《调试心灵的密码》，广西民族出版社，2002，第299页。

关怀中，得到愉悦。

2）确立人生目标

让自己拥有一个通过努力可以达成的理想和目标，与社会共进，与集体相融，不孤傲也不丧失原则。始终明白，“自己是谁？”“该干什么？”“怎么去干？”是保证情绪健康的基本前提。

一个没有目标、没有理想、无所事事的人是无聊而茫然的，但如果我们事事要求自己成为最好，不切实际地要求完美，总是对现状不满，也不会感到快乐，这会使人陷入疲累、紧张之中。美国作家威廉福克纳说：“不要竭尽全力去和你的同僚竞争。你应该在乎的是，你要比现在的你强。”

人生成功的标准并不是一元的，“在校看成绩，进入社会看名利”这种观点应该修正，真正的成功应是多元的，可能是你取得了好的成绩，获得了新的技术，可能是你创造了新的财富，可能是你为他人带来了快乐，可能是你得到了别人的信任，也可能是你找到了更合适自己的生活方式等，成功是成为最好的你自己，不是处处与别人比。

3）修炼豁达胸襟

一个人之所以能乐观豁达，是因为心胸开阔。孔子说：“君子坦荡荡，小人长戚戚”，精神境界，修养水平高的人，往往是大度开阔的。古人云：“以天下为量者，不计细耻；以四海为任者，不顾小节”。宽容平和是减少怨恨和烦恼的重要心态，一位波利尼西亚医生说过，我从未见过哪个快乐健康的人是不宽容的，不宽容中有一些怨恨的成分，还有很多嫉妒的成分。而宽容、忍耐则是消除怨恨与嫉妒的关键所在。同学们应该珍惜朝夕相处的缘分，不必斤斤计较。退一步，海阔天空。

4）增强自信心态

相信自己是独特的，有着别人所没有的优势，要自己肯定自己，喜欢自己，包括原谅自己的错误。为自己每一个积极的成就喝彩，接受自己的感受。要有“天生我才必有用”的气势。

高职是大学教育一种类型，与本科不是层次上的区别，是培养规格的不同，社会需要得更多的是高级技术性人才，我们完全有理由为自己的选择自豪，千万不应小看自己。在自己的每一个小小的成功中，树立对自己的认可、赞扬，有了自信，就敢于尝试更多更新的东西，也就能更快地发展自己和展示自己，更容易获得成功。

5）造就一技之长

快乐的人未必是最强的人，但有自己倾心、热心并可以获得成就感的事可做，那是一种独特的满足。专注地从事自己的兴趣爱好活动是获得快乐的重要来源。钢琴家傅聪说，他最宁静、最快乐的时候就是专注地演奏钢琴的时候。

当你在机床上精心打造，当你在插花时巧妙设计，当你在技能比赛中屡获佳绩，当你在艺术表演中崭露头角，你能不心情舒畅吗？

当你有一技之长，从事某项活动时，你就有可能体验到一种最纯粹的快乐，也就是心流体验。心流指的是当人们沉浸在当下着手的某件事情或某个目标中时，全神贯注、全情投入并享受其中而体验到的一种精神状态。它由美国积极心理学家米哈伊·奇克森米哈赖提出的，其认为心流就是人们获得幸福的一种可能途径，心流产生的同时会有高度的兴奋及充实感。人们进入心流时你会感觉自己完完全全在为这件事情本身而努力，就连自身也都因此显得很遥远。时光飞逝，你觉得自己的每一个动作、想法都如行云流水一般发生、发展，你觉得自己全神贯注，所有的能力被发挥到极致。

延伸阅读

米哈伊·奇克森米哈赖将人们处于"心流"中的感受归纳为以下 7 个方面。

完全沉浸：注意力高度集中，你感觉对自己正在做的事情充满热情。

感到狂喜：你觉得自己从日常现实的琐事中脱离出来，进入另一种现实状态中，类似于宗教人士在宗教场所所感受到的喜悦，或普通人在剧院/舞台等所感受到的喜悦。

内心清晰：你知道什么是需要被完成的，以及目前为止自己做得怎么样。你了解自己的目标，并且清楚地认识到当下与目标之间所需要做的努力。

力所能及：你知道尽管这件事情可能存在挑战，但仍然是自己所能胜任的。

平静感：毫不担心自己，甚至丧失自我觉察，连自己的基本生理需求都无法意识到，例如，有些人在全神贯注地写作/打游戏时，进入一种废寝忘食的状态。

时光飞逝：由于全身心地投入在当下的事情中，时间便在不知不觉中飞速流逝，比如专心致志地做某件事情时，猛然抬头发现窗外早已从白天到黑夜。

内在动力：你觉得自己做这件事情源于内心的渴望和对该目标的认同。同时，一种"心流"的状态又能帮助你完成这件事情、实现该目标。例如，一些作家在创作过程中，对于新作品的渴望，令他们进入一种"忘我"的境界，而这种境界又使得他们的创作充满了创造力。

6）保持身体健康

要注意合理的营养、充足的睡眠、形成良好的生活习惯和态度、加强体育锻炼是保证身心健康的前提。有些同学不太注意这一点，把锻炼看作苦差事，也不太注意科学合理的饮食，或暴饮暴食或减肥节食，轻视身体健康，这会影响到心理健康。切记：身体健康是情绪健康的基石。

延伸阅读

放松心理压力的食物

（1）香蕉：香蕉含的生物碱也可以调节情绪和提高信心。

(2) 葡萄柚：葡萄柚含有丰富的维生素C，在制造“多巴胺”时，维生素C是重要成分之一。

(3) 蔬果：叶酸存在于多种蔬果中，含量较丰富的有芦笋、菠菜、柑橘类、番茄、豆类等，当叶酸的摄取量不足时，会导致脑中的血清素减少，易引起情绪问题，包括失眠、忧郁、焦虑、紧张等。

(4) 全麦面包：碳水化合物有助于增加血清素，睡前2小时吃点碳水化合物的食物，如蜂蜜全麦吐司，有安眠药的助眠效果。

(5) 深海鱼类：鱼油中的Omega-3脂肪酸，与抗忧郁成分有类似作用。

2. 减压处方

我们都不希望消极情绪一直萦绕在身边，总处于消极情绪当中会影响了我们的学习、生活和健康，所以需要情绪管理，当我们受到不良的情绪干扰时，我们要及时疏导、化解、转移。调试的策略有：

1）勇敢面对

没有压力的生活是轻浮的，有谚语曰：“眼睛中没有眼泪的话，他的灵魂也不会有彩虹。”身处当今社会，必须面对压力，尤其对必然的事要轻快地接受。在人生的岁月中，一定会碰到一些令人不快的情况，我们可以把它们当作一种不可避免的情况加以接受，并且适应它。有一句话是：有勇气来改变可以改变的事情，有度量接受不可以改变的事情，有智慧来分辨两者的不同。

美国哲学家威廉·詹姆斯的忠告是：“要乐于承认事情就是这样的情况。”他说，“能够接受发生的事实，就是能克服随之而来的任何不幸的第一步。”正确地面对挫折，并不是放弃努力，恰恰相反，不论在哪一种情况下，只要还有一点挽救的机会，我们就要奋斗，可是当普通常识告诉我们，事情是不可避免的，而且也不可能再有任何转机时，就不要再“左顾右盼，无事自扰。”

读了下面一首打油诗，应该有不少启发：

天下疾病多，数也数不了。
有的可以治，有的治不好。
如果还有救，就该把药找。
要是没法治，干脆就忘了。

2）正确看待

你有没有过这样的经历？你排着队好好的，忽然被人从后面用力推搡了一下差点跌倒。这时你会不会这么想：怎么回事啊？这素质怎么这么差啊！是不是有意的啊，我真倒霉！……越想越愤怒、难过，如果你想也许人家也是被后面的人挤了一下、不是有意的，或许他也挺无奈的，也许你的气就消了，再感受一下被撞疼的背，其实早就不疼了！这里我们可以发现自己的认识对情绪的管理是一个重要因素。

人的情绪不是由某一诱发性事件的本身所引起，而是由经历了这一事件的人对这一事件的解释和评价所引起的。这就是“情绪 ABC 理论”的基本观点。在 ABC 理论模式中，A 是指诱发性事件；B 是指个体在遇到诱发事件之后相应而生的信念，即他对这一事件的看法、解释和评价；C 是指特定情景下，个体的情绪及行为的结果。常常是不合理的观念 B 造成了我们情绪的困扰，有三种非理性信念影响了我们对事物的判断，并造成了不良的情绪，三种非理性观念是：①我必须做得好，并赢得别人的认可，否则我就是能力太差。比如“我考不了好成绩，说明我这个人能力太糟糕了”。②其他人必须公平友好地对待我，就像我期望他们对待我一样。如果他们不这样对待我，他们就不是好人，应该受到惩罚。这种想法会让人刻意寻求一种“等值交换”，就是我对你好，你也必须对我好，而且你对我的付出不能比我对你的少。或是我帮助过你，但是我遇到困难你却不能帮我，你这个人真是坏透了。③当我想要一样东西时，我必须总是能得到我想要的东西，我绝不能得到我不想要的东西。如果我没有得到我想要的东西，我就会很痛苦。这种不理性会演变成一种固执，我必须成功，我必须拿到那个奖等情况。如果我们没有达成第一种非理性信念，我们可能会感到焦虑、沮丧、羞耻或内疚；如果我们没有得到公平对待，会感到愤怒并且可能会采取暴力行动；如果我们没有得到我们想要的东西，我们可能会感到自卑自怜。

延伸阅读

有一个年轻人失恋了，一直摆脱不了事实的打击，情绪低落，已经影响到了他的正常生活，他没办法专心工作，因为无法集中精力，头脑中想到的就是前女友的薄情寡义。他认为自己在感情上付出了，却没有收到回报，自己很傻很不幸。于是，他找到了心理医生。

心理医生告诉他，其实他的处境并没有那么糟，只是他把自己想象得太糟糕了。在给他做了放松训练，减少了他的紧张情绪之后，心理医生给他举了个例子。“假如有一天，你到公园的长凳上休息，把你最心爱的一本书放在长凳上，这时候走来一个人，径直走过来，坐在椅子上，把你的书压坏了。这时，你会怎么想？”

“我一定很气愤，他怎么可以这样随便损坏别人的东西呢！太没有礼貌了！”年轻人说。“那我就告诉你，他是个盲人，你又会怎么想呢？”心理医生接着耐心地继续问。“哦——原来是个盲人。他肯定不知道长凳上放有东西！”年轻人摸摸头，想了一下，接着说，“谢天谢地，好在只是放了一本书，要是油漆或是什么尖锐的东西，他就惨了！”“那你还会对他愤怒吗？”心理医生问。“当然不会，他是不小心才压坏的嘛，盲人也很不容易的。我甚至有些同情他了。”

心理医生会心一笑："同样的一件事情——他压坏了你的书，但是前后你的情绪反应却截然不同。你知道是为什么吗？""可能是因为我对事情的看法不同吧！"对事情不同的看法能引起自身不同的情绪。很显然，让我们难过和痛苦的，不是事件本身，而是对事情的不正确的解释和评价。

这就是心理学上的情绪 ABC 理论的观点。情绪 ABC 理论的创始者埃利斯认为：正是由于我们常有的一些不合理的信念，才使我们产生情绪困扰，如果这些不合理的信念日积月累，还会引起情绪障碍。

所以，我们要避免不合理的观念，用合理的认识和观念化解"自己制造的不快乐"。

延伸阅读

一位老太太有两个儿子，大儿子卖伞，二儿子晒盐。为了这两个儿子，老太太天天发愁，每逢晴天，老太太念叨：这大晴天，伞可不好卖哟，于是为大儿子愁，每逢阴天，老太太嘀咕：这阴天下雨的，盐可咋晒？于是为二儿子愁。老太太愁来愁去，终于成疾。两个儿子不知如何是好。有个人告诉老太太："你是一个很有福气的人，晴天你应该高兴，你的二儿子好晒盐；雨天你应该高兴，你的大儿子好卖伞，你有什么可悲的！"老太太一想，不是吗！这么一来，老太太果然变悲苦为欢乐，心宽体健。

当你感觉自己不快乐，又找不到原因时，可以尝试用以下方法来确认自己的情绪：

今天发生的事情：____________________。

让我不舒服的情绪是：____________________。

我对这件事情的理解：____________________。

这个理解是不是可以换个角度：____________________。

换一个角度考虑问题以后我的情绪是：____________________。

3）回避转视

当压力过大，当扫兴、生气、苦闷和悲哀的事情不可避免，我们可暂时回避一下，换个视角，把不快的思路转移到高兴的思路上去。例如与同学争吵让你苦恼不已时，你可以走出去散步，到环境优美、空气宜人的花园、郊外，甚至田间小路上走一走。当莫名的忧伤袭来时，你可以欣赏轻快、激昂的音乐，也可以去运动，读书，总之不能拘泥于这件事，这个情绪，并且是情绪发酵放大。

4）向人倾诉

当一个人遇到不高兴、痛苦的事情时，如果有一个值得自己信任的人在身边倾听诉说，那么，痛苦很快就会消散。心情不好却闷着不说出来，会积郁成疾。

可以向父母倾诉，也可以向老师倾诉，把自己的心事畅快淋漓地向父母、知心朋友或老师倾诉，是卸掉心理包袱的好途径。学校的辅导员，应该是我们倾诉的对象；心理咨询室，应该是我们倾诉的去处。

有些孤独而不愿交流的人，从不说出自己的真实感受，更不会说动情的话，他总是把情绪憋在心里，最终可能会因为无法疏导而失去理智，甚至有人会选择残忍手段宣泄自己的情绪。

人生能有一些人可以倾吐心声，应该是件幸事了。因此，建立稳定而有力的相互支持系统是大家共同的愿望，每个人都要主动关心别人，才能得到别人的帮助。

5）适当宣泄

长久克制愤怒情绪的表达，会破坏人体的某种生物化学平衡，愤怒加以强抑，就像一颗定时炸弹，时刻都有毁灭他人和自己的危险；悲痛加以抑制，不随时发泄出来，也会危及身体甚至生命。所以合适的宣泄是有必要的。

例如，到心理咨询中心的“宣泄室”，可以大喊大叫、扭毛巾、摔枕头、捶沙袋，那里有很多可以宣泄情绪的物件，然后再和心理老师聊一聊。较为强烈的活动也是宣泄的途径，一阵迪斯科舞蹈，一场球类比赛，甚至是挥舞几下手脚，有利愤怒等情绪的宣泄。

除了上面的宣泄方法，还有眼泪宣泄法。我们总是认为“男儿有泪不轻弹”，从心理健康的角度来说，有泪就该流，想哭不强抑，哭有利于排泄心理毒素。另外，用日记把压力、烦恼写出来，可以写事件，可以写原因，可以保留，可以撕毁，也是一种发泄不良情绪的渠道。

当然，宣泄有合理与不合理之分，不分场合大动肝火、大吵大闹、伤及别人肯定是不适宜且会落下后患的，大声喊叫、号啕痛哭要找别人听不见的地方，还要注意避免伤害声带等。总之，对自己和他人及对社会没有不良影响的宣泄方式才是可取的。

6）身心放松

心理和身体两种压力互为因果，相互影响，身体的放松也会缓解压力，释放情绪。放松的方法有深呼吸放松法、肌肉放松法、想象放松法。

（1）深呼吸放松：采用鼻子呼吸，腹部吸气。双肩自然下垂，慢慢闭上双眼，然后慢慢地深深地吸气，吸到足够多时，憋气 2 秒钟，再把吸进去的气缓缓地呼出。

（2）渐进性肌肉放松步骤如下：

① 紧握你的左拳，感受手和臂膀的紧张感，5 秒钟后放松。

② 紧握你的右拳，感受手和臂部的紧张感，5 秒钟后放松。

③ 自左腕关节向上弯曲你的左手，尽量使手指指着肩部，感受手背和前臂肌肉的紧张，然后放松。

④ 自右腕关节向上弯曲你的右手，尽量使手指指着肩部，感受手背和前臂肌肉的紧

张，然后放松。

⑤ 举起双手臂，用力将手指触致双肩，感受双臂肌肉的紧张，然后放松。

⑥ 耸起肩膀，越高越好，感受肩膀的紧张，然后放松。

⑦ 皱起额头，感受紧张，然后放松，并略微闭上眼睛。

⑧ 紧紧地合上双眼，再轻轻闭着眼睛，感受紧张与放松。

⑨ 用力将舌头抵住口腔上部，感受口腔内肌肉紧张，然后放松。

⑩ 紧闭双唇，感受口腔与下颚的紧张，然后放松。

⑪ 用力向后仰起头部，感受背部、肩部以及颈部的紧张，然后放松。

⑫ 用力低头，尽量将下巴靠住胸部，感受颈部与肩膀的紧张，然后放松。

⑬ 弓形弯曲背部并离开椅背，双臂向后推，感受背部和肩膀的紧张，然后放松。

⑭ 做一次深呼吸，并持续一段时间，感受背部和胸部的紧张，吐出空气，然后放松。

⑮ 做两次深呼吸，持续一段时间，吐出空气，然后放松。

（3）想象放松法：主要是唤起宁静、轻松、舒适的情境的想象和体验，来减少焦虑、紧张，增强内心的愉悦感和自信心。

7）幽默自慰

在不可挽回的不快之事发生了以后，怨天尤人、消极埋怨是无济于事的，倒不如调整好心态，伺机再发。如同恋人分手是很痛苦的事，但你应该这样想：早一点分手要比将来结婚了再分手要减少很多痛苦和挫折呢，不属于自己的，强求不快乐。

而幽默则是化干戈为玉帛的有效方法，在幽默的笑声中，忧愁被化解，愤怒被抚平，紧张被舒缓……幽默是需要智慧的，幽默不同于嘲笑，但有时适当的自嘲也是一种幽默。

大哲学家苏格拉底有一位脾气暴躁的太太。一天，苏格拉底正当与他人谈话，他太太突然跑进来大闹，并随手将一盆水泼在苏格拉底的身上。这对于一个有血性的男子汉来说是一件多么尴尬的事，但苏格拉底却挥了挥手说："我早知道了，打雷之后，一定会下大雨的"，谈话得以继续。

幽默是一种智慧和能力，让自己拥有这份智慧和能力吧，它具有神奇的提升快乐的功能。

8）真诚微笑

笑的感染力是最大的。一个人如果能经常带着微笑投入生活，他会发现生活的确美好，对人对己，微笑都是有百利而无一害的。当一个人向别人微笑时，他没失去什么，却得到了很多。微笑是"消毒剂"，能清除情绪毒素，化解心灵的苦寒，迎来心灵的春色满园。微笑是"激活素"，能激活内心的快乐因子，感受生活的美好。当我们真诚微笑时，外界的压力、内心的忧虑会消减，会带给对方友善的信息，简化矛盾。有时，当不快来临时，我们尝试大笑几下，更能迅速创造一个轻松的气氛。此外，根据"表现原理"，人会因为笑了，而开心。

延伸阅读

加拿大卡尔顿大学的诺森舒克博士让被实验者听录音的小故事。其中还有半数人收听的故事录音中加入了观众的笑声。结果，那些听了有笑声的小故事的人，都很容易随着他人一起笑出声来，愉快与笑意就这样扩散开来。这被称为“情绪感染效应”。①

微笑实验：

(1) 放松额头和脸颊的肌肉，嘴唇微张。

(2) 将嘴角肌肉向耳朵方向拉，尽可能大笑，直至出现皱纹。保持20秒钟。

(3) 收起表情，感觉如何？

以上仅是一般方法，还要根据实际情况和个人特点来采取相应措施。

同学们，我们有责任和义务增强自己的情绪管理能力，陶冶高尚情操，丰富自己的爱心，在享受快乐人生的同时成就人生。

心理拓展

1. 团体活动：发现快乐

(1) 请回想近两周令自己开心的事情，在纸上列出自己的“快乐清单”（什么让你快乐，快乐的原因是什么）。

(2) 小组分享各自的“快乐清单”。

(3) 在全班以小组为单位分享各组的“快乐清单”。

2. 演练场

活动目的：辨认各种情绪，运用情绪疏导的方法。

活动准备：桌椅安排成小组讨论的形式。

步骤：每一小组选择一个情境，商量表演方式，然后在全班进行情境表演。

情境一：有人弄坏了你的电瓶车；

情境二：打游戏时，被父母没收了手机；

情境三：在宿舍里，桌上的东西被室友弄乱了；

情境四：丢了心爱的东西；

① (美)哈里·巴尔肯著，江菲菲译：《微表情心理学》，群言出版社，2017，第65页。

情境五：竞赛获得了第一。

讨论：以上各种情境，什么情绪反应是合理的，什么情绪反应是不合理的，如何管理和宣泄消极情绪？

专题五 遇见内心平衡的自己——压力应对

单元导读

当代大学生越来越注重身心健康，同学间谈论起身心健康话题时，总离不开“心理压力(Mental Stress)”这个词。“鸭梨山大”“我的内心几乎是崩溃的”“我太难了，最近我压力很大”等网络热词则折射出年轻人在面对压力时的些许无奈和自我调整的尝试。本专题将探讨压力相关的一系列话题，当你学完本专题时，或许会发现，我们探讨的是实用性很高的工具和策略，学会这些，我们可以驾驭像海浪一样的压力，使自己不至于沉入海底。

案例导入

某大学大三学生赵某，在教室里看书时，总担心会有人坐在身后并干扰自己，有强烈的不安全感，以致于只能坐在角落或者靠墙而坐，否则无法安心看书。对一位舍友打游戏的行为非常反感，有时简直难以忍受。尤其是中午和晚上休息时，他总担心会有游戏外放的声音干扰自己，从而睡不着觉，经常休息不好。但自己又不好意思和舍友发生正面冲突，因为觉得为这样的小事发脾气，可能是自己的不对。很长时间不能摆脱这种困境，很苦恼，严重影响了日常生活。另外，即将毕业，心中一片茫然，担心找不到理想的工作，有时也懒得去想这个问题，怕徒增烦恼。学习一般，在班上成绩中游，当看到其他同学都在准备继续求学考试时，自己也想考，但又不能集中精力学习。家里经济状况一般，认为自己有责任挑起家庭的重担，将来一定要找一份薪资高的好工作，减轻家里的负担，但又觉得力不从心。

你知道案例中，赵同学的身上发生了什么吗？你是否也有过类似的经历？想知道如何应对当前的困境吗？一起来看看本专题的内容吧。

一、压力概述

（一）压力的定义

“压力”最早是一个物理学的概念，也称为物理压力（Physical Stress）[①]。1936 年加拿大病理学家汉斯·塞利（Hans Selye）开始将压力的概念引进心理学。

从心理学角度看，压力是压力源和压力反应共同构成的一种认知和行为体验过程，即心理压力。

压力源指压力产生的来源，即促使个体产生压力的刺激事件[②]。压力反应包括个体觉察到压力源后，出现的生理、心理和行为反应。

压力是意识的产物，是建立在一定的认知基础上的。个体在无意识状态下是没有压力可言的，如睡眠状态下，个体无压力。个体无认知能力时也不会有压力存在，新生儿只有感觉，无压力。此外，压力是经验性的，无法抛开个体而单独存在。个体有认知能力时，若对威胁性的刺激情境失察而未能认识到其对自己生活造成或将造成威胁、危害时，不会产生压力。若刺激情境本身不会对个体造成威胁、危害时，个体由于错误的认知，以为它具有威胁性、危害性，无法处理、摆脱，就会产生压力。压力作为一个过程会给个体带来不同的影响，不同程度地提高或降低个体的健康水平。

---

① 高存友，任秋生，甘景梨：《心理压力与调控》，九州出版社，2018，第 2 页。

② 王红姣：《大学生压力源及压力应对方式研究综述》，《思想理论教育》2007 年第 21 期，第 80 - 84 页。

(二)压力源

1. 压力源的内涵

任何一种让你感到手足无措或感到威胁的处境和经历都可称为“压力源”。为使生活更易于管理,首先要了解自己的压力源在哪里。

按对个体的影响,压力源可分为如下三种类型:

1)生物性压力源

这是一组直接影响个体生存与种族延续的事件,包括躯体创伤或疾病、饥饿、性剥夺、睡眠剥夺、噪声、气温变化等。

2)精神性压力源

这是一组直接影响个体正常精神需求的内在和外在事件,包括错误的认知结构、个体不良经验、道德冲突以及长期生活经历造成的不良个性心理特点(如易受暗示、多疑、嫉妒等)。

3)社会环境性压力源

这是一组直接影响个体社会需求的事件。社会环境性压力源又可分为如下两类:

第一类是纯社会性的社会环境性压力源。包括公共卫生事件(如“新型冠状病毒肺炎”“重症急性呼吸综合征”)、重要人际关系破裂(如失恋、离婚)、家庭长期冲突、重大社会变革、战争等。第二类是由自身状况造成的人际适应问题(如社交恐惧症)等社会环境性压力源。

我们将压力源分为三种类型,但这只是理论分析的需要,其实真实情况并非如此。因为纯粹的单一性的压力源,在现实生活中极少,多数压力源都涵盖着两种以上因素,特别是精神性压力源和社会环境性压力源,有时是浑然一体的状态。由于三种压力源之间有着不可分割的内在联系,所以我们在实践领域中,特别是在分析心理问题的根源时,必须把三种压力源作为整体加以考虑。

2. 大学生的压力源

如图 5-1 所示,请根据你的主观感受,将以下压力源从大到小排列(如果没有该项压力源,可以不列出;如果下图未列出你的压力源,可自行补充)。

研究发现,大学新生的压力源主要是社会环境性压力源,集中在人际关系压力源和适应性压力源两个方面;而高年级学生的压力源则主要是精神性压力源,多集中在不良工作经验和就业择业选择性压力源。

1)人际关系压力源

人际关系压力源主要表现在朋辈群体竞争压力和人际关系处理方面。高中时期,很多同学是班级甚至学校的佼佼者,到了大学后,来自五湖四海、各有所长的同学们聚在一起,如果经常只关注他人的长处、忽视自己的优点,可能出现自卑心理,陷入朋辈群体竞争的压力。大学生不同的家庭背景、生活阅历、个性特征、思维模式等,都会给他们带来人际处理上的困难和挑战,如果同学们不能正确认识这些问题,积极寻找解决途径,也可能陷

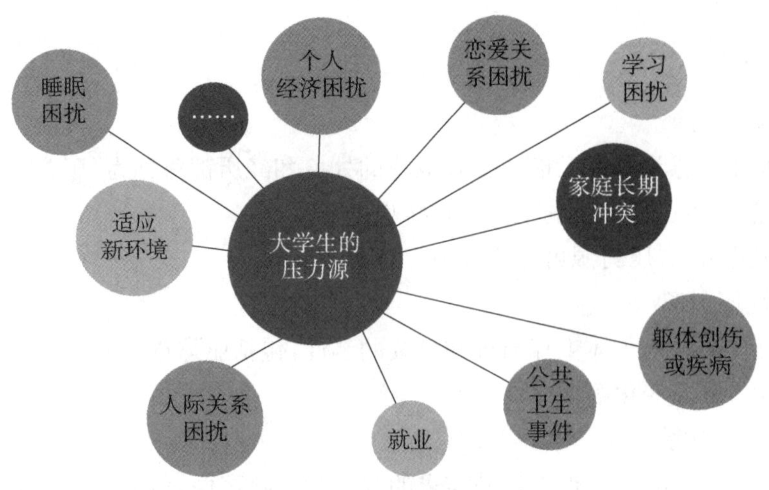

图 5－1　大学生的压力源

入压力。此外，大学生的人际压力也有一部分体现在恋爱关系上，同学们在恋爱过程中可能因为父母反对、对自己外表不自信、自身性格急躁等，影响双方关系。

2）适应性压力源

大学新生适应性压力源主要表现在学习方式的变化和生活方式的变化上。在学习方式方面，由高中传统的灌输式授课转变成大学启发式授课，学生由高中的被动学习变化为大学自主学习。在生活方式方面，则表现在地理环境变化和饮食习惯变化。如果学生不能很快地适应，则会产生孤独感、失落感，这也是新生休学或退学的原因之一。

3）不良工作经验和就业择业选择性压力源

许多大学生在校期间就曾经历过兼职或实习工作。一份具有挑战性的工作既有趣又刺激，但有些工作环境充满挑战性、令人“压力山大”。大学生在工作场所可能遇到以下压力源：要求高、乏味或烦人的工作；争斗、欺凌或不公平的环境；工作努力却不被认可，晋升或发展的机会很少；对如何工作缺乏掌控能力等。总之，我们不喜欢做那些让人觉得不值得做或令人沮丧的工作。随着时间推移，这种环境会让我们逐渐失望。

此外，当今大学毕业生确实面临着很多困难，尤其是 2020 年因“新型冠状病毒肺炎”，许多毕业生的实习甚至工作都受到了影响。毕业生人数逐年增加(见图 5－2)，很多学生在继续求学、直接就业方面犹豫不决。备考压力、学校选择、就业单位选择、应聘面试等因素也会使大学生体验到选择性压力。

（三）压力反应

我们感到压力时，身上究竟会发生什么反应呢？最初是生理反应，并且极其强烈，与之伴随的还有心理反应和行为反应。

1. 生理反应

1）生理反应三阶段

个体在压力状态下会出现一系列生理反应，主要表现在自主神经系统、内分泌系统和

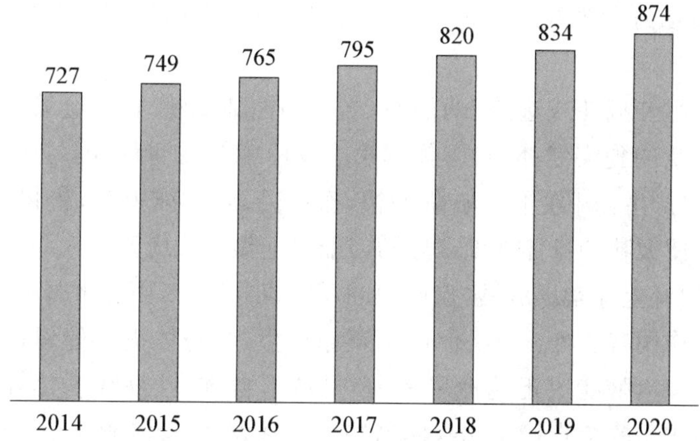

图 5-2 教育部：2014—2020 年全国普通高校毕业生人数/万人①

免疫系统等方面。例如，瞳孔放大、嘴巴发干、肺部气道打开、心跳加快、抑制消化、膀胱挛缩、肌肉紧绷等。

加拿大病理学家汉斯·塞利(Hans Selye)毕生从事多项有关压力的实验研究，以大鼠为研究对象，研究了在长期高压下(用的威胁性刺激是诸如冷气、热气、有毒但不伤生命的食物等)的生理反应。在大鼠身上进行的实验表明，如果个体受到高压，如暴露于寒冷、外科损伤、过度肌肉锻炼或因亚致死剂量的药物(肾上腺素、阿托品、吗啡、甲醛等)而中毒，则会出现一个典型的综合症，其症状与损害剂的性质或所用药物的药理学类型无关，关键在于其一致的症状反应。该反应分为三个阶段：

(1) 警觉阶段(alarm reaction)。

这一阶段中，由刺激的突然出现而产生情绪的紧张和注意力提高，体温与血压升高，肾上腺分泌增加，身体进入应激状态。如果压力继续存在，身体就进入第二个阶段。

(2) 抵抗阶段(resistance period)。

企图对身体上任何受损的部分加以维护、复原，因而产生大量调节身体的激素。个体在抵抗阶段生理功能大致恢复正常，能适应艰苦的生活环境。即压力反应对个体来说在一定的程度上能增强其适应能力。但个体若继续承受持久的高压，将导致身心耗竭，可能会死亡，这就步入第三个阶段。

(3) 衰竭阶段(exhaustion stage)。

压力存在太久，应付压力的能量耗尽，身体各功能突然缓慢下来，适应能力丧失。

可见，压力下的生理反应可以调动个体的潜在能量，提高个体对外界刺激的感受和适应能力，从而使个体更有效地应付变化。但过久的压力会使人的适应能力下降。

2) 生理反应中的化学物质

压力的生理反应是一个复杂的涉及全身的生物学过程，整个过程由两种化学物质主

① 资料来源：张维佳，《新冠肺炎带给应届毕业生的就业形势变化及如何做好就业准备?》，https://www.qianzhan.com/wenda/detail/200226-822a267a.html，2020-02-28/2020-07-28。

导：类固醇激素皮质醇和神经递质去甲肾上腺素——一个通过神经系统传递信号的化学信使。

去甲肾上腺素是“战斗或逃跑”的信使，当我们面临威胁时，它会第一时间做出反应。例如，如果一只狂吠的狗突然扑向你，你的第一反应就会往后跳，准备还击或者逃跑。去甲肾上腺素使身体产生如下变化：心跳加快，血压升高，体能上升，警惕性提高。它向肌肉输送更多血液，使大脑和身体在面对威胁时能迅速做出反应。

皮质醇比去甲肾上腺素反应慢（皮质醇的反应以分钟计，而去甲肾上腺素反应不到一秒钟）。皮质醇的作用有三处：一是促进葡萄糖产生，为身体提供能量；二是提升大脑消耗葡萄糖的能力，使大脑能更迅速地思考；三是调节食欲、性欲和消化等其他系统功能。在压力大的时候，皮质醇会直接调用身体这些系统资源，使身体能够专注应对生存必需的更为迫切的行动。皮质醇还能帮助我们从压力中恢复，使大脑和身体其他部分恢复平静。

去甲肾上腺素和皮质醇在我们的生命中起着至关重要的作用，在我们的压力反应中扮演着关键角色——如果这两种激素含量过高，而且持续时间太长，则会导致不良后果。

2. 心理反应

压力产生的过程中，心理反应和生理反应是密切联系的，常伴随出现。两者都是在遭遇压力时个体以整体方式做出的反应，两者同时存在，相互影响，相互作用，彼此转化。压力的心理反应也可划分为三个阶段：

1）唤醒阶段

为了应对压力，个体最先出现警觉和资源动员，如引发紧张情绪，提高敏感度和警戒水平，调动自我控制力等。同时，个体可能采取各种应对手段，以满足压力应对要求。此时，如压力源消失，警觉和调动恢复；但如果压力持续存在，那么适应不良的征兆就会出现，如持续焦虑、紧张，各种躯体不适，工作效率下降等。

2）抵抗（能量蓄积）阶段

在此阶段中，个体试图找到应对方法，增强认识与处理能力，消除不良心理反应，恢复心态，以防心理崩溃。个体直接处理压力情境，心理防御机制运用显著增加，调动所有资源，对压力源的抵抗水平达到最高，甚至是“超水平”。如果压力持续存在，个体将逐渐趋于僵化，死守先前使用过的防御手段，不再对压力源及情境进行再次评价或调整应对方式。这些将阻碍个体选用更合适的应对方式，导致抵抗效能下降。此时，个体可有紧张体验，并出现一些身心障碍症状及轻微的心理异常表现。此阶段同生理反应的阻抗阶段一样，大多数情况下，阻抗反应是可逆的，且个体的心理功能可能恢复正常。

3）衰竭阶段

面临连续、极度的压力时，个体应对手段开始失效，心理防御机制夸大且不恰当，常出现心理失代偿表现，如心理混乱，脱离现实，甚至出现幻觉、妄想。如果这种压力状态继续，就会进入全面崩溃，出现暴力或淡漠、木僵，甚至死亡。大多数情况下，进入衰竭是一个逐渐、长期的过程。

值得注意的是，压力心理反应的表现如同生理反应一样非常复杂，这种反应进入相应阶段的顺序，每一个阶段持续的时间长短及相应的表现等，常因事件严重程度、突然性、个人的内在素质及社会支持、干预等而有所不同。目前研究发现，压力的任何一个阶段，一旦压力源的强度过大或应对反应无力，个体随时有可能不经过典型的三阶段发展而直接进入衰竭状态，甚至死亡。

3. 行为反应

当个体面临压力时也会有各种行为变化，这些变化取决于压力源的程度以及个体所处的环境。压力下的行为反应可分为直接反应与间接反应。直接反应指直接面对引起压力的刺激时，为了消除压力源而做出的反应，例如，“路见不平拔刀相助”。间接反应指借助某些物质暂时减轻与压力体验有关的苦恼，例如“借酒消愁”。一般而言，轻度的压力会促发或增强一些正向的行为反应，如寻求他人支持，学习处理压力的技巧。但压力过大过久，会引发不良适应的行为反应，如谈话结巴、刻板动作、过度饮食、攻击行为、失眠等。

二、压力的种类和影响

压力无法避免，是生活中不可或缺的一部分。如果没有压力，一些伟大的成就也就无法实现。这些极具价值的成就，往往都是在承受巨大压力和付出艰辛努力之后取得的。适度的压力有助于个体专注于目标和重要任务的完成。

2013 年，加州大学伯克利分校的压力研究人员达妮埃拉·考费尔（Daniela Kaufer）和伊丽莎白·柯比（Elizabeh Kirby）做了一项实验，将大鼠置于适度的压力中，实验持续几小时。起初，压力似乎对大鼠没有产生什么影响；经过反复实验两周后，它们的大脑部署了新的神经连接，在记忆力测试中的表现得到很大改善。这种情况同样适用于人类。

简言之，只要痛苦或创伤不太严重，间或处于适度的压力下反而有助于脑神经细胞的增殖。但如果压力过度，超过了个体的可承受范围，会削弱个体的意志，让个体失去创造性，止步不前。

大多数压力被精神病学家称为亚临床状态——足以影响生活质量，但不足以引发可诊断的疾病。当然，压力越大，持续的时间越长，身心健康就越容易受到伤害。了解自己的压力处于什么水平，对于个体实现压力管理至关重要。

（一）按强度，压力分类

1. 一般单一性生活压力

在日常生活中，人们会遭遇各类事件，这些事件是人们在生存和发展过程中无法回避的，如入学考试、完成困难的任务以及遭遇从未经历过的恋爱、婚姻、就业、失业、亲人亡故、迁居、旅游等。如果我们在某一时间段内，经历着某一种事件并努力去适应它，并且该事件的强度不足以令我们崩溃，那么，我们称这一压力为一般单一性生活压力。

经历一般单一性生活压力，对于承受人来说，其影响不完全是负面的。在适应这类压力的过程中，虽然付出了许多生理和心理的资源，但是只要在衰竭阶段没有崩溃，并且没有再发生任何刺激事件，那么，承受人在经历过一次压力之后，会提高和改善自身的适应能力。以往的许多研究证实，经历过各种压力而未被击垮的人，可以积累许多适应压力的经验，从而有利于应对未来的压力，正合成语“吃一堑，长一智”。

人们的日常经验也可以证实，自幼处境困难的人，成人之后，更能吃苦耐劳，应对各种压力的能力也相对较高。

2. 叠加性压力

叠加性压力是指极为严重和难以应对的压力，它给人造成的危害很大。比如，换季时，遭遇生活费遗失、失恋、重要考试不及格等事件的同学比普通同学更易感冒。因为压力越大，身体所能产生的抗体就越少，有的人可能在“四面楚歌”中倒下，有的人在衰竭阶段被第二组压力击垮。叠加性压力又分为如下两类：

(1) 同时性叠加压力。

在同一时间里，有若干构成压力的事件发生，这时，个体所体验到的压力称为同时性叠加压力，俗称“四面楚歌”。

(2) 继时性叠加压力。

两个以上能构成压力的事件相继发生，后继的压力恰恰发生在前一个压力适应过程的抵抗阶段或衰竭阶段，这时，个体体验到的压力被称为继时性叠加压力。

3. 破坏性压力

破坏性压力又称极端压力，其中包括战争、地震、空难、遭受攻击、被绑架、被强暴等。在实际生活中，此类压力并不罕见。破坏性压力的后果可能会导致创伤后应激障碍(Post-Traumatic Stress Disorder，PTSD)、灾难症候群(Disaster Syndrome)等。破坏性压力不仅会影响一个人的身体素质，使得个体更易产生生理疾病，也会引发个体在心理、行为等各个方面的变化，从而导致心身障碍甚至心身疾病，应当被慎重对待。对破坏性压力造成的后果，心理干预是必需的。

延伸阅读

早在第一次世界大战期间，心理学家就发现了所谓的“战场疲劳症”。患有这类疲劳症的人，出现“心理麻痹”，表现为对外界反应减少，情绪沮丧或过度敏感，失眠、焦虑等。越南战争之后，人们将这类“战场疲劳症”纳入“创伤后应激障碍”(PTSD)。经历战争带来的极端压力后，心理症状是多方面的。情绪方面以沮丧为主，常因战友战死、自己获救而产生罪恶感，易激惹、暴怒，同时伴有攻击行为，与亲人变得疏远，对当时的记忆丧失，长期注意力难以集中等。

除战争外，还有其他强烈的破坏性压力可能造成“创伤后应激障碍”(PTSD)。例如，女性被强暴后变得呆痴、记忆丧失、回避社会活动、失去安全感等。

强大的自然灾害后的心理反应，有时近似于“创伤后应激障碍”(PTSD)，这类情况被称为“灾难症候群”(Disaster Syndrome)。该症候群的产生及其特性有三个阶段：一是惊吓期，在这一阶段里，受害者对创伤和灾难丧失知觉，就像常说的“失魂落魄”的状态，事情过后，往往对事件不能回忆。二是恢复期，在恢复期中，受害者才出现焦虑、紧张、失眠、注意力下降等反应，这与常说的“后怕”相仿。在此期间，受害者常常逢人便诉说自己的遭遇，正如鲁迅短篇小说《祝福》中祥林嫂的表现。三是康复期，在康复之后，心理重新达到平衡①。

（二）按持续时间，压力分类

1. 短期压力

短暂的压力促使身体分泌去甲肾上腺素和皮质醇，为身体提供能量，体能上升，提升大脑消耗葡萄糖的能力，使大脑能更迅速地思考，使个体的智力活动处于较高的水平，甚至在压力下超常发挥，产生意想不到的效果。比如有的大学生在考前紧急复习通过了考试；有的同学在很短时间内写出了毕业论文。短期压力也可能导致一些负面影响，诸如情绪困扰和身体症状，比如头痛和胃痛，但通常是可控的。

2. 长期压力

个体长时间处于高压状态下，比如，为一个总是让你超负荷工作并不断批评你的老板工作，个体会感到沮丧、疲惫不堪，患上身体和心理疾病的风险增加。

三、压力应对

无论压力来源于何处，无论压力好坏与否，接下来的内容都将帮助你利用自身优势，提高并创造新的应对技能，从而平衡内心的波动。我们或多或少都有自己处理压力的方法。搞清各种方法的利弊，有助于选择合适的减压策略。

2014 年的一项关于请志愿者在实验者面前唱卡拉 OK 的研究表明，那些在唱歌之前被要求说“我很激动”的志愿者，比那些被要求说“我很紧张”的志愿者，在唱歌时出错更少，对自己的能力更有信心。通过重新描述处境和他们对处境的反应，“激动”的唱歌志愿者能够将压力转化为一种能量，这不但有助于改善他们的主观感受，而且有助于提高其客观表现②。

---

① 中国就业培训技术指导中心，中国心理卫生协会：《心理咨询师：基础知识》，中国劳动社会保障出版社，2017，第317页。

② 英国 DK 出版社：《压力心理学》，安林红，秦广萍译，电子工业出版社，2019，第 54 页。

应对压力是一个宽泛概念，涵盖了使威胁局势变得更加可控的所有想法，以及采取的所有措施。心理学将压力应对策略分为两种基本类型："以问题为中心"和"以情绪为中心"。我们有时需要通过解决问题来应对压力，有时则需要通过控制情绪来应对压力。这些应对策略哪些最适合，很大程度上取决于个体所处的环境。针对当前的压力源，如何决定是采用"以问题为中心"还是"以情绪为中心"的策略来应对，可以参考图 5 - 3 所示。

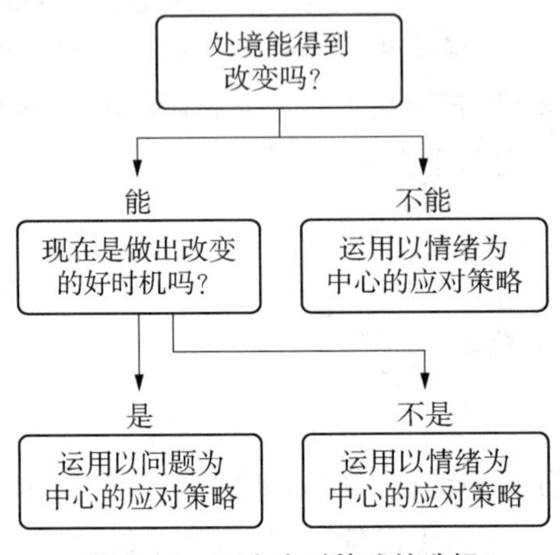

图 5 - 3　压力应对策略的选择

（一）以问题为中心的应对策略

在我们有能力改变的情况下，选择以问题为中心的应对策略通常更好。以问题为中心的应对策略主要在于处理压力源即外部的环境，确定问题，获得所有能帮助解决问题的相关信息，产生解决办法，采取行动以减轻或克服问题。需要强调的是，要学会借助外部环境及资源，寻求帮助和支持。面对同样的问题，可能当事人钻入了死胡同，苦思冥想，迟迟无法解决；而经过他人点拨，问题迎刃而解。比如，大学新生往往苦恼于不知道选择什么公选课、选什么样的参考书，因而感到一定的心理压力。在这种情况下，咨询一下学长学姐，问问他们的经验和感受，当下的困境可能会拨开云雾见青天。

下面是一些行之有效的问题中心策略：

(1) 对于社会环境性压力源，尤其是来自人际关系方面的压力而言，不要试图控制自己无法掌控的事物。例如，班级结构和同学个性，这些往往超出自己所能控制的范围。不过，我们要相信自己能够控制自己的行为、想法和感受，并让自己感到更加平静和自信。有些同学会遇到宿舍关系方面的压力，被欺负的压力会使自己变得更脆弱，以致于产生抑郁和焦虑倾向。心理学家将"欺凌"定义为使用权力和攻击使他人痛苦，表现为以下两种方式：一是直接欺凌，即公开表示威胁，如暴力、性骚扰和侮辱；二是关系攻击，即通过散布谣言和故意排斥而使他人痛苦。在这两种情况下，避开它们有时可能是最好的解决办法。这种状况可能会持续一段时间，在此期间会承受压力，所以要向社会支持力量（值得信赖的朋友、家人)求助,而且在计划避开消极的人时,就开始与积极的人相处,以充实自己的生活。

(2) 面对复杂的多任务时,要先确定完成任务的优先顺序。个体执行任务时,涉及到感知、注意、思维等多个过程。当你面对多项任务时,会不自觉地想一次把所有问题都解决。这种想法会让你的压力更大,效率也更低,可能最终所有任务都没完成。在大多数情况下,个体无法同时进行两个复杂任务,因为复杂任务往往需要有意注意,而有意注意一次只能指向一个对象。注意分为有意注意和无意注意,区别在于是否有预定目的和是否需要意志努力。比如,有些学生在大学期间考取了机动车驾驶证,回忆下你学车的过程。开始学开车时你会全神贯注,甚至到了全身紧张的地步,此时使用的是有意注意。当学会开车后,慢慢熟练了,开车就成了自动化的动作,不再去想开车的动作,也能自如地行驶了。这时,原来的有意注意就转化成了无意注意,有时把这种注意叫有意后注意。

(3) 如果我们将一项"脑力"任务和一项"机械"任务一起进行,此时的多任务处理是成功的,因为进行这两项任务使用的是不同种类的注意。例如,你刷题时和朋友打电话,这两者都需要有意注意,那么学习和与友人增进感情的目的可能都没达成。如果在叠衣服时打电话,只有一项任务需要有意注意,此时个体承受的压力也会大大降低。因此,一次执行一项复杂任务是最好的做法,这样也能更好地管理压力源,减轻压力。

学者杰夫·希曼斯基创建了一个简单的任务清单(见图 5-4),减少因精力过度分散产生的压力感。通过优先考虑最重要的事情,可以在提高效率的同时降低自己的心理压力。

任　务	任务描述	需要付出多少努力
A级任务 ★★★★	非常重要的工作。	挑选其中三件事,付出100%的努力,做到最好。
B级任务 ★★★	工作量适当,可以接受的工作。	每项工作付出80%的努力,做到很好就行了。
C级任务 ★★	简单工作,只需很小的努力。	足够努力就好。
D级任务 ★	耗时却不重要的工作。	不要在这个任务上浪费时间,把它放在一边,有空再做。

图 5-4　任务清单[①]

(二) 以情绪为中心的应对策略

以情绪为中心的应对策略主要涉及管理个体的压力反应,也就是个体自身的状态。无法控制自己所处的外部环境,这是很有可能遇到的情况;如果不能改变处境,那么改变对压力的

① 英国 DK 出版社:《压力心理学》,安林红,秦广萍译,电子工业出版社,2019,第 146 页。

反应，这在一定程度上能减少压力源造成的负面影响。在某些情况下，只要我们选择的策略能有效解决情绪问题而不是试图回避，在短期内运用以情绪为中心的应对策略可能是正确选择。但是，某些以情绪为中心的错误的应对策略会导致更多问题，比如下面这些：

（1）酒精或毒品。它们或许能起到短暂缓解压力的作用，但可能导致更多健康问题，甚至让人产生依赖性。

（2）饮食无度。吃垃圾食品或过多食物都不利于健康，因为会导致体重增加，进而可能伤害我们的自尊。

（3）沮丧。纠缠于糟糕的状况中不能自拔，往往会使事情变得更糟。

（4）幻想。沉迷于一厢情愿的想法，会令人对现实感到不满。

（5）逃避。拒绝面对，不能解决问题。

（6）指责。自责增加了患抑郁症的风险，而责备他人会造成关系疏远。

下面是正确的以情绪为中心的应对策略。

（1）改变认知，运用信念的力量。按照心理学家凯利·麦格尼格尔（Kelly McGonigal）的说法，我们对压力的看法与压力源对我们健康造成的影响有很大关系。如果懂得如何把适度的压力看作一种有益的体验，对我们的身心都有好处。如果容易想到最坏的情况，就容易感到压力。如表 5-1 所示，列出了 3 种常见类型的扭曲思维，但随着认知重构，人们可以学会控制这种倾向。

表 5-1　3 种常见类型的扭曲思维①

认识扭曲	情形	例子	换一种说法	支持新说法的反例
非黑即白的极端思维	如果不够完美，就一定毫无希望	“我考试不及格——我是白痴”	“这张卷子对每个人来说都很难”	“张三和李四也失败了，他们以前都做得很好”
草率下结论	读心术和算命——预测灾难	“自从我们约会以后，他就没打过电话，他不想和我在一起”	“昨天才约会过。也许他太忙了，还没来得及给我打电话”	“在我们上次约会时，他说他过得很愉快，说我是个很有魅力的人”
乱贴标签	根据一次行为去判断一个人	“我刚刚泄露了一个朋友的秘密，我是个坏朋友”	“不小心说漏嘴了，我会尽力弥补”	“我仍然是一个值得信赖的人。仅仅一个错误不能改变这一点”

延伸阅读

哈佛大学进行的一项实验中，在进行压力测试前，研究人员告诉参与测试的人，他们的压力反应都是有利的，心跳加速是为下一步的行动做准备，呼吸加快是为大脑

① 英国 DK 出版社：《压力心理学》，安林红，秦广萍译，电子工业出版社，2019，第 53 页。

提供更多的氧气。这些将压力反应视为有利的参与者，在整个实验过程中，感觉压力小了，焦虑少了，更自信了。更令人感到惊喜的是，观念改变后，他们对压力的生理反应也改变了，血管放松，血管的状态甚至和人在开心、受到鼓舞时差不多①。

（2）运动。运动可以平衡压力的化学物质，当我们受到刺激时，皮质醇和去甲肾上腺素的水平会上升，压力产生。运动也需要皮质醇和去甲肾上腺素，我们在运动时消耗这些脑部化学物质来降低对日常压力的反应。有规律的锻炼可以减少皮质醇数量，也可以降低长期压力带来的相关疾病的风险，如心脏病和抑郁症。此外，研究人员发现，运动对大脑产生了两个方面的积极影响：①促进大脑情绪调节区域的脑细胞生长，有助于减轻对压力的反应，这是一种中长期效应；②释放 γ-氨基丁酸，这是一种神经递质，对短期减少焦虑发挥主要作用。

换言之，运动使我们能够即刻获得快速平静的化学物质，而且有助于我们提高长期管理压力的能力。运动强度多大合适？试试参考图 5-5 所示。

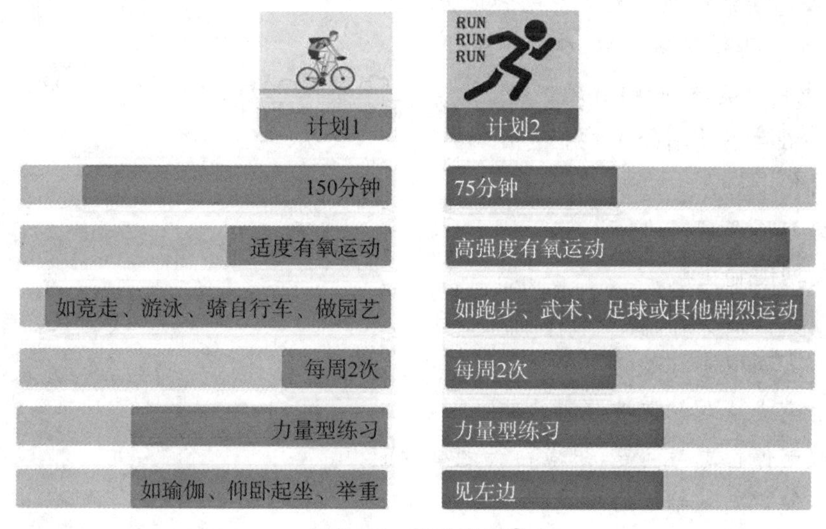

图 5-5　运动计划②

（3）获得社会支持。人是社会性动物，我们需要社会关系来保持心理和身体健康。朋友和家人等支持者能够为我们提供可以依靠的、抵御压力的强大保护。

有学者跟踪研究了志愿者在几天活动期间的皮质醇水平。志愿者对自己经历的任何负面事件每日都做了详细记录。结果显示，当面对消极事件时，志愿者的皮质醇水平上

---

① 资料来源：Kelly McGonigal，“How to make stress your friend”，https://www.ted.com/talks/kelly_mcgonigal_how_to_make_stress_your_friend，2013-06/2020-07-28。

② 英国 DK 出版社：《压力心理学》，安林红，秦广萍译，电子工业出版社，2019，第 176 页。

升，但如果他们有最好的朋友相伴，皮质醇则保持稳定[②]。有一个值得信赖的朋友在场，我们的身体在面对压力的时候感觉到的威胁要小。研究证明，朋友和家人的安慰可以弱化负面的压力反应。

(4) 寻求心理专业人员的帮助。有时候，我们可以自己解决问题，或在亲朋帮助下恢复。但是，如果压力巨大，难以忍受，你可能需要考虑找一位专业人员，帮助自己应对压力。精神科医生、心理咨询师、心理辅导员等都可以在你尝试管理压力时，提供支持和辅助。当做好准备时，仅仅决定寻求帮助，有时就能使压力得到一些缓解。

心理拓展

压力测评[①]

(1) 两个对你了如指掌的人正在讨论你。下边哪一项是他们最有可能谈论你的内容？

A. X这个人很合群，似乎没有什么事能烦扰他/她。

B. X很不错，但是你跟她/他说话时得留神。

C. X的生活好像总有不对劲的地方。

D. 我发现X喜怒无常，捉摸不透。

E. 我越少见X，心情就越舒畅。

2. 你在生活中有下列这些特征吗？

■ 消化不良。

■ 胃口不好。

■ 夜间睡觉失眠。

■ 在没有活动、气温不高时浑身冒汗。

■ 在人群中或有限的空间里惊慌不安。

■ 半夜或清晨经常被惊醒。

■ 缺乏停止思考问题、思考白天之事的能力。

■ 即使对充满希望的事也缺少动力。

A. 有

B. 没有

3. 你比以前(一年前)(　)。

A. 更乐观　　B. 大约一样　　C. 更悲观

4. 你喜欢看电视吗？

A. 喜欢　　B. 不喜欢

① 仲少华，蒋南牧：《新编大学生心理健康教程》，上海交通大学出版社，2012。

5. 你能在周末睡懒觉而不产生愧疚感吗？

A. 能　　B. 不能

6. 在合适的时候，你会把想法告诉老师、朋友或亲人吗？

A. 会　　B. 不会

7. 通常什么人在生活中替你作决定：

A. 你自己　　B. 别人

8. 在学校学习中受到批评，你通常（　）。

A. 很伤心　　B. 比较伤心　　C. 有点伤心

9. 你结束了一天的学习后，对自己当天的学习感到满意吗？

A. 经常　　B. 有时　　C. 偶尔

10. 你是否觉得多数时间都没有能力解决与同学间的矛盾？

A. 是　　B. 不是

11. 你必须完成的功课是不是超过了原先限定的时间：

A. 通常是　　B. 有时　　C. 很少

12. 你对学习厌倦了吗？

A. 经常　　B. 有时　　C. 很少

13. 你是否总担忧着功课、学业？

A. 经常　　B. 有时　　C. 几乎没有

14. 你觉得自己的能力和学业成绩得到恰当评价吗？

A. 是　　B. 不是

15. 假如把喜欢自己的程度划分为5级，5为非常喜欢，1为非常不喜欢，你会把自己评为第几级呢？

A. 1　　B. 2　　C. 3

D. 4　　E. 5

记分方法：

1. A0　B1　C2　D3　E4

2. A1　B0

3. A0　B1　C2

4. A0　B1

5. A0　B1

6. A0　B1

7. A0　B1

8. A2　B1　C0

9. A0　B1　C2

10. A1　B0

11. A2　B1　C0

12. A2　B1　C0

13. A2　B1　C0

14. A0　B1

15. A4　B3　C2　D1　E0

测验得分说明：

0～7分：生活中的压力对你来说不是问题，你能承受压力。

8～14分：对于一个终日忙于学习的人而言，这是一个中等程度的压力。因此，如何合理缓和压力值得你思索。

15～21分：压力对你来说显然是个问题。采取应对措施是必要的，在这种压力程度下，学习的时间越长，解决它就越困难。需仔细研究减压的办法。

22～27分：在这个程度上，压力算是一个很突出的问题了，必须立即采取减压措施或寻求帮助。

专题六 〉他人的力量——人生必修课

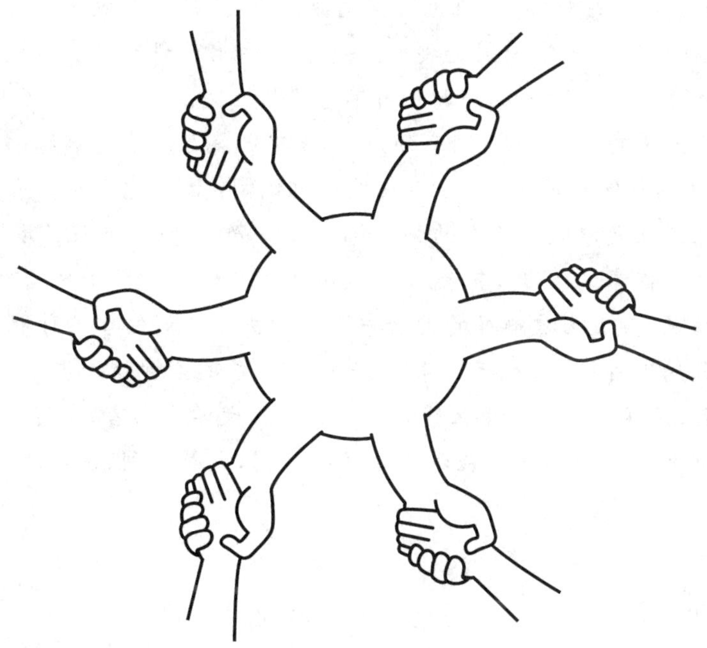

单元导读

大学生的主要活动都是在与人交往的过程中实现的,并且对于人际交往有着强烈的渴求。与他人建立良好的人际关系,不仅可以使我们打破生活中的寂寞,还可以获得安全感和归属感,得到支持与理解,给人精神上的愉悦和满足,促进身心健康。可以说,每个人都离不开人际交往。本专题将带领大家领略人际交往的魅力,了解人际交往的原则与技巧,帮助大家完善自我和提高交往技能,进而发展良好的人际关系。

案例导入

蓝风是大二的学生，是学生干部，学习成绩优秀，但人际关系较紧张，不仅与寝室同学相处不好，就连班上的许多同学也无法正常交往，在同学们心目中，他是一个清高、傲慢的人，实在不好接近，虽然成绩优秀，但他的其他方面则令人不敢恭维。蓝风也为此很头疼，只要是他主持的活动项目，同学们似乎都有意不参加，好像故意和他作对，而他本人长期坚持的做人准则就是我行我素，万事不求人。他几乎不接受别人的帮助，也认为自己没有帮助别人的义务。他成绩好，每当班上同学向他求教时，他要么说不知道，要么就在给别人讲完之后，将别人奚落一顿，有时还要加上一句“拜托你上课时认真听讲，下次不要再来问我这么简单的问题。”时间一长，同学们都不愿意与他交往，人际关系越来越差。蓝风也对自己的人际关系状况十分不满意，感到孤独，没有归属感。有时孤独感令他窒息，他焦虑甚至恐惧，但不知如何改善现状。因为他自己也纳闷：我究竟有什么问题?①

美国卡内基工业大学对一万人的档案记录进行分析，结果发现：“智慧”“专门技术”和“经验”只占成功因素的15%，其余的85%取决于良好的人际关系。哈佛大学就业指导小组调查的结果“数千名被解雇的男女中”，人际关系不好的比不称职的人高出两倍；在每年调动工作的人员中，因人际关系不好而无法施展其所长的占90%以上②。良好人际关系的建立，是现代人的人生必修课之一。对于大学生而言，良好人际关系的建立，积极人际交往的开展，既是将来适应社会生活的必需，也是顺利、快乐地度过大学生活的前提。

一、人际关系概述

人际交往
第一课

（一）人际交往的概念

自从有了人和人类社会，就有了交往，因而，从历史的层面来说，人类社会的发展史也是一部交往史，人与人之间的交往与人类历史一样悠久。那么，什么是交往呢？从词源上看，交往一词来自拉丁语“Communis”，意指共同的、通常的，作为其延伸形式的英文词为“Communication”，意思是交流、沟通、传达、交换信息及联络等。据此，交往的意义是多重的，它既可以是人与人之间的关系，也可以是纯粹的信息传达或传播等。人际交往是指在社会生活中，人们运用语言符号系统或非语言符号系统交流信息，沟通情感的过程。

人是社会性动物，与他人进行有意义的交往是人类社会生活的前提。心理学家Baumeister等人指出：归属的需要(need for belong)是人类最重要、最基本、最广泛的社

① 资料来源：《大学生人际关系案例分析》，https://www.hnca.edu.cn/xljk/info/1064/1290.htm。
② 李露萍：《提高大学生人际交往能力的研究》，沈阳农业大学学报(社会科学版)，2004-09。

会动机。Larson在研究人们的时间利用时也发现人们大部分时间与他人在一起(青少年74%,成人71%),并且和他人在一起的时候,个体表现得更快乐、警觉和兴奋。Wal对大猩猩和猴子的比较研究暗示这种亲密需求存在着生物基础,也就是说,人们寻求与他人交往、交朋友并进一步发展为亲密关系的倾向源于自身生存的遗传特质。为了生存,人们需要和他人交往。

而人际交往的意义不仅在于通过良好的人际交往建立的大量的、良好的人际关系网络,能够为我们将来所用,所谓"多个朋友多条路"。其更重要的意义在于人际交往的状况直接影响着大学生的心理发展及心理健康水平。对于正在学习、成长中的大学生来说,人际交往是生活的基本内容之一,人际交往本身就是促进个体发展,维持心理健康的一个重要途径。

(二)人际交往的功能

1. 在交往中成长

人的成长,或者说人的心理发展,包含知识、技能、智慧、情感、态度、社会规范、价值观、性格等许多方面的发展,这中间没有一样可以脱离人的社会交往环境而得到发展。心理学的研究结果表明,儿童与其抚养者之间通过积极的交往形成的稳定的亲密关系是童年期身心正常发展不可缺少的条件。如果儿童缺乏与成人的正常交往以及由此建立起来的亲密关系,不仅其性格发展会出现问题,甚至智力也会出现明显障碍。例如,孤儿院里的孩子与普通孩子比各方面指标都落后,而被普通家庭收养后,心理交往的状况发生根本改变,其智力发展很快赶上正常孩子[①]。因此,儿童在与成人的社会交往过程中会获得相关学习:获得知识、发展智能、体验情绪情感、习得对周围的人和事的态度、形成性格等。正常的人际交往是每一个人心理正常发展的几乎唯一的途径,儿童是通过社会交往成长为一名社会成员的。

如果说儿童早期是在人际交往的过程中获得了发展,成为一名准社会成员,那么进入大学以后,人的这种社会化进程还在继续。与童年时代不一样的是:大学以后,大学生进一步扩大了横向交往的空间,由过去更多地与成人交往过渡为更多地与同龄人进行交往。这种由纵向人际交往向横向人际交往的转换,进入一个更公平化的人际交往环境,这对于人的成长来讲是重要的。同学间的相互鼓励、帮助、争论、碰撞、冲突,以及由此产生的相互理解、妥协、统一等,都有助于大学生进一步学会监控自己、体恤他人,形成更加成熟的心智,最终成长为一个真正的社会成员。所以说,没有人可以脱离别人而存在,更没有一个人可以脱离社会交往而成长。

2. 在交往中维持心理平衡

社会交往是人类的基本需要之一,因此,社会交往对于人的意义不仅在于为人的发展提供了外部环境与内容,其意义还在于:正常社会交往需要的满足是维持人类心理健康的重要保证。人们通过社会交往,实现情感与信息的互换,有助于维持个体正常的心理平

---

① 资料来源:《大学生人际关系与心理卫生》,http://mind.studa.com/2005/5-18/25823.html。

衡。美国社会心理学家沙赫特曾做过将几位普林斯顿大学的学生与世隔绝的实验，当这些受试者从实验室出来后，都出现了神情呆滞、动作不协调、恐慌、甚至幻觉的症状。人本主义心理学家马斯洛将人的需要由低到高分解为五个层次，分别是：生理需要、安全需要、社交需要(归宿和爱的需要)、尊重的需要、自我实现的需要。社交需要位列第三，可见其对于人生意义之重要。

心理学研究表明，如果个体长期缺乏与别人的积极交往，缺乏稳定的良好人际关系，会导致明显的性格缺陷。而健康的个性总是与健康的人际交往相伴随的。心理健康水平越高，与别人的交往就越积极，越符合社会的期望，与别人的关系也越深刻。心理学家奥尔波特发现个性成熟的人，同别人有良好的交往与融洽的关系，他们可以很好地理解别人，容忍别人的不足和缺陷，能够对别人表示同情，具有给人以温暖、关怀、亲密和爱的能力。

大多数大学生的心理危机总是与缺乏正常人际交往和良好人际关系相关联，在宿舍里，同伴之间的心理交往状况，往往决定了一个大学生是否对大学生活感到满意。那些没有在宿舍中形成友好、合作、融洽的人际关系的大学生，常常表现出压抑、敏感、难于合作的特点，情绪的满意程度低。在融洽的宿舍里生活的大学生，则以注重学习与获得成就，乐于与人交往和帮助别人为主流。离开了正常的人际交往，人的心理健康难以维持，难怪亚里士多德曾说，喜欢独处的人，不是野兽便是神灵①。

(三) 当代大学生人际交往的特点

随着社会越来越多元化，大学生越来越成为难以概括的一代。高职校园里的人际交往也难以用一两个词语来加以描述，或许“矛盾”本身就是高职学生人际交往的一个特征：

1. 情感与功利并存

从整体上看，高职大学生比较重视人际交往中情感成分，交往过程中，大多数学生都很在意对方的情感反应，强调双方的情感相容性。有关调查显示：几乎每个大学生寝室都有过按年龄大小进行排行的经历，一个寝室的几个同学就像一个家庭的几个孩子一样，按大小排序，谁是大哥、大姐，谁是小弟、小妹，分得很清楚。同学间平时的称呼，也不叫名字，而是叫老大老二、姐姐妹妹之类。在学生社团的活动中，为了让大家多参与、多配合，组织者常用“兄弟们多帮忙”之类的话来调动大家的积极性，这时同学之间的互相配合不仅仅是“组织”层面的，更是个人感情层面的，同学之间的称呼世俗化倾向②，反映出大学生的人际交往有排斥政治文化，更侧重个人亲情性交往的倾向。从另外的角度看，大学生也常常因为情感的对立而导致矛盾与冲突，甚至是人际关系的破裂，这也在一定程度上反映大学生的人际交往过程中情感因素的重要性③。

与此同时，随着社会的发展变化，大学生在社交目的上也趋于“理性化”，选择什么样

---

① 孤独、寂寞及其他：http://chenjinguo.blogchina.com/.

② 新学子：当代大学生研究报告，http://www.cycrc.org/cnarticle_detail.asp? col=2&id=77。

③ 马新建，当代大学生的人际交往，中国青年研究，2002-05

的人交朋友，并不纯粹是出于情感和志同道合，交往的动机已变得很复杂。可以说，大学生的人际交往在注重情感交流的同时，越来越注重与自身社会利益相关的务实性，呈现出情感型交往与功利型交往并重的趋势。如有的学生在社交中结交一些“大款”，以自己能把朋友的车开到校园里来为荣，还拿自己“有身份”的朋友在同学面前炫耀，甚至出现了个别女生“傍大款”的现象。

2. 开放与封闭同在

进入大学后，没有了学习的重压，大学生有着更多的机会走出家门，走进公共场合，结交更多的朋友，交流更多的信息，接受更多的新思想。在这种心理的作用下，大学生的人际交往呈现出前所未有的开放式交往趋势，表现在：一是交往的范围扩大，交往对象由以前的亲戚、邻居、成长伙伴转向大学同学和在社交场合认识的其他人，其中又以同学交往为主。同学交往不局限于同班同学，已发展到同级、同系甚至是同校的可认识的所有同学。不仅是同性之间的交往，异性交往也很经常。二是交往频率提高，交往由偶尔的相聚、互访发展到较为经常的聊天、社团活动、举行聚会、体育活动、娱乐、结伴出游以及其他一些集体活动。三是交往手段更多，由原来的互访、通信等转向使用一切现代化的通信设备、交往工具、交往场所等。交往手段的发展使大学生的人际交往变得更方便、更快捷，交往距离更远，交往范围甚至可以扩展到世界范围。

尽管大学生的人际交往相对于中学生在交往对象、交往频率与手段上都表现出了前所未有的开放性，但“寝室壁垒”现象依然是大学校园里的一个明显特征。大学生虽然主动追求开放式的人际交往，但由于时间、精力、生活环境、经济条件等方面的限制，交往的主要场所仍然在校园内，交往的中心是学生的寝室。在大学校园里，常常可以看到三三两两的大学生结伴而行，几个同学一起逛街、逛公园、吃饭、看电影、下棋打牌。这些同学大多是同一寝室的室友，同寝室的同学之间大多能够相互帮助、相互照顾，但寝室之间也常有隔阂。

3. 人际交往水平参差不齐

大学生中，有的人交往水平高，人际关系如鱼得水；有的人际交往能力差，两者悬殊。北京理工大学的冯宗侠[①]的调查显示：大一学生中，人际交往能力较强的占 53.3%，人际交往能力一般和较差的占 46.7%；大二人际交往能力良好的占 57.6%，人际交往能力一般和较差的占 42.4%；大三人际交往能力良好的占 62.9%，人际交往能力一般和较差的占 37.1%。这样看来部分大学生在人际交往中存在一定的问题或者存在较严重的交往障碍。

虽然很多大学生从心理上积极主动地去与他人交往，并且很注意学习社交知识，但实际效果并不理想，与自己的预期要求还有较大差距。北京师范大学心理研究所沃建中老师评价他的研究生说：“有的研究生不懂得怎样尊重他人，怎样与他人交往，缺乏与人交往的基本知识和技巧。他们想做好，又不知道怎么做。”

① 冯宗侠：《大学生人际交往能力现状调查研究》，《北京理工大学学报(社会科学版)》，2004 年第 4 期。

身边的故事

刘，为了获得别人的重视，千方百计地要与其他同学一块吃饭，一块行走，即使洗脸，也要拉上个伴。为了使自己不再孤独，她常花钱请客。假如别人不跟她说话，她便会胡乱猜想，人家会不会认为她不好，搞得自己心绪不宁。

4. 网络社交正在成为一种流行

随着计算机与网络技术的普及，网络社交越来越成为大学生社会交往中的一个重要组成部分。网络的交互性、无限性、快捷性、大容量性，迅速得到了大学生青睐。在网络所带来的等距离的生存空间里，人们之间的交往变得没有时间和空间的限制（网络没有边界）；没有语言和文化的障碍（大学生都基本掌握了一门外语）；没有东方与西方的差异（网络世界没有了身份证明），而变得无限扩大为全球化了。这使得大学生找到了一个进行平等交往的没有更多身份限制的交流平台，可以进行自由平等的交流对话。通过与有共同志趣爱好的网友进行交流，共同学习、探讨感兴趣的话题，越来越成为大学生获得信息的一种方式。除此以外，网络能给大学生提供情感上的交流，在日常交往中人们多半是报有理性思维，但是网络给了人们“虚对虚”的空间和时间，因此有人因对方心情不好会放弃睡眠陪她聊天，也有人无所谓金钱和体力为网友寻找资料四处奔波。① 种种迹象表明，在大学生中，网络越来越成为一种为现实交往服务的交往工具，越来越多的大学生通过微信、微博、电子邮件等网络交友形式来认识新朋友、完成信息情感交换，这大大拓宽了大学生的社会交往面。尽管有学生表示网上交流再怎么方便，也没有面对面交流那样让人感觉亲切和真实，但毫无疑问，网络已经成为大学生人际交往中一种流行的方式。

高职学生在人际交往中所表现出来的这样一些“矛盾”特质，既体现了高职学生人际交往的特点，也催生了高职学生人际交往的问题：社会交往压力大，许多高职学生都能意识到人际交往是成功进入社会的一门重要的必修课程，迫切希望改变自己的社会交往状况，然而理性的功利选择总是与情感的自然选择构成矛盾与冲突，加之部分同学社会交往经验与技能的不足，这让部分大学生感受到了明显的心理压力；社会交往偏差，大学生在人际交往中所表现的出来的急切的开放姿态，与其相对封闭的交往环境造成的社会交往的偏差，常常使得有些大学生不能正确选择交往的对象与方法，造成社会交往偏差。

二、人际交往的原则与技巧

每个成长中的大学生，都希望自己生活在良好的人际关系气氛中，保持良好的人际交

① 苗青，谢萍，《大学生网络交往调查研究》，西安电子科技大学学报（社会科学版），2003 年 3 月。

往状态。那么个体应该从哪些方面加以努力呢?

(一)人际交往的三大法则

1. 交互法则

现实生活中,每个人都是天生的"自我中心者",都希望别人能承认自己的价值,支持自己,接纳自己,喜欢自己。这种寻求自我价值被确认和情绪安全感的倾向,使得人们在社会交往中,更重视自己的自我表现,注意吸引别人的注意,期望被别人接纳。这种以自我为中心而不是以别人为中心的倾向是人际交往困难的根本原因之一。美国社会心理学家阿伦森的研究表明,人际关系的基础是人与人之间的相互重视、相互支持。任何人都不会无缘无故地接纳我们、喜欢我们。别人喜欢我们的前提是我们也要喜欢他,承认他的价值。人际交往中的喜欢与厌恶、接近与疏远是相互的,对于真心接纳我们,喜欢我们的人,我们也更愿意接纳对方,愿意同他们交往并建立和维持关系;对于疏远、厌恶我们的人,我们也会对他表示相应的疏远与厌恶。

心理学家福阿夫妇1975年研究表明,任何人都有保护自己心理平衡的稳定倾向,都要求自身同他人的关系保持某种适当性、合理性,并依此对自己与他人的行为得以解释。这样,当别人对我们表示友好、接纳和支持时,我们也感到应该对别人报以相应的友好,这种"应该"的意识会使我们产生一种心理压力,接纳别人,否则我们的行为就显得不合理。与此同时,如果我们友好的行动被别人接纳后,我们也希望别人做出相应的回答,如果别人的行动偏离了我们的期望,我们会认为别人不通情理,从而产生一种不愉快的情绪体验,对对方产生心理排斥。这就是所谓的交互原则。

在人际交往的过程中,人们首先遵循的就是交互原则。当你以某种方式去对待别人时,别人也倾向于用同样的方式来对待你。反过来讲,当别人以某种方式对你表示友好时,如果得不到你相应的回应,那么这种交往很可能会以失败告终。正如古人所云"爱人者,人恒爱之"。

延伸阅读

人际吸引的三个重要原则

相似性原则:人们往往更喜欢那些与自己相似的人。这里所说的相似性不是指客观上的相似性,而是人们感知到的相似性。相似包括很多方面,如地位、外貌、能力等。

互补性原则:当两个人的角色作用不同时,互补性原则起着重要作用。互补性指人们喜欢那些与自己个性品质相反的人。

邻近性原则:在其他条件相等时,人们倾向于喜欢邻近的人。[①]

---

① 俞国良:《心理健康》,北京师范大学出版社,2016,第92页。

2. 功利法则

心理学家霍曼斯①提出，人与人之间的交往本质是一个社会交换过程，人们希望这种"交换"对自己来说是值得的，希望在交换过程中至少得等于失，不值得交换是没有理由去实施的，不值得交换的关系也没有理由维持，所以人们的一切交往行动及一切人际关系的建立与维持都是根据一定的价值观进行选择的结果。对自己来说值得的，或得大于失的人际关系，人们倾向于建立和保持；对自己来说不值得，或失大于得的，人们就倾向于逃避、疏远或终止。

随着人们的价值观倾向不同，人际交往中有可能存在着不同的社会交换机制。对重内在情感价值的人而言，他们在人际交往中个人情感卷入更多，因而有明显的重情谊、轻物质的倾向，与别人的交换倾向于增值交换过程。他们在人际交往中感到欠别人的情分，因此在回报时，往往也超出别人的期望，这种过程的循环往复就导致了交往双方都感到得大于失。然而，对重外在物质利益的人而言，他们在人际交往中重物质利益意识多于个人情感的投入，因此倾向于用物质来衡量自己的得失，在人际交往中处于减值交换。

人际交往中的功利原则暗示我们，人际交往不能只是一味地利用而不进行相应"投资"。反过来说，你给别人带来方便的同时，实际上也是给自己带来方便。

延伸阅读

美国南部的一个州，每年都举办南瓜品种大赛。有一个农夫的成绩相当优异，经常是首奖及优等奖的得主。他在得奖之后，毫不吝惜地将得奖的种子分送给街坊邻居。

有一位邻居就很诧异地问他："你的奖项得来不易，每季都看你投入大量的时间和精力来做品种改良，为什么还这么慷慨地将种子送给我们呢？难道你不怕我们的南瓜品种超越你吗？"

这位农夫回答："我将种子分送给大家，帮助大家，其实也就是帮助我自己！"

原来，这农夫所居住的城镇是典型的农村形态，家家户户的田地都毗邻相连。如果农夫将得奖的种子分送给邻居，邻居们就能改良他们南瓜的品种，也可以避免蜜蜂在传递花粉的过程中，将邻近的较差的品种转而传染给自己的南瓜，这位农夫才能够专心致力于品种的改良。相反地，若农夫将得奖的种子私藏，则邻居们在南瓜品种改良方面势必无法跟上，蜜蜂就容易将那些较差的品种传染给自己，他反而必须在防范外来花粉方面大费周折而疲于奔命②。

① 资料来源：https://www.docin.com/p-1003746336.html。
② 资料来源：http://www.ebud.net/fofabiz/fofabiz_20040407_1.html。

3. 自我价值保护

自我价值保护指人为了保持自我价值的确立，心理活动的各个方面都有一种防止自我价值遭到否定的自我支持倾向。当人们发现来自交往对方的信息符合自己的意愿时，自我支持力量的增加，我们乐意去维持良好的交往状况；当人们发现来自交往对方的信息与人们的期望相反，人们感受到自我价值面临威胁时，个体倾向于采用心理防御机制进行自我价值保护，尽可能维护自我价值的不变。

自我价值保护机制暗示个体在人际交往的过程中，渴望被尊重、被肯定。任何时候对他人的否定都有可能引起他人的不快，甚至反抗。

延伸阅读

处理不好同学关系的人大致有两类：一是过分维护自己，对别人缺少宽容，以自我为中心，言谈举止不考虑别人的利益。这种人在群体中不容易被接纳，常常不受人欢迎，是群体孤立的对象；另一种是过分求全，处处忍让。这种人一味迁就别人，别人对的他接受，别人不对的他也接受。有了意见也不肯提，怕伤了和气，怕别人对自己印象不好，怕别人"报复"自己。这种人看起来与世无争、与人为善，其实内心很压抑。缺少知心朋友，缺少倾诉对象的人容易出现抑郁症的症状，例如，少言寡语，不爱与人交往，退缩，或者出现少数极端不理智的行为(如伤害他人、自杀)等。

现在，请你辨析他们分别违背哪些人际交往的法则。

这些法则现在可以帮助我们澄清几个问题：人人都需要交往，你没有理由相信这个世界上有些人一开始就是不可接近的，或许他(她)和你一样，只是不知道怎么开始而已。当我们对别人微笑时，没有人会对我们瞪眼或者来打我们的脸。人人都需要回报，即使是那些先主动接近你的人。当你发现所有的人都在针对你的时候，你首先应该检查自己的行为是否让别人感受到了敌意，带着这些认识，我们可以进入下一环节了。

(二) 人际交往的技巧

1. 印象管理

印象管理是指一个人有意识地以一定方式去影响别人对自己的印象的过程，印象管理的目的是使别人对自己形成良好的印象。心理学家卡耐基认为要给别人留下良好的印象，需要注意以下几个问题：

(1) 真诚地对别人感兴趣。

(2) 微笑。

(3) 多提别人的名字。

(4) 做一个耐心的听众，鼓励别人多谈自己。

(5) 谈符合别人兴趣的话题。

(6) 以真诚的方式让别人觉得他很重要。

社会心理学家艾根则从人的身体姿势出发进行研究，他认为与陌生人相遇时，按照SOLER模式表现自己，可以明显地增加别人对我们的接纳性。S表示坐或站要面对别人；O表示姿势要自然放开；L表示身体微微前倾；E表示目光接触；R表示放松。

从描述中我们可以得出“我很尊重你，对你很感兴趣，我内心是接纳你的，请随便。”以此给对方留下轻松良好的第一印象。

2. 学会倾听

很少有人能经得起别人专心听讲所给予的暗示性赞美，然而我们在谈话中常常会有一种冲动，把溜到嘴边的话讲出来。为此，我们会变得对别人讲的话心不在焉，甚至急不可待地打断对方的讲话。还有一种人话匣子一打开，就再也收不住了，既不允许别人插嘴，也不在乎别人是否感兴趣。交谈中的这种自我中心倾向，虽赢得了一时的畅快，但也丧失了许多与别人深交的机会。只谈论自己的人，所想到的也只有自己，这是不受欢迎的。因为跟你谈话的人，对他自己的需求和问题更感兴趣。鼓励他人谈论他们自己、他们的感受、他们的成就是赢得友谊的有力保证。

延伸阅读

外表吸引力

人们最容易注意到的是他人的外表，在其他条件相同的情况下漂亮的人更招人喜爱。社会心理学研究显示，外表漂亮的人更容易引起周围人的注意，人际吸引力更强，更容易获得他人的帮助、有更多的约会机会、更受欢迎，也更容易获得职业上的成功，很可能还会有更好的身体和精神状态。例如，Walster在一项“电脑约会”的实验中发现不管是男性还是女性，漂亮的人总是更受欢迎。外表之所以有如此强烈的影响力，一是因为晕轮效应的存在，用Dion的话来讲就是“美的就是好的”。另一个因素是所谓的“漂亮的辐射效应”(radiating effect of beauty)人们认为让别人看到自己和特别漂亮的人在一起，能提高自己的社会形象，就像对方的光环笼罩着自己一样。

倾听不是被动的接收，而是有反馈的引导和鼓励。通过言语和表情告诉对方你能理解对方的描述和感受，可以使对方受到鼓舞。其实许多时候，倾听本身就包含了一系列人际交往的技巧。在倾听中经常使用的技巧有两种：

(1) 阐释。即把对方表达的含义用你自己的语言复述一遍，常常是有效的鼓励技巧之一。有意识地强化某一谈话主题(即对之表示出理解和兴趣，或是直接指出希望对方谈什么)可以引导谈话方向,使之更符合你的需要。

(2) 自我表露。真正可以深入下去的交谈必然是双向的。因而自我表露是另一项应该掌握的技能,即自信地袒露关于自己的信息——怎样想,有什么感受,对他人的自发信息如何反应等。这样有助于形成相容的心理气氛,将谈话引入深入、投机。

3. 准确的表达

“良言一句三冬暖,恶语伤人六月寒。”这两句话告诉我们交往时要注意运用语言的艺术。语言艺术运用得好,就能吸引和抓住对方,从内容到形式适应对方的心理需要、知识经验、双方关系及交往场合,使交往关系密切起来。相反,如果不注意语言艺术,往往在无意间就出口伤人,产生矛盾。

延伸阅读

魅力何来:人际吸引的秘密

《魅力何来:人际吸引的秘密》摘编自美国著名心理学家戴维·迈尔斯的超级畅销书《社会心理学》,以通俗易懂的语言揭示了吸引力产生的四个要素,即现实空间上的接近性、外表、相似性和被喜欢的感觉。这本书回答了我们关于人际关系的5个最主要的问题:友谊和吸引力,爱情,亲密关系的促进,亲密关系的结束,亲密关系与健康幸福。

(资料来源:百度百科)

(1) 称呼得体。称呼反映出人们之间心理关系的密切程度。恰当得体的称呼,使人能获得一种心理满足,使对方感到亲切,交往便有了良好的心理气氛;称呼不得体,往往会引起对方的不快甚至愤怒,使交往受阻或中断。所以,在交往过程中,要根据对方的年龄、身份、职业等具体情况及交往的场合、双方关系的亲疏远近来决定对方的称呼。对长辈的称呼要尊敬,对同辈的称呼要亲切、友好,对关系密切的人可直呼其名,对不熟悉的要用全称。

(2) 说话注意礼貌。正确运用语言,表达清楚、生动、准确、有感染力、逻辑性强;少用土语和方言,因为方言中一些习惯用法,以及某些特殊的语音语调,往往有特定地域特征及含义,别人可能不理解,容易导致误会,造成矛盾。

(3) 语音、语调、语速要恰当。要根据谈话的内容和场合,采取相应的语音、语调和语速;讲笑话要注意对象、场合、分寸,以免笑话讲得不得体,伤害他人的自尊心。

(4) 适度地称赞对方。每个人都希望别人赞美自己的优点。如果我们能够发掘对方的优点,进行赞美,他会很乐意与你多交往。但是赞美要适度,要有具体内容,绝不能曲意逢迎。真诚的赞美往往能获得出乎意料的效果。

(5) 避免争论。青年大学生喜欢争论,但争论往往是在互不服输、面红耳赤、不愉快甚至演化成直接的人身攻击或严重的敌意中结束。这对人际关系的影响是显而易见的。

因此大学生要尽量避免争论，而要通过讨论、协商的途径解决分歧。

(6) 非语言艺术。一般包括眼神、手势、面部表情、姿态、位置、距离等。掌握和运用好这种交往艺术，对大学生搞好人际交往是不可少的。“眼睛是心灵的窗户”“眼睛像嘴一样会说话”。面部表情是内心情绪的外在表现，它们均能表达人的态度和情感。如眉飞色舞表示内心高兴，怒目圆睁表示愤怒等。交往中还可用人体动作来表达思想，大学生在人际交往中根据谈话的内容和场合，正确运用非语言艺术，巧妙地表达自己的思想感情，有时能起到“此时无声胜有声”的作用。但非语言艺术要运用得恰到好处，不可过于频繁和夸张，以免给人手舞足蹈之感。

(7) 慎用批评。卡耐基认为，不论你用什么方式指责别人，如用一个眼神，一种说话的声调，一个手势等，或者你告诉他错了，你以为他会同意你吗？绝不会！因为你直接打击了他的智慧、判断力、荣耀和自尊心，这反而会使他想着反击你，决不会使他改变主意。即使你搬出所有柏拉图或康德的逻辑，也改变不了他的己见，因为你伤了他的感情。

因此，永远不要这样开场：“好，我证明给你看。”这句话大错特错，这等于是说：“我比你更聪明。我要告诉你一些事，使你改变看法。”那是一种挑战。那样会揭起战端，在你尚未开始之前，对方已经准备迎战了。但是，在人际交往过程中难免要对别人的错误观点表示反对，掌握批评与反对的艺术在此时显得十分关键。

延伸阅读

批评的艺术

批评应注意场合。批评要想奏效，必须尽量减少对方的防卫心理。如果我们在大庭广众下批评别人，对方很可能首先意识到自己的形象和自尊受损而不是自己所犯的错误。因此，他会马上以敌视的态度来反击你以保护受到威胁的自尊心。这样，你的批评除了增加对方的反感和抵触外，不会有任何效果。所以，批评应尽量在只有你们俩在场的情况下进行。

从赞扬和诚心的感谢入手。在此之前，我们已深知赞扬和感谢的作用，它可以提高对方的自信和自尊，从而在感情上接纳我们。在这种背景下，我们诚恳地提出批评，对方往往更容易接受。

批评对事不对人。比起一些具体的言行来，人们对自身的人格、能力等看得更重。如果你的批评含有贬低其能力、人品的意味，便容易激怒对方。如果你在肯定其能力、人品的前提下指出其某一个具体方面的错误，他(她)往往容易接受。如“按你的能力，这件事本来可以做得更好些。”“依你的为人，不该说出这种伤人的话，”等等。

批评应针对现在、而不要纠缠老账　如果习惯于用“你怎么总是……”之类的形式批评别人，是不会取得好效果的。因为这样的说法暗示对方："你旧习难改。"卡内基告诉我们：让对方感到自己的错误很容易改掉。这样对方往往会有信心去改变自己。另外，翻旧账的做法也容易引起对方的反感。一两件事可以归因于偶然，许多件事则更可能归因于人品，所以翻旧账等于在贬低对方人品。

解释有关受欢迎主题的研究很少，但已知一些事实。受欢迎的人一般都吸引他人，是大家效仿的榜样。通常这些人都是领导型，在工作场合，受欢迎的老板比不受欢迎的老板占很大优势：职员们旷工很少，士气较高，紧张程度较低，生产效率较高；受欢迎的人一般在家中排行靠后，他们的社会技巧更多，因为他们与兄弟姐妹和其他人相处的时间较长。

其他社会学家发现，儿童可以改进他们受欢迎的程度。他们训练三、四年级的小学生学习礼仪、倾听技巧和其他社会交往技巧，他们的研究取得了显著成果。接受训练的儿童能与同龄人更好的相处，表现出更多的关心，成人也是一样，社会交往是和读书一样的技巧，可以通过录像、谈话和团体咨询掌握。

人际交往
——宿舍

三、人际交往中常见的问题及调适

（一）人际交往中常见的问题

从心理学的角度看，高职学生在人际交往方面遇到的具体问题，概括起来有三个方面：

1. 人际关系不和谐

人际关系不和谐在实际生活中有多种表现：

第一类：缺少知心朋友。这类大学生通常多能正常交往，人际关系也不错，但自感缺乏能互吐衷肠、肝胆相照、配合默契、同甘共苦的知心朋友，为此，有时不免感到孤独和无奈。

第二类：与个别人难以相交。这类大学生与多数人交往良好，但与个别人交往不良，他们可能是室友、同学或父母等与自己关系比较近的人，由于与这些人相处不好，常会影响情绪，成为一块"心病"。

第三类：与他人交往平淡。这类大学生能与他人交往，但总感到与人相处的质量不高，缺乏影响力，没有关系比较密切的朋友，多属点头之交，没有人值得他牵挂，也没有人会想念他，他们难以保持和发展良好的人际关系。这类同学多会感到空虚、迷茫、失落。

第四类：人际适应困难。这类学生在生活中总是觉得别人跟自己过不去，处处为难自己。常常声称其他同学联手孤立自己，自认为自己没有不是，经常为此愤愤不平，人际冲突频繁。

身边的故事

蔡，女，20岁，某高职院校二年级学生。自诉：我入学已一年半了，但和同学关系总是处不好。不知从什么时候起，周围的人好像都不喜欢我，讨厌我，甚至排斥我。有的人一见到我就掉头走开；有的人还在背后嘀嘀咕咕议论我。为这，我心里很烦，不知道周围的人为什么不喜欢我？您能帮助我解决这个问题吗？

2. 缺乏社会交往的技能

这一类学生由于缺乏社会交往的主动意识，或者是缺乏社会交往的技能，使得他们虽然在内心有着强烈的人际交往的愿望，却难以获得期望的人际关系。他们经常为此感到苦恼，很希望改变社交状况，但很少有成功的体验。

身边的故事

李，女，大学一年级新生，新生入学时的心理健康测试（SCL－90）分值未见异常，班主任觉得该生很少与他人结伴行走，常独来独往。开学二个月后，班主任将其推荐给学校心理辅导员，要求给予关注与干预。李自幼家境贫寒，开学数月尚未缴纳分文学费，家庭严重不和睦，并遭受到周围邻居歧视，导致自己有强烈的自卑情绪。李性格内向，对于孤独，她如此解释：其实有时也很想和同学们一起玩，可是不知道怎么加入他们中去，即使和他们在一起，也不知道说什么，只能当一个听众；很羡慕那些能说会道的同学，特别想和他们做朋友，想和他们讲话，可是一坐到那里就不知道说什么；有时一句话要在心里重复很多遍才能说出来，可是别人有时还听不见，自己不会再重复第二遍；我也想像他们一样啊，可是我没这个能力呀！他们肯定会觉得我老没意思的，不会跟我玩的，我索性自己一个人去看看书也挺好的。

3. 社交恐惧

这类大学生对人际交往特别敏感、害怕，极力回避与人接触，不得不交往时则紧张、恐怖、心跳加快、面红耳赤，难以自制，总是处于焦虑状态。他们害怕自己成了别人注意的中心，害怕自己在别人面前出洋相，害怕被别人观察。总担心自己会出现错误而被别人嘲笑，总处于一种莫名的心理压力之下。甚至在公共场所出现，对他们来说都是一件极其恐怖的任务。

社交恐怖症的躯体症状：口干、出汗、心跳剧烈、想上厕所。周围的人可能会看到的症状有：红脸、口吃结巴、轻微颤抖。有时候，患者发现自己呼吸急促、手脚冰凉。最糟糕的结果是患者会进入惊恐状态。

社交恐怖症是非常痛苦，严重影响患者生活工作的一种心理障碍。许多一般人能够轻而易举办到的事，社交恐怖症患者却望而生畏。患者可能会认为自己是个乏味的人，并认为别人也会那样想。于是患者就会变得过于敏感，更不愿意打搅别人。而这样做，会使得患者感到更加焦虑和抑郁，从而使得社交恐怖的症状进一步恶化。许多患者改变他们的生活，来适应自己的症状，因此他们（和他们的家人）不得不错过许多有意义的活动。

身边的故事

柳，女，二十一岁，某大学三年级学生。她认为自己是个怪人，有个害羞的怪毛病。两年多来，从不与人多说话，与人说话时不敢直视，眼睛躲闪，像做了亏心事。一说话脸就发烧，低头盯住脚尖。心怦怦跳，肌肉起鸡皮疙瘩，好像全身都在发抖。她不愿与班上同学接触，觉得别人讨厌自己，在别人眼中是个怪人。最怕接触男生，只要有男生出现，就会不知所措。对老师也害怕，上课时，只有老师背对学生板书时才不紧张。只要老师面对学生，就不敢朝黑板方向看。常常因为紧张，对老师所讲的内容不知所云。更糟糕的是，后来在亲友、邻居面前说话也不自然了。由于这些毛病，她极少去社交场所，很少与人接触。自己曾力图克服这个怪毛病，也看了不少心理学科普图书，按照社交技巧去指导自己，用理智说服自己，用意志控制自己，但作用就是不大①。

（二）人际交往问题的调适

1. 我好——你也好，我行——你也行

美国著名心理学家爱利克·伯奈依据个体对自己和他人所采取的基本生活态度，提出了四种人际交往模式：

A 模式：我不好——你好，我不行——你行（自卑、恐慌）。

B 模式：我不好——你也不好，我不行——你也不行（不喜欢自己也不喜欢别人）。

C 模式：我好——你不好，我行——你不行（骄傲自大，自以为是）。

D 模式：我好——你也好，我行——你也行（理性、理解、宽容、接纳）。

人在生命的初始是依赖于周围的人而生存的，与周围的成人相比，儿童常常感到自己的无能，因而从小就有自卑感，因而在潜意识中形成了 A 模式。人的成长过程也就是逐

① 资料来源：http://www.yjsc.wust.edu.cn/data/news/200481610316.jsp。

渐克服这种心态的过程。有的同学由于在个体社会化过程中，尚未完全摆脱儿时形成的这种心理行为模式，因而在人际交往中常常表现出不同程度的自卑和恐慌，最为极端的表现是社交恐惧症。

B模式不喜欢自己也不喜欢别人，既看不起自己也看不起别人，既不会去爱人也不能体验和接受他人。

C模式常常表现为充满优越感，骄傲自大，自以为是，总以为自己是对的，别人是错的，自己对别人好而别人对自己不好，并为此感到愤愤不平，把人际交往失败的原因都归咎于他人的责任。

这三种交往模式都会阻碍人际交往，并且不利于心理发展和心理健康。成熟的、健康的应该是D模式，具有这种心态的人能充分体会到自己向上的强大的理性能力，相信自己也相信他人，爱自己也爱他人。这种人不是十全十美的人，却能客观地悦纳自己和他人，正视现实，并努力去改变自己能改变的事物，善于发现自己、别人和外部世界的光明面，从而使自己保持一种积极、乐观、进取、和谐的精神状态。

2. 别让偏见蒙蔽你的眼睛

人际偏见是人际交往对象及其与自己的关系所形成的一种带有刻板性的错误认识，是人际交往过程中的大忌，在人际交往过程中必须注意克服。只有克服了偏见，你才能对他人做出全面、客观的评价，这在人际交往过程是至关重要的。由于偏见导致相互的误解，最终导致人际关系失败、破裂的情况，在大学生的人际交往中时有发生。

延伸阅读

偏见实验

这是一个著名的心理实验。一家视觉工作室请六个专业摄影师，给同一个人拍肖像照。拍摄之前，工作人员分别向摄影师们描述了这个拍摄对象的身份：他是一位白手起家创业致富的百万富翁，他是一名救生员，他是一个出狱的囚犯，他是一个职业渔民，他是一个灵媒，他是一个成功戒酒的酒鬼。之后，六张肖像照被挂在了一起。每一张照片都准确、生动、传神地表现了肖像照主人的身份：这是很大的一张面部特写，眼神犀利，微微翘起的嘴角，显得如此志得意满，他是百万富翁；这是一张扭过来的侧脸照，锃亮的光头，大鼻子，目光尖锐，嘴巴抿着，看上去牙关是紧咬的，身后是大面积的阴影，让人觉得沉重，他是出狱的囚犯；这是一张如此灿烂的笑脸，敦厚、善良，给人温暖和安全感，他是救生员；他坐在沙发上，双手平放在膝盖上，目光犀利，洞穿镜头，他只占了半个画面，另一半画面是一张空椅子，他仿佛是在等待什么人，整个画面给人一种隐隐不安的诡异感，他是一个灵媒……

但这个被拍摄的人，既不是出狱的囚犯，也不是救生员；既不是渔民，也不是百万富翁；既不是酒鬼，也不是灵媒。这六个身份，其实都与他无关。他也不是演员，没有瞬间进入角色的能力。可是，当他被当作囚犯、救生员、渔民、百万富翁、酒鬼和灵媒之后，摄影师们居然将他拍出了这六张迥然不同的脸。

这个实验是想告诉人们，当一个人被先入为主地假定为某种身份后，他的身上，可能就真的能找到那个身份所具备的特定潜质，偏见也就是这样产生的。①

人际交往——效应

延伸阅读

常见的人际偏见

晕轮效应 简单的理解，晕轮效应就是指看到某人的一种优点、优势，进而将其放大变成了笼罩全身的“光环”，甚至原来的缺点也被掩盖或者蒙上了一层夺目的光彩。与之相反，有时我们也会因为看到别人身上的某一缺点，而将其放大，以至于掩盖他的其他优点，俗称“黑子效应”。这种个人认知的最大失误就在于以偏概全，不能客观评价当事人的优点与不足。

首因效应 社会交往中，个体首次获得的信息在最终影响的形成上后来获得的信息具有更大的影响作用，这一现象被称为首因效应。由于首次接触交往对象，个体难以获得全面、客观的信息，因此，第一印象往往是不准确的，容易导致社会认知偏差。

刻板印象 刻板印象指人们对社会上某一类事物产生的比较固定的看法，也是一种概括而笼统的看法。常常表现为对某一种职业、某一地区、某一性别、或某一年

① 资料来源：https://www.wuyida.com/chengyudaquan/2018/1124/87305.html

龄阶段的人们形成较为固定的看法。例如，人们通常觉得英国人有绅士风度、聪明、因循守旧、爱传统、保守，美国人民主、天真、乐观、友善、热情。当人们采用这些较为固定的看法去看待某一个具体的人时，有可能出现偏差。[①]

3. *人人爱君子*

交往主体的个性品质是影响人际交往的一个重要因素，不良的个性品质是人际关系的毒药，加强个性修养有助于我们获得良好的社会关系。具有什么样品质的人最容易形成良好的人际关系呢？心理学家安德森的研究结论也许能为我们提供一点借鉴意义，研究表明受喜爱程度最高的六种人格品质依次是：真诚、诚实、理解、忠诚、真实、可信。个性品质受喜欢的程度如表 6－1 所示。

表 6－1　个性品质受喜欢的程度

高度喜爱的品质	中性品质	高度厌恶的品质
真诚	固执	古怪
诚实	刻板	不友好
理解	大胆	敌意
忠诚	谨慎	饶舌
真实	易激动	自私
可信	文静	粗鲁
智慧	冲动	自负
可信赖	好斗	贪婪
有思想	腼腆	不真诚
体贴	易动情	不善良
热情	羞怯	不可信
善良	天真	恶毒
友好	不明朗	虚假
快乐	好动	讨厌
不自私	空想	不老实
幽默	物欲	冷酷
负责	反叛	邪恶
开朗	孤独	装假
信任别人	依赖别人	说谎

4. *缺点有时也可爱*

心理学的研究中还发现个人的才能、相貌等也是影响社会交往的重要因素。在一定范

① 资料来源：https://dy.163.com/article/EHVU4CSI0522BR69.html

围内，个体的才能与其在人际交往过程中的受欢迎程度呈正比例关系，但并非一个人能力越高，越完善，就越能受到欢迎。研究结果表明，实际上在一个群体中最有能力、最能出好主意的人往往不是最受喜爱的人。在工作实践中，我们常常遇到这样的学生，因为他的出类拔萃反而失去了同学的喜欢与信任。这是因为，人都希望自己周围的人有才能，并有一个令人愉快的人际关系圈。但如果别人的才能使人们可望而不可即，则会产生心理压力。这是因为很多人都不愿意选择一个总是提醒自己无能和低劣的对象去喜欢。正所谓“木秀于林，风必摧之”。因此，一个才能出众但偶尔有点小错误的人在一定程度上比没有错误的人更受欢迎。

5. 调整好心态

人际交往过程的一些消极心理现象是形成人际交往问题的不可忽视的原因，在投入交往之前一定要注意调整好心态，避免出现以下消极心理现象。

(1) 逆反心理。有些人总爱与别人抬杠，以此表明自己的标新立异。对任何事情，不管是非曲直，你说好他偏偏说坏；你说一，他偏说二，你说辣椒很辣，他偏说不辣。逆反心理容易模糊是非曲直的严格界限，常使人产生反感和厌恶。

(2) 排他心理。人类已有的知识、经验以及思维方式等需要不断地更新，否则就会失去活力，甚至产生负效应。排他心理恰好忽视了这一点，它表现为抱残守缺，拒绝拓展思维，促使人们只在自我封闭的狭小空间内兜圈子。

(3) 做戏心理。有的人把交朋友当作是逢场作戏，往往朝秦暮楚，见异思迁，且喜欢吹牛。这种人与人之间的交往方式只是在做表面文章，因而常常得不到真正的友谊和朋友。

(4) 功利心理。有的人认为交朋友的目的就是为了“互相利用”，因此他们只结交对自己有用、能给自己带来好处的人，而且常常是“过河拆桥”。这种人际交往中的占便宜心理，会使自己的人格受到损害。

(5) 冷漠心理。些人对与自己无关的人和事一概冷漠对待，甚至错误地认为言语尖刻、态度孤傲，高视阔步，就是自己的“个性”，致使别人不敢接近自己，从而失去了更多的朋友。

(6) 猜疑。有猜忌心理的人，往往爱用不信任的眼光去审视对方和看待外界事物，每每看到别人议论什么，就认为人家是在讲自己的坏话。猜忌成癖的人，往往捕风捉影，节外生枝，说三道四，挑起事端，其结果只能是自寻烦恼，害人害己。

(7) 自负。这种人只关心个人的需要，在人际交往中表现得目中无人。高兴时海阔天空，不高兴时则不分场合乱发脾气，全然不考虑别人的情绪。另外，与别人初识时往往过于亲密，讲一些不该讲的话，反而会使人出于心理防卫与之疏远。

(8) 自卑心理。有些人容易产生自卑感，甚至瞧不起自己，只知其短不知其长，甘居人下，缺乏应有的自信心，无法发挥自己的优势和特长。有自卑感的人，在社会交往中办事无胆量，习惯于随声附和，没有自己的主见。这种心态如不改变，久而久之，有可能逐渐磨损人的胆识、魄力和独特个性。

(9) 怯懦心理。主要见于涉世不深，阅历较浅，性格内向，不善辞令的人。怯懦会阻碍自己计划与设想的实现。怯懦心理是束缚思想行为的绳索，理应断之，弃之。

(10) 腼腆。腼腆有三种情况：一是生性内向、沉静；二是由于过于自爱，过于重视自己的言行；三是在旅途中曾遭受某种挫折，而变得消极被动。对第一种情况，要加强性格锻炼，对第二、第三种情况，要改变观念，树立生活的信心，并培养交际技巧。

以上这样心理现象，对人际交往产生消极的影响，在人际交往的过程中应当注意予以克服。有时当我们战胜了这些心理，所有的人际交往困惑都一扫而光了。

6. 换位思考

这对建立良好的人际关系很重要。如果我在他的位置上，我会怎样处理？经常站在对方的角度去理解和处理问题，一切就会变得简单多了。一般而言，善于交往的人，往往善于发现他人的价值，懂得尊重他人，愿意信任他人，对人宽容，能容忍他人有不同的观点和行为，不斤斤计较他人的过失，在可能的范围内帮助他人而不是指责他人。懂得你要别人怎样对待你，你就得怎样对待别人。懂得己所不欲，勿施于人。懂得得到朋友的最好办法是使自己成为别人的朋友。懂得别人是别人而不是自己，因而不能强求，与朋友相处应存大同，求小异。真诚被认为是人际关系的核心。

延伸阅读

积几十年研究和体验之精华，卡耐基向世人展示了在与人相处时避免伤害的艺术。

卡耐基简述了他与其侄女之间的相处经历。几年以前，他的侄女约瑟芬·卡耐基，离开堪萨斯市的老家，到纽约担任卡耐基的秘书。她那时十九岁，高中毕业已经三年，但做事经验几乎等于零。而现在，她已是西半球最完美的秘书之一。

不过，在刚刚开始工作的时候，她的身上还存在许多不足。有一天，卡耐基正想开始批评她，但马上又对自己说："等一等，戴尔·卡耐基。你的年纪比约瑟芬大了一倍，你的生活经验几乎是她的一万倍。你怎么可能希望她有与你一样的观点，你的判断力，你的冲劲——虽然这些都是很平凡的。还有，你十九岁时又在干什么呢？还记得你那些愚蠢的错误和举动吗？"

经过诚实而公正地把这些事情仔细想过一遍之后，卡耐基获得结论，约瑟芬十九岁时的行为比他当年好多了，而且他很惭愧地承认，他并没有经常称赞约瑟芬。

从那次以后，当卡耐基想指出约瑟芬的错误时，总是说："约瑟芬，你犯了一个错误，但上帝知道，我所犯的许多错误比你更糟糕。你当然不能天生就万事精通，成功只有从经验中才能获得，而且你比我年轻时强多了。我自己曾做过那么多的愚蠢傻事，所以我根本不想批评你或任何人。但难道你不认为，如果你这样做的话，不是比较聪明一点吗？"

假如一个人一开始就谦虚地承认，他也可能犯错误，并不是无懈可击的，那么别人再听他评断自己的过失，也许就不会难以入耳了①。

---

① 资料来源：《卡耐基人际关系心理学》，http://www.easysea.com/jingji/jj-knjr/001.htm。

7. 主动交往

人际交往本质上是一个互动的过程，但许多时候互动链的运行需要有人激发。事实上，许多交际成功的人往往会主动激发开启人际互动链。即他们往往首先向别人发出友好的信号，主动关心别人，主动帮助别人，主动与人打招呼，以此打开了人际交往的局面。在社会交往中，那些主动去接纳别人的人，在人际关系上往往较为成功。所以，改善人际关系首先是改变自己，通过改变自己来改变别人。

（1）主动而热情地待人。心理学家发现，热情是最能打动人，对人最具吸引力的特质之一。一个充满热情的人很容易把自己的良性情绪传染给别人。一个面带微笑的人很容易被他人接纳，人们更容易喜欢那些对自己感兴趣的人。威廉·詹姆斯曾说过，只要你对别人真心感兴趣，在两个月之内，你所得到的朋友，就会比一个要别人对他（她）感兴趣的人，在两年内所交的朋友还要多。

（2）帮助别人。心理学家们发现，以帮助与相互帮助开端的人际关系，不仅良好的第一印象容易确立，而且人与人之间的心理距离可以迅速缩短，使良好的人际关系迅速建立起来。日常生活中的患难之交正说明这点，所谓“雪中送炭”的心理效应，锦上添花就不很重要。

延伸阅读

春秋战国时期中山国君在一次喜庆佳节时设宴招待群臣，君臣觥筹交错，喜笑颜开，中山君向群臣劝酒时，偏偏无意之中唯独遗忘了一个叫司马子期的人。司马子期认为这是中山君故意冷落自己，所以怀恨离去，并且越想越气，干脆投奔了楚国，并向楚王说了许多中山君的坏话，并煽动楚王讨伐中山国。楚王听信了司马子期的话，即以司马子期为向导，派大军直取中山国。由于中山君毫无防范，在楚军兵临城下时只身一人仓皇出逃，却发现有两人提剑持戈紧紧尾随。中山君惊恐不安，慌不择路，误入野草莽林，眼看尾随的二人越来越近，只好坐以待毙。不料那两人赶到近前，竟放下武器叩首说道：“我兄弟二人特来保驾”。中山君问道：“小王何能，敢劳二位壮士？”兄弟俩道出原委：“先父临终时叮嘱我们，中山王曾以斗米救过为父之命，日后中山王若有急难，你们定要以死相报。”原来如此，于是中山君万分感慨地叹道：“吾以杯羹亡国，却以斗米而得忠烈之士，得乎？失乎？”①

（3）积极的心理暗示。生活中不难发现，有的人身上仿佛有一种魔力，周围人都乐于聚在其身边，这类人往往能在短时间内结识许多人。心理学研究表明，这类人大都具有良

① 资料来源：http://www.jxnu.edu.cn/jgsz/jx/jingpinkc/sxddxy/dzja/ja05.htm。

性的自我表象和自我认识："我是一个受人欢迎的人，我喜欢与人交往。"这样的心态使人以开放的方式主动地走向人群，他们心地坦然，很少有先入为主的心理防御，因而言谈举止轻松自在，挥洒自如。在这种人面前，很少有人会感到紧张或不自在，即使一些防御心理较强的人也会受其感染而变得轻松、开放起来。同学之间的交往，许多时候都是在紧张的学习之作求得一种轻松感，所以能满足这一愿望的人自然会有一种吸引力。

心理拓展

你受人欢迎吗?①

格罗格·马克思嘲弄地说："我不会参加任何吸收我入会的俱乐部"，这是说他的自信是零的一种风趣表达. 庆幸的是，我们大多数人都不在这个范围内，我们对自己感觉良好，还算快乐。赢得自信的一个很有效的方式是得到社会认可，就像是他人对我们的价值投了信任票. 换句话说，他人决定着我们的价值感。

心理学家发现，受欢迎的都是"中间派"，热心接受所在团体的态度和观点，思维方式不走极端，此外，这些人掌握了与他人形成成熟的，长期关系的社会技巧。

你受人欢迎吗？下面的测试会评估你与他人相处得怎么样，以及/或你提高社会技巧的潜能如何？

(1) 过去的一个月中，我收到至少两次社会邀请。

是　　否

(2) 我的朋友有了问题征求我的建议。

是　　否

(3) 他人开我玩笑时，我通常和大家一起笑，没有憎恨感。

是　　否

(4) 有些朋友向我倾诉私人秘密。

是　　否

(5) 有烦心事时，我很容易向朋友求助，依赖我。

是　　否

(6) 过去两年中，我积极参加了至少两个社会团体。

是　　否

(7) 我通常经认识的人结交新的朋友，而不是自己结交新朋友。

是　　否

(8) 我选择和某人做朋友主要看有无共同利益。

是　　否

---

① 狄克. 拉波波特：《性格测验测试大挑战》，北方文艺出版社，2005，第 96 页。

(9) 我至少在 1/3 的社会聚会上迟到。

是　　　否

(10) 我不喜欢依赖他人,也不鼓励他人依赖我。

是　　　否

计分:回答与下列答案相符的,每题得 1 分,然后计算总分。

(1) 是;　(2) 是;　(3) 是;　(4) 是;　(5) 是;

(6) 是;　(7) 否;　(8) 否;　(9) 否;　(10) 否。

接下来看你受欢迎的程度属于哪个范围:

得分在 8～10 分:你受欢迎的程度或者说将来受欢迎的程度,高于平均值,你的朋友圈子很广。

得分在 5～7 分:同大多数人一样,你受欢迎的程度稳定,属于中等。

得分在 0～4 分:你较喜欢独处,不是受欢迎的类型。

专题七 亲密关系的秘密——恋爱与性

单元导读

根据美国心理学家埃里克森的人格发展八阶段理论，进入成年早期的高职生在顺利渡过同一性危机后逐渐进入“亲密对孤独的冲突”这一阶段。该阶段，他们渴望亲密关系的建立，不少高职生开始了追求爱情的青春体验。由于高职生自我尚未成熟，此时面对两性关系，常常无从判断自己需要什么，什么样的人更适合自己，那么高职生如何修好爱情这门人生大课？“恋爱与性心理教育”的开展，无疑是给高职生的一把人生钥匙，一是引导学生了解性心理以及自身恋爱心理的特点和发展，形成对爱情的正确认识；二是学会在恋爱中感受爱与被爱，树立正确的恋爱观和性心理观念，发展爱的能力；三是学习如何处理与异性之间的关系，能够理智地处理恋爱中的各种矛盾，从而以更加饱满的热情投入到大学的学习和生活中去。

案例导入

王某(男)与李某(女)是某高校大三学生,两个人的入校成绩都很好,在新生军训时两人都担任了班干部,因为经常交往所以慢慢产生了感情,军训时就开始恋爱。两个人海誓山盟,赠送礼物,但大二的时候,王某就开始忙于踢足球,参加各种社团活动,不再像以前那样每天花大量的时间陪李某,李某认为王某没有遵守爱情承诺,欺骗自己的感情,怀疑王某喜欢上了别的女生,她经常找王某哭闹,王某自己也解释不清楚为什么不像以前那样有激情了。两人都为彼此目前紧张的关系而烦恼[①]。

一、爱情概述

爱情三角理论

(一) 爱情的内涵

爱情是男女双方基于一定的客观物质基础和共同的生活理想,以互爱为前提,以互相倾慕为基础,并渴望对方成为自己终身伴侣的最强烈、稳定、专一的感情。可以说,爱情是人类情感中最复杂、最微妙的感情,是一个既古老又常新的话题,千百年来,爱情几乎是所有不朽的诗歌、戏剧和文学艺术的题材,也是人生绝大部分悲欢离合的根源。爱情不同于亲情,亲情是无条件的、永久的、血脉相连的、无法选择的。爱情是两个互不相识的人,经过相互关注、接触,进而不断发展的一段亲密关系,爱情是有条件的(需要考虑双方物质基础、理想信念、外貌等),是恋爱双方自愿的,具有选择的自主性等特点。爱情又不同于友情,友情是两个人或者多个人由于共同的职业、个性、爱好、兴趣、地域等原因而形成的一种诚挚、亲密、互相信赖的感情,友情具有广泛性、共享性,而爱情具有专一性,爱情的对象只能是一个,并且无法与别人分享。

(二) 爱情三角理论

著名的心理学家罗伯特·斯滕伯格(Robert. Sternberg)曾提出爱情三角理论,这是目前公认的影响力较大的爱情理论,该理论认为,爱情虽然复杂多变,但基本上由三种成分构成,即激情、亲密和承诺。

爱情中的激情包括强烈的情感表现,由于他人强有力的吸引,对他人产生强烈、着迷的想法。爱情的第二个成分是亲密,指爱情关系中渴望和对方一道建立更有凝聚力的和谐关系,如愿意和他在一起,愿意和他交流心声等。爱情的第三个成分是承诺,指投身于爱情的决定以及维持爱情的努力,比如通过订婚、结婚等方式来表达对这段关系的承诺。

---

① 潘小莉:《大学生心理健康教育》,高等教育出版社,2016,第 150 页。

斯腾伯格形象地将爱情三个成分比作三角形的三个边，这样就构成八种爱情面貌（见图 7-1）。

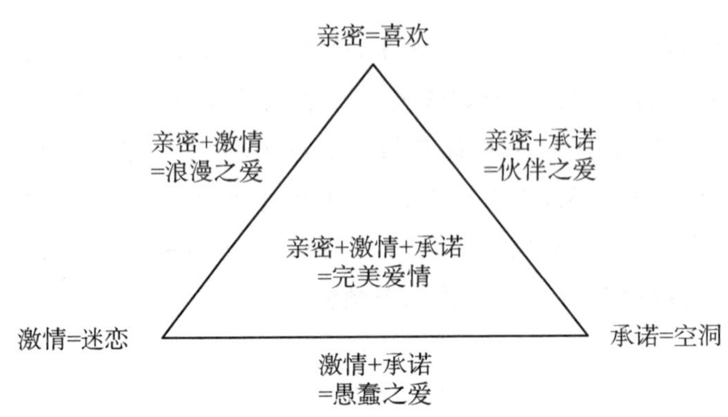

图 7-1 八种爱情面貌

（1）无爱。在一段关系中，如果没有亲密，没有激情，也没有承诺，爱就不存在，两个人也许是陌生人，也许仅仅是熟人而不是朋友，彼此的关系是随便的、肤浅的。

（2）喜欢。当亲密程度高但激情和承诺非常低的时候，人们会产生喜欢。这个时候我们会发现喜欢与爱的区别，喜欢不会产生激情，更不会产生与之共度余生的想法。

（3）迷恋。迷恋中有着强烈的激情，但缺乏激情和承诺。例如“一夜情”其实属于迷恋，因为一时的吸引，两个人走到一起。

（4）空爱。空爱是指没有亲密或激情的承诺，比如，在中国古代包办婚姻当中，婚姻的第一个阶段，往往就是空爱，当然，这种包办的婚姻在现代社会逐渐被淘汰。

（5）浪漫之爱。如果在一段关系当中，有亲密，有激情，而没有承诺，我们将这种关系称为浪漫之爱，有一句话很好地诠释了浪漫之爱，“不在乎天长地久，只在乎曾经拥有”。浪漫的感觉会让人上瘾，科学家研究表明，当人坠入爱河时，个体视觉、听觉、嗅觉、味觉和触觉并用，这时候大脑会分泌多巴胺，扰乱神经中枢，引发“快乐”的感觉，它使人迷乱、失去理性、判断能力下降，甚至失魂落魄、患得患失等。

（6）相伴之爱。它是亲密和承诺的结合。这是一个双方努力维持的深度而长期的友谊，比如，很多年老的夫妻之间随着年轻时的激情消失，而逐渐形成相伴之爱。

（7）愚蠢之爱。这是一种缺失亲密的激情和承诺的结合，比较常见的就是“闪婚”，两个人因为一时的吸引，立下承诺，所以愚蠢之爱一般是带有风险的。

（8）完满的爱。当爱情中的三种成分，即激情、亲密和承诺都存在于一定的关系中，我们称之为“完满的爱”，这也是大家比较向往的一种爱情方式。

爱情的三个成分随时间的变化会发生一定的变化，两个人一开始距离的拉近缘于激情，随后亲密关系迅速发展，承诺关系也处于缓慢上升阶段。斯腾伯格认为，在亲密关系占据最主要的位置之前，真正的爱情并没有产生。当爱情以承诺与亲密为主的时候，这份爱情相应地会持久一些。这提醒我们，爱情需要生长和创造，需要耐心地经营。

（三）高职生多样化的恋爱观

恋爱观

恋爱观是指一个人针对恋爱问题所持的观念，它不仅决定个体将选择什么样的人作为恋爱对象，而且对一个人未来家庭及婚姻等产生影响。一个人的恋爱观很大一部分取决于他或她的人生观、世界观和价值观。在众多的高职生恋爱中，不同的理想、信念、思想、人生观和心理素质，形成了不同的择偶标准和恋爱行为，呈现出多样化的恋爱观。恋爱观是否正确，很大程度上决定了你的恋爱过程是否顺利。恋爱观的不同便会产生不同的恋爱类型。

1. 动力型

恋人们努力扬长避短，自觉注重自身的修养，使自己变得更美好、更优秀，同时也能互相帮助和互相鼓励，达到共同进步与发展。比如著名的物理学家居里夫妇，中国建筑学家梁思成与林徽因夫妇等。

2. 享乐型

有些高职生认为人生短暂，应及时行乐，把恋爱当作娱乐。有的高职生受青春期本能的驱使或受有性爱描写的影视文学作品的影响，进行模仿尝试，追求性刺激。这些学生只注重追求感官上的愉悦，而忽视爱情的伦理因素。无疑，这是一种不健康的恋爱类型。

3. 功利型

这是一种非常势利的实用主义恋爱类型。有些高职生以恋爱作交易以换取个人利益，或者以门第、家产、地位、名誉为恋爱条件。

4. 伴侣型

这是高职生中比较传统的观点，部分高职生认为，大学期间是恋爱的最好时机，感情真挚纯洁，很少夹杂家庭、职业、住房等世俗方面的因素。

5. 从众型

部分高职生看到周围的人谈恋爱了，受到虚荣心和从众心理的影响，也盲目寻求恋爱。

6. 感情寄托型

处在青春期年龄阶段的高职生，正值“心理断乳”时期，部分学生存在孤独感、寂寞感、压力感。通过恋爱寻找心理慰藉，以排除内心的孤独。

（四）高职生恋爱能力的培养

人人都需要爱，但不见得我们都会爱，爱是一种情感，也是一种能力。爱的问题从来都不只是一个对象问题，而是能力的问题，而且这个能力是可以去发展和创造的。爱情是人类最难的学校，恋爱只是爱情生活的第一步，在人生漫长的道路上，积极发展爱的能力，是整个人生的任务。

1. 爱自己的能力

若想找到挚爱，你必先成为挚爱。其实，我们都希望能够去爱其他人，更希望能获得更多来自他人的爱，可是一个人，只有首先爱自己，才能爱其他人，也才能获得更多的来自他人的爱。

2. 表达爱的能力

具备表达爱的能力，就应懂得爱是什么，知道自己喜欢什么，需要什么，适合什么。当心中有了爱，在理智分析之后，要敢于表达，善于表达。

3. 接受爱的能力

当他人向你表达爱时，能及时准确地对爱做出判断，并做出接受、谢绝或再观察的选择。

4. 拒绝爱的能力

当生活中出现了你所不愿得到的求爱时，你应该理智、果断、婉转地拒绝对方。此时，要掌握恰当的拒绝方式，善于运用一种充满关切、尊重和机智的方式向对方表示自己的意愿和歉意，这样既尊重了自己，也尊重了这份真挚的情感，切不可优柔寡断，贻误他人。

5. 发展爱的能力

恋爱是人生一次重要的成长机会。一方面，正确的恋爱观，合适的恋爱对象，理智的恋爱方式能使我们的人格发展得更加成熟；另一方面，在爱情发展的过程中，双方要有意识地培养自身的人格美，展示个人魅力，这种魅力可以是能力，也可以是个性品质，提高自己在对方心目中的形象，使爱情获得稳定发展。

6. 提高恋爱挫折承受力

恋爱的过程容易受多种因素的影响，因而在追求爱情的过程中遇到各种波折在所难免。这就要求高职生需要具有良好的心理承受力，能坦然地表达爱、接受爱，承受求爱的拒绝或自己拒绝接受爱所引起的心理冲击，保持内心的平衡。要善于提高处理各种爱情问题的能力，在每一次挫折中发现成长的机会，不断提高恋爱挫折承受力。

二、高职生常见的恋爱心理困扰及调适

（一）恋情至上

所谓恋情至上，是指把恋情放在人生最重要的位置，一切都以恋情为中心。有些高职生把恋情放在人生的第一位，是爱情为高职生生活的第一需要，认为“没有恋爱，活着就没有意义”，整天沉溺于所谓的“恋爱”之中。比如在大庭广众、众目睽睽之下，旁若无人地接吻拥抱、勾肩搭背、做出一些令人不堪入目的边缘性行为，致使旁人不得不退避三舍。一旦失去这种“爱”，就消极伤感，悲观厌世。还有一些高职生恋爱不能很好地控制情感，恋人不在身边，就坐立不安、茶饭不思、夜不成眠甚至精神恍惚，影响健康和学习。

恋情至上者需要增强自身的自主性和独立性，把对对方的部分情感转移到学习和工作上，认识到生活中还有比爱情更重要的东西，这就是个人的社会化发展和人生价值的追求，努力从学习和工作中寻找新的乐趣。更为重要的是，当你更加独立，更加成功时，你会变得更有吸引力，你的爱情也会更加顺利。

（二）多角恋

陶行知先生曾说，爱之酒，甜而苦。两人喝，足甘露。三人喝，本如醋。随便喝，毒中毒。恋爱是严肃的，来不得半点随便；恋爱是专一的，来不得一丝游戏。可是一些高职生，感情不专一，朝三暮四，见异思迁，频繁地更换恋爱对象。在他们心目中，没有什么忠贞的恋情而只是寻欢作乐。有的高职生以追求自己的人多而感到自豪，以恋爱为游戏，玩弄他人的情感；有的高职生出于争强好胜、爱慕虚荣等心态，同时与几个人相恋，扮演“多角恋”的角色。这些反映了当事人在恋爱过程中角色的混乱和内心动机冲突的状态，如果解决处理不当，容易引发爱情悲剧。

如果陷入上述困境，当事人需要冷静思考，分析自己需要的是什么？是否充分了解自己或另一方的思想感情？你是爱上对方这个人还是欣赏对方的某个优点？应当正确认识到爱情的选择性和排他性，区分爱情和好感的关系，尽早做出取舍，逐渐回归至专一的恋爱关系，享受爱情的美好。

（三）单恋

单恋，也称“单相思”，有两种情况：一种是指异性关系中的一方在不知不觉中爱上了另一方，却得不到对方回报的单方面的爱情；另一种是爱情错觉，指在异性间的接触来往关系中，一方错误地认为对方对自己有意或者把双方正常的交往和友谊误认为是爱情的来临。单恋是恋爱心理的一种认知情感的失误，使学生常常陷入痛苦的境地，如果处理不好，将对学生的学习和生活甚至身心健康产生消极的影响。

应对单恋，首先，要学会充分地认识自我，自己的需求是什么？是看重对方的什么特质；其次，要学会准确地观察和分析，对方的“有意”是热心肠，还是真的对你有意思。一旦单相思发生，可以鼓足勇气，克服羞怯心理，大方地表达自己的感情，如果被接纳，爱的快乐就取代了等待的痛苦；如果不被接纳，则应该面对现实，勇敢地抛弃幻想，寻找真正属于自己的感情。

（四）失恋

在失恋中成长

爱情是把双刃刀，是喜乐和伤痛的根源，是容易拿得起，但就是最难放得下的东西。一旦爱情受挫、失败而中断，我们称之为失恋。在高职生中失恋成为越来越普遍的现象，失恋带来的虚无、焦虑、忧郁、悲伤、痛苦、绝望、甚至自我否定等情绪致使当事人身心遭受极大伤害，造成严重的心理挫折。如果不及时引导、化解失恋学生的消极情绪，会导致学生的身心疾病，甚至带来不堪设想的严重后果。

面对失恋的痛苦，失恋者首先，要正确认识失恋，失恋是一种丧失，认识到失恋带来的虚无、焦虑、忧郁、悲伤、痛苦、绝望、甚至自我否定等情绪都是人类面对丧失的正常反应，努力让自己放轻松，让时间慢慢将你疗愈。也可以换个角度解读失恋，大多数高职生总认为无法持久的恋爱关系是失败的，事实上，就算只维持几个月的关系也可以是成功的，每一场恋爱关系都有它存在的意义，可以帮助你重新认识自己；其次，失恋者要学会在行动中疗愈失恋，可以试着优雅转身。当一方心意已决，另一方最迷人的姿态，就是优雅地转身离去，用感激代替怨恨，谢谢对方一起创造了许多美好时光。用庆幸代替诅咒，告诉自己：幸亏在结婚前就能发现对方的本性，结婚后再知晓就更伤人了。

延伸阅读

生死学大师伊丽莎白·库伯勒罗斯(Elisabeth Kübler-Ross)提出，当一段关系破裂，双方被剥夺了情感依赖感对象后，在自我正视且坦然的面对现实之前，我们会经历以下五个情绪阶段[①]：

第一阶段：否认现实(denial)

在分手之初，一时间还无法接受原本熟悉且亲密的伴侣，已经离开你生活、不再有交集这事实。这时候，刚分手男女容易因一些日常已养成的“情侣小习惯”，唤起还在恋爱中的感受，让你无法接受这个事实，然后在心里出现“我们并没有分手”“不可能就这样结束”……否认想法。

第二阶段：愤怒(anger)

进入此阶段后，情绪已从爱逐渐转为恨，以负面情绪来告诉自己，就是“怎么可以这么无情冷血就结束”“他凭什么这样对我”……把分手的所有罪过都推到对方身上，以检讨对方的方式，好让自己内心能获得些许安慰及解答。

第三阶段：妥协、讨价还价(bargaining)

走到这个阶段时，开始从检讨对方转换成自我检讨，此时内心可能会不断出现“如果我换个方式，他是否会回头”“如果我改变，他是否会重新接纳我”、……等“假设“念头开始不断在脑中滋生。

第四阶段：忧郁沮丧(depression)

结束上一阶段的自我审视及反省后，你会开始陷入重重忧郁及沮丧之中，这时候你或许会对什么事都提不起劲，在内心不断浮现“觉得自己很没用没能留住他”、“这样的人生还有什么意义”……负面想法。此时是分手后情绪最谷底的一个时段，很需要朋友家人的陪伴，以及自我意识到个人情绪的低落与忧郁，并适时寻求他人协助。

第五阶段：接受现实(acceptance)

走过以上检讨对方以及自我反省的阶段后，你终于能有较为理性的想法，如“分手很痛苦，但我应该要好好过下去”“失恋了没关系，希望下一个会更好”……这些坦然接受失恋状态的念头，都表示你已逐渐走出失恋的伤痛。

---

① 分手后必经历的5个阶段你都懂吗？https://www.sohu.com/a/292089958_100268314。

三、性心理安全

恋爱中的
性与爱

圣经里说，亚当和夏娃闲来无事，在伊甸园里溜达，夏娃对亚当说："听蛇说，那片果园的果子很好吃，咱们要不要尝尝呢？"亚当张望了一眼对面的果园，无奈地说："神不许我们吃。"夏娃失望地叹了口气。聪明的亚当偷偷地从果园里捡来种子，自己种了起来。不久，种子就发芽了长成了一棵大树，而且长出了诱人的果实。每到傍晚，亚当和夏娃就手牵着手来到树下，开始幸福的幻想。终于，在一个美妙的傍晚，夏娃摘了一个果实和亚当吃了起来，且一吃不可收拾，忘记了神的警告偷吃了所有的圣果。神怒不可遏，把亚当和夏娃一同罚到人间。

这原本是圣经里解释人的起源以及说明人性本恶，教育人们需要修改完善的故事，现在，"伊甸园"往往被用来形容神圣的爱情领域，"偷食禁果"用来形容恋爱中的男女在结婚之前就偷偷发生的性行为。"偷食禁果"的感觉也许是美好的或令人向往的，但"偷食禁果"的男女往往也要承担一些后果，面对伊甸园里的诱惑往往需要更多的理性。

高职院校的学生处在人生发展的重要阶段，正由青少年向成人发展，由幼稚向成熟迈进，由于生理心理的发展与日趋成熟，对性也开始了探索，对性以及性行为充满着好奇与向往，渴望了解性与异性的神秘，希望能够得到体验和满足，通过各种途径来了解性知识以及相关的信息。通过适当的方式使高职生得到科学的性知识，并以积极的方法和途径使他们的性紧张得到有效的疏导和缓解，对树立正确的恋爱与性的观念，对将来的婚姻幸福以及人生发展都具有积极的意义。

（一）高职生性心理发展特点

（1）性心理的朦胧性和神秘感。高职学生的性心理起初缺乏深刻的社会内容，基本上还是一种生理急剧变化带来的本能作用，好像鬼使神差似的对异性发生兴趣、好感与爱慕，但是这种性爱的萌动，似乎披着一层朦胧的轻纱，不少学生并不了解多少有关性的知识，只是对性有较浓厚的神秘感，并在此基础上以及朦胧纷乱的心理变化中，性意识逐渐强烈和成熟起来。

（2）性意识的强烈和表现的文饰。青春期心理显著的特点是它的闭锁性和强烈的求理解性，这也导致了性心理外显方式的文饰性。高职学生一方面十分重视自己在异性心目中的印象与评价；另一方面却又表现得拘谨、羞涩和冷淡；内心对某异性很感兴趣，表面上却又有意无意地表现得好像无动于衷，不屑一顾，或作出回避的样子；有时表现得十分讨厌那种男女亲昵的动作，但有时实际上又很希望自己能体验，这些矛盾心理的表现，往往产生种种冲突与苦恼。

（3）性心理的动荡性和压抑性。高职学生所处的是人一生中性能量最旺盛的时期，但由于这时不少学生的心理还不够成熟，没有形成稳固的性道德观和恋爱观，加上自我控制能力很弱，因而很容易受到外界因素的影响而动荡不安。而现实生活中丰富多彩、五花八门的性信息，不良的影视镜头、黄色的淫秽书刊，极易使部分学生的性意识受到错误的强化而沉醉于谈情说爱之中，甚至发生性过失、性犯罪。与此相反，另一部分学生由于性的能量得不到合理的疏导、升华而导致过分的压抑，有少数人还可能以扭曲的方式、变态行为表现出来，如“厕所文学”、窥视或恋物等。

(4) 性观念的开放性与宽容性。福建教育学院教师对来自福州大学、福建师大、福建农林大学、福建医科大学等4所高校的192名不同年级的学生(其中男生90人，女生102人)就“高职生婚恋、性观念调查”随机问卷调查，结果显示，92%的学生认为只要具备“双方准备结婚”“双方相爱”“双方愿意”3个条件之一就可以进行“婚前性行为”①。类似的调查都有相近的结果，结果可以看出，学生对性的态度相当的宽容，性观念相当开放。对于学生校外租房同居、打胎流产等报道已经屡见不鲜。虽然这些调查不完全针对高职学生的，但调查对象里也包含着高职学生，此类调查结果能够在一定程度上反映高职学生的情况。

对于性生理的成熟和各种性心理的发展，高职学生应该有一个正确的认识和态度。性意识、性冲动等各种性心理现象的出现是身体各机能发展的必然，自从青春期开始以来，性激素不断分泌，不断刺激个体的发展，尤其性器官的发育成熟，在内外刺激的作用下，个体的性意识和性需要被唤醒和激活，进而产生了一系列的性心理与行为，这是性的生理基础。社会因素对个体性心理形成的一个重要因素，人的发展是一个不断社会化的过程，作为生命延续和社会发展的一个重要因素的性自然也成为个体社会化的一个非常重要的内容，各种各样的性教育也促使了性心理的发展，社会中的影视文学作品以及各种社会习俗和社会风气也影响个体的性心理的发展。当然，个体的成熟和发展本身也会主动积极地认识性以及相关知识和行为。性，对于每个个体来说都是正常的、必需的、在一定条件下必然会出现的，面对性的到来，不必恐慌、自责，当然更不能随意，而要顺其自然正确对待。

(二) 婚前性行为背后的心理根源

爱与性是人的一种需要，建立在爱的基础上的性是神圣的、美好的，积极的性心理是人们真正获得性愉悦和幸福的基石。从人的发展和个体的成熟以及社会化的角度看，爱与性需要的产生是很正常的，高职生也没有被规定不能进行爱与性的行为。社会对爱与性这个问题也日益宽容，但我国的传统文化以及社会的女性贞操的认识仍然存在着传统的认识。在性行为发生之后，女性往往要承担许多精神和身体上的负担和痛苦。我们虽然已经具有了享受爱与性的权利，但任何一种消极的性心理都会使神圣和美好的性沾上污点，最终会使自己受到伤害。

1. *表达爱情的心理*

性的吸引在爱情中具有根本的意义，性爱也是爱情发展到一定程度自然而然的流露。恋爱中的男女在体验爱情的过程中必然会探索对方的身体秘密，体验生理心理的融合所带来的极度快感。当恋人之间的情感达到一定的程度时，许多人则用“以身相许”来表达

① 调查称大学生贞操观念淡薄92%认可婚前性行为，http://news.sohu.com/20041014/n222479826.shtml。

对对方的爱恋。这里，性行为成为表达爱情的一种方式。

2. 半推半就的心理

随着恋爱的逐渐深入、双方的感情日益深厚，恋人间身体的亲密接触也日益频繁，从起初的拉手，到拥抱、接吻，再到相互的身体抚摸，在强烈的刺激和诱惑之下，男生一般就会提出性的要求，并伴随一些半强迫的行为，许多女生怕拂了恋人的意而有损两人的恋爱关系，半推半就之间就完成了人生的第一次。

3. 寻求安慰的心理

现在的孩子大多是独生子女，在家习惯了父母和其他长辈的照顾，具有强烈的依赖性，缺乏独立性和自主性。他们告别父母背井离乡来到一个全新的、完全陌生的环境中，孤独感油然而生，寂寞无聊时刻伴随着他们。许多人积极参加各种活动，老乡会、同学会以及各种社团活动中常常见到他们的身影，试图寻觅自己的知音和依靠。

4. 展示魅力的心理

展示自己的魅力是人类的共同的心理特点，在青春发育成熟后，无论男生或是女生想与具有丰富的性知识和性经验的伙伴交往的愿望越来越强烈。有的女生觉得自己已经长大了，身心发育成熟了，甚至觉得自己貌美绝伦，富于性感，急于得到成熟异性的认同。尤其是看到身边的同伴一个个都花前月下，出双入对的时候，更想通过恋爱和性来证实自己的成熟和魅力。

5. 追求快乐的心理

奥古斯特·倍倍尔曾指出，在人的所有自然需要中，继饮食的需要之后，最强烈的要算是性的需要了。随着性科学的发展，性需要已被人们认为是正当的欢愉与渴求，在20世纪80年代初，西方社会更是爆发了一场性解放和性自由运动，许多高职生也深受毒害，一味地追求感官的刺激，许多女生在这样的思想毒害下发生了一次又一次的性行为。

6. 游戏人生的心理

瓦西列夫说："性欲是一股强大的力量，如果失去控制，它就可能成为社会的一种灾难。"一些学生或受性自由性泛滥思想的毒害或遭恋人抛弃而自暴自弃，心理发生扭曲，随意的与人发生性行为，经常出没于影院、酒吧、舞厅，结交异性，发生一夜情等。

简单的避孕知识

一旦发生婚前性行为，最直接最要紧的问题就是避孕。下面介绍两种常用的避孕方法：

一是使用避孕套。避孕套又称安全套，是一种男用的避孕工具。避孕套的避孕有效率较高，只要坚持使用，并掌握正确的使用方法，其避孕有效率可达93%以上。若与杀精剂合用，则效果更佳。除避孕作用外，避孕套还可以预防性传播疾病，尤其是预防艾滋病。使用时需注意避孕套可能会滑脱或撕破。

二是口服避孕药。大部分避孕药可靠性较高，短效口服避孕药有效率甚至可以达到99%以上。但避孕药必须按规定服用，否则会导致避孕失败。服药初期，少数人可能会出现胃肠道副作用，如恶心、呕吐等，随着时间的推移，症状可消失。

（三）性心理安全策略

面对新时代和新形势，对高职学生进行性知识教育是必要的，更为必要的就是要进行性安全教育、性道德和性文明教育，乃至性审美教育，使他们对性和性行为有更好的理解和把握，科学、文明的满足性需要，使他们得到积极的发展和美好的生活，为性心理安全拉上保险。

1. 掌握性知识，确保性安全

通过正确的途径得到科学的性知识是必要的，目前有不少学校开设了性教育课程，并出版了相应的性教育教材，全国各地也有许多电台、电视台、一些家庭生活杂志以及性教育网站等设置了性教育节目或栏目，通过这些渠道一般可以获得科学的性知识，包括男女的生理结构，性生理心理发展特点，性安全保护等相关知识，当然，有些杂志或网站的有些内容也须有分辨的去看，对于一些带有色情味的书籍要有一定的分辨力和抵抗力，从哪些途径得到的所谓性秘籍等性知识有些是不健康的、甚至是有害的。

受西方的生活方式影响，许多学生的性观念非常开放，对性也比较随意，但要清醒地认识到艾滋病和各种性病已经严重威胁人类健康，在我国有蔓延之势，提高性安全意识，理性的对待性和性行为，掌握自我保护的方法与措施，以减少可能的伤害，不仅是必要的，而且是可行的。

2. 明确性权利，遵守性道德

性道德是调节人们处理两性关系的总和，是两性关系的社会本质的最集中的反映。由于性成熟带来的巨大生理冲击力，对于相对薄弱的道德伦理观念是一个强有力的挑战，遵守性道德规范，把握好异性交往的尺度，使行为符合社会的规范和道德要求，是十分必要的。当代的学生，多为独生子女，一直以来是家庭和父母生活的核心，在整个成长时期享受着来自家庭和社会大量无私的关爱，习惯了享有，却没有学会付出。面对权利和义务共生的性爱，面对以付出为本质特征的爱情，没有一个全面的认识和准备是有问题的。

根据目前的《婚姻法》以及《高职生行为管理条例》，虽然没有禁止高职生的性行为，甚至出现个别在校学生结婚的现象，但这并不等于国家和社会就鼓励尽早地发生性行为甚至结婚。高职学生作为一个特殊的群体，在一个特殊的阶段，必须遵守相应的准则。首先，作为在校的学生，应该明确自身的责任，应该把最主要的精力分配在学习上，而不是恋爱和性行为上；其次，从恋爱到发生性行为应该有一个很长的相互了解和爱恋的过程，在与恋爱对象的相处中应更注重思想的交流和学习生活的互助，共同追求学习和事业的成功，而不是仅仅为了性的吸引或性的接触；再则，男女学生在交往中都要注重对恋爱对象的忠诚以及对名节的保护，不能相互损伤；当然，在与异性交往中更要学会相处的准则，能融洽的与异性相处，尊重异性并能获得异性的尊重；不过，如果一些学生已经发生过性行为，乃至正在进行着同居生活，那么也无须感到不安或自责，但应该遵守一些性道德底线，那就是不能够违反校规校纪，应遵循学校和老师的教育和引导，自己的行为不要妨碍别人的自由生活的权利，不能在公共场合做有违世俗的举动，即尊重自己也要尊重别人。

男女的恋爱、性乃至婚姻是可想之事，只是要把握行为之度，偶尔想想非常正常，从来不想是不可能的，想过不停是不正确的，尽量使之成为可想之事，而不成为操作之行，如果已然尝试，则必须承担起应负的道德和法律责任。青苹果虽具有诱惑，却有些苦涩，红苹果的味道却又香又甜，耐心地等待，我们才可以真正享受爱的甜蜜与性的美好合一。

3. 学会性审美，享受性文明

性有积极的正效应的一面，也有消极的负效应的一面；性文明可以促使社会的稳定发展，长治久安，而性愚昧、性禁锢、性混乱、性疾病则能导致个人毁灭，家庭解体，社会动乱。近年来在高职生中出现了许多不文明的性行为严重冲击社会的道德底线，对社会的安宁和稳定产生了不良影响，许多学者高呼性文明教育迫在眉睫。

性审美是一个很宽泛、复杂的一个概念，很难用一两句文字就能够进行有效的概括，受着来自经济、政治、伦理、宗教、艺术等各种社会因素的影响和制约。性审美作为人类直观自身的活动，则对社会的发展以及个人的生活都有重要的影响。美国学者戴斯蒙·莫里斯在《观人术》一书中曾谈到过这样一个有趣的现象：在西方社会，经济繁荣时期，妇女的裙子呈上升趋势；经济衰败时期，裙子就变长而下降。这表明性审美和经济相关。服饰作为性美的标志之一，它的起源乃是为了遮羞，对性美的欣赏，也首先是从服装开始的。当然，性审美的对象不仅是女性，也包括男性，不仅是服饰，也包括体型、语言、动作、艺术作品等一系列相关的对象。但无论在什么形式的审美活动中，无论选择什么样的审美对象，遵守性道德是非常重要的。学会性审美，提高性审美的能力和层次，是促使个体和社会发展的必然，也是社会性文明发展的必然。只有学会真正意义上的性审美，遵守性道德，才能够达到性文明的要求，也才能够享受性文明所带来的成果。

在与异性交往的过程中乃至以后的恋爱婚姻中，对美、性审美应有一个科学的评审观念，青春美是短暂的、激情美容易消退的、外表美是虚幻的，只有遵守社会规范的，遵从异性交往准则的，从内在的角度长期的了解所确定的美，才是真实、可靠的，才能够让人享受到温馨和持久的美丽。

4. 爱与性不是你的唯一

虽然高职生生理上成熟了，具备了爱与性的基本条件；心理上日益成熟了，产生了爱与性的需求，而且也没有规定限制不能恋爱或有性的行为。但事实上，在这个阶段过早地涉入爱河，过早地品尝伊甸园里的禁果是不合适的。目前，社会就业压力越来越大，工作越来越难寻找，社会对人的要求也越来越高。只有有技术、才学的人，才能在社会中有一席之地，才能有更多的机会发展。高职学生所处的是一个非常有利于学习的阶段，时间充沛、接受能力强，对新技术和事物有充分的敏感性。抓住有利的时机，专注于学习和发展，熟练掌握各种技能技巧为工作和就业，为将来的事业发展奠定良好的基础，是高职学生的当务之急。爱与性不是我们高职学生最重要的任务，不是必需的，更不是唯一的。

5. 手淫需要节制

用手或其他物品刺激玩弄外生殖器官，以满足性欲要求的现象称为手淫[①]。男性手淫时一般只是摩擦勃起器官，而女性却可以通过抚摸阴蒂、阴道、子宫或乳头使自己兴奋，因此女性手淫的方式多种多样。国内国外的资料均表明，手淫的出现率较高，90%左右的男子或 60%以上的女性有过手淫，因此手淫是性成熟男女常见的现象。著名性医学权威美国的玛斯特斯和约翰博士根据设计严谨的人体实验，证实了手淫与标准性交对身体的影响完全一致。其他的研究也证明青少年时期的手淫与日后智能、成就、社会适应及性功能等没有什么联系。不论男女在性成熟后就开始有最初的性要求和性冲动，青年期的性能量最高，按照生物能学的观点，能量在不断积累后必须及时释放，有节制的手淫可以让其性要求得到自我满足，性能量得以释放，性紧张得以解除，这样精神反而舒畅，体力反而充沛。偶尔手淫或未婚男女每月有规律手淫 1～2 次，对健康并不带来影响。

手淫的危害在于某些不切合实行过分宣传禁止手淫，使人误认为手淫会引起阳痿、早泄、不育障碍等，给青少年造成巨大精神压力，每次手淫后产生惶恐不安、追悔、忧虑、羞愧、充满道德上的犯罪感，难以从紧张、焦虑、内疚、沉重的思想负担里解脱出来，在心理上造成很大危害[②]。

那么如何对待手淫呢？已有手淫习惯的学生应认识到自己是长身体、长知识的时候，应把精力放在学习和工作上；加强体育锻炼，并参加集体有益文娱活动；注意生活调节，避免穿着太紧太小衣裤；按时睡眠，按时起床；避免刺激性食物，不看黄色小说；下决心戒掉手淫。偶尔几次手淫，对身体不会有多大影响，但过分手淫或过分追求刺激会使生殖器长期处于充血状态，可诱发前列腺炎，要记住一次手淫的能量消耗和百米赛跑差不多，要提高自我控制和自我约束力。当然，手淫方法要正确，不能用异物插入尿道口等不健康的危险方式，以避免给身体带来极大的危害。

6. 性梦无须害怕

性幻想和性梦是青春期性心理活动的重要内容。所谓性幻想，就是指青少年把在社会文化环境中接受的性爱片段，通过大脑的重新组合，虚构出自己的性爱生活，从而满足其性心理方面的需求。在梦中与异性谈情说爱，甚至发生两性关系，这种现象称为性梦。性幻想和性梦是一个身心健康的青少年在性发育时期常有的性心理活动的正常表现，说明了他们性知觉的觉醒和性意识的萌发，这是一种正常的心理活动。

国外文献介绍，有 28%的男性和 25%的女性在青春期前就出现了性幻想，所以“白日

---

① 《手淫简论》，http://lady.163.com/lady2003/editor/health/050526/050526_235500.html。

② 《手淫简论》，http://lady.163.com/lady2003/editor/health/050526/050526_235500.html。

梦”这种精神自慰的性活动，是多情男性和怀春少女情感发泄和排遣爱欲的方法之一。卢梭在他的《忏悔录》里谈到“白日梦”时，指出了它具有许多功能，其中主要为自己的性爱掺入具有丰富想象力的浪漫镜头，让其与所钟爱的人在超现实的梦幻氛围中抽象相爱。

性成熟可能是产生性幻想和性梦重要的生理原因。从整体上说，性幻想和性梦是有益于青少年身心健康发展的。性梦的心理效应在于给性意识或潜性意识愿望以幻想性的满足，这样就在一定程度上缓解了因现实活动中性活动未能满足而带来的心理压力，是青少年性自慰行为之一，在满足性生理需要中发挥了积极作用。对于性幻想和性梦，必须正确对待，虽能创造一个自由奔放、无拘无束、心旷神怡的“仙境”，但毕竟不是客观现实，不必追求实现，不能深陷其中，以免消耗精力或为此而苦恼。当然，也不必产生羞耻感、罪恶感和迷信色彩，这是正常的生理心理现象，并不是现实生活中的所作所为，不必作茧自缚。

7. 呼唤网恋理性

信息化时代的来临，让交流变得更加自由和自然，为相识相恋创造机会，这是其他媒介难以比拟的优势。繁忙的工作，巨大的学习工作压力，使择偶变成一件很奢侈的事情，而网恋却为生活打开另一扇窗。

网恋与现实恋爱只是在形式上不同，本质上没有区别，而且都要通过现实途径去实现，它只是为传统恋爱增加了一个形式而不会取代它。爱情是严肃的，你要真正了解你所爱的人，光靠网络是难以解决的。或许网络真正的价值在于它是一架美的桥梁，一根充满时代气息的红丝带，或一枚搜索引擎，帮你寻找你想要的，就已足够。成就爱情或婚姻，还要靠你自己，靠你的一双慧眼和一颗慧心。而且，由于网恋的虚拟特性，也为一些不法分子利用网恋来实施犯罪提供了便利条件，这样的报道屡见不鲜。正确看待网恋，理性对待网恋，是我们应该拥有的态度。

心理拓展

高职生恋爱观心理自测表

每一个问题，都有四种不同的选择，请在符合自己想法的那一选项上打“√”，每题只选一个答案。

(1) 你想象中的爱情是

A. 具有令人神往的浪漫色彩　　B. 能满足自己的情欲

C. 使人振奋向上　　D. 没想过

A. 2　　B. 1　　C. 3　　D. 0

(2) 你希望同你恋人的结识是这样开始的

A. 在学习和工作中逐渐产生爱情　　B. 青梅竹马

C. 一见钟情也未尝不可　　D. 随便

A. 3　　B. 2　　C. 1　　D. 1

(3) 你对未来妻子的主要要求是

A. 别人都称赞她的容貌　　B. 善于理家

C. 顺从你的意见　　D. 能在多方面帮助自己

A. 1　　B. 2　　C. 1　　D. 3

(4) 你对未来丈夫的主要要求

A. 有钱或有地位　　B. 为人正直有事业心

C. 不酗烟酒，体贴自己　　D. 英俊有风度

A. 0　　B. 3　　C. 2　　D. 1

(5) 你认为完美的结合应是

A. 门当户对　　B. 郎才女貌

C. 心心相印　　D. 情趣相投

A. 1　　B. 1　　C. 3　　D. 2

(6) 你认为巩固爱情的最好途径是

A. 满足对方物质要求　　B. 柔情蜜意

C. 对爱人言听计从　　D. 完美自己

A. 1　　B. 0　　C. 2　　D. 3

(7) 在下列格言中，你最喜欢的是

A. 生命诚可贵，爱情价更高

B. 爱情的意义在于帮助对方，同时也提高自己

C. 有福同享，有难同当

D. 为了爱，我什么都愿意干

A. 2　　B. 3　　C. 2　　D. 1

(8) 你希望恋人同你在兴趣爱好上

A. 完全一致　　B. 虽不一致，但能互相照应

C. 服从自己的兴趣　　D. 互不干涉

A. 1　　B. 2　　C. 0　　D. 3

(9) 当你发现恋人的缺点时，你的态度

A. 无所谓　　B. 嫌弃对方

C. 内心十分痛苦　　D. 帮他(她)改进

A. 1　　B. 0　　C. 2　　D. 3

(10) 你对恋爱中的曲折怎么看

A. 最好不要出现　　B. 自认倒霉

C. 想办法分手　　D. 把它作为对爱情的考验

A. 1　　B. 2　　C. 0　　D. 3

(11) 你对家庭的向往是

A. 能同爱人天天在一起　　B. 人生归宿

C. 能享天伦之乐　　D. 激励对生活的新追求

A. 2　　B. 1　　C. 1　　D. 3

(12) 自己有一位异性朋友时，你将

A. 告诉恋人，在其同意下继续交往　　B. 让恋人知道，不能干涉

C. 不告诉　　D. 告诉与否看恋人的气量而定

A. 3　　B. 2　　C. 1　　D. 1

(13) 另一位异性的条件比恋人更好，且对自己有好感

A. 讨好对方，想法接近　　B. 保持友谊，说明情况

C. 持冷淡态度　　D. 听之任之

A. 0　　B. 3　　C. 2　　D. 1

(14) 当你迟迟找不到理想的恋人时

A. 反省自己的择偶标准是否实际　　B. 一如既往

C. 心灰意冷，甚至绝望　　D. 随便找一个

A. 3　　B. 1　　C. 0　　D. 1

(15) 当你爱的人不爱你

A. 愉快地同他(她)分手　　B. 毁坏对方的名誉

C. 千方百计缠住对方　　D. 不知所措

A. 3　　B. 0　　C. 1　　D. 1

(16) 你的恋人以不道德的理由变心时，你会

A. 报复　　B. 散布对方的缺点

C. 只当自己没看准　　D. 吸取教训

A. 0　　B. 1　　C. 2　　D. 3

(17) 当发现恋人另有所爱时

A. 更加热烈地求爱　　B. 想法拆散他们

C. 若他(她)们尚未确定关系就竞争　　D. 主动退出

A. 1　　B. 0　　C. 3　　D. 2

【计分方法与解释】

将每一个打"√"字母下的得分相加。总分在 46 分以上，说明恋爱观正确；42～46 分，基本正确；42 分以下，说明恋爱观需要调整。

专题八 活出生命的意义——生命教育

单元导读

人最宝贵的是生命，它给予我们每个人只有一次。人的一生应当怎样度过呢？当回首往事时，你会不因虚度年华而悔恨，不因碌碌无为而羞愧吗？生命的真谛是什么？生命从何而来？我们应该如何活出生命的意义和价值？当身边的同学出现了心理危机，我们该怎样预防危机，守护生命？让我们一起走进生命，揭开生命之谜。

案例导入

一位心理学家在集中营寻找的生命意义①

“一个人什么都可以被剥夺，除了一样东西，那就是最后内心的自由——面对不可逆转的境遇，选择自己的态度与方式”。这就是奥地利心理学家、精神病学家，维也纳第三心理治疗学派——意义治疗与存在主义分析的创办人维克多・弗兰克在二战纳粹集中营写下的感悟。

1942 年，奥地利犹太裔心理学家维克多・弗兰克和家人一起被纳粹逮捕。他失去了儿子，父亲因饥饿死于波希米亚，母亲和兄弟被纳粹送进毒气室残酷地杀害，他朝思暮想的妻子死于集中营。唯有他因为是医生，被认为有用，才侥幸地幸免于难。在这种极端恶劣的环境下，他总在思考生命是否虚无而无任何意义？

有一次，一个德国军官把他带到一个小房间训话。纳粹剥光了他的衣服，拷打他，侮辱他。经历了失去亲人、家园、尊严的痛苦的他，在此时却豁然开朗——“一个人所拥有的任何东西，都可以剥夺，唯独人性最后的自由——也就是在任何境遇中选择自己的态度和生活方式的自由不能剥夺”。靠着这份对生命的执着和积极的心态，弗兰克在幸存者不到5%的奥斯维辛集中营中活了下来。正因为集中营中的悲痛经验，反而使他发展出积极乐观的人生哲学，正如他常引用尼采的一句话：“打不垮我的，将使我更形坚强”，使他后半生能活得健康快乐。二战结束后，他积极投身科学研究，创造了“意义治疗”疗法，写出了影响无数人的励志书籍《活出意义来》，67 岁时领取了飞行员驾驶执照，80 岁时仍能攀登阿尔卑斯山，并到世界各地演讲推广意义治疗。

根据弗兰克的研究，集中营中大多数的幸存者，都是深知生命积极意义的人。他们顽强地活下来的主要原因就是他们心里都有一个明确的目标——“要做的事情还没有做完”“活着与爱着的人重逢”。

点亮生命

一、生命的起源

同学们，你们知道生命是怎么来的吗？不知道大家有没有看过纪录片：《生命从何而来？》该影片介绍了一个生命创造的过程，一个正常的男人在一次性行为射出的精液里，有着 3 亿到 7.5 亿个精子，而一个成熟的女性，每个月只能排出一个卵子。几亿个精子，这是什么样的场面，而这几亿个精子里，最有毅力、速度最快、最强壮的一个才会有机会制造一个生命来到这个世界。在精子与卵子结合发育成受精卵之后，一个新的生命就踏上了旅程。在母亲的子宫里，胎儿从单细胞形成复杂的自给生命——一名小女婴。崭新的 3D 甚至 4D 扫描技术为子宫开了一扇窗，使我们能一窥胎儿发育过程。真实画面以及由科学观

① 选自爱课程. 蔺桂瑞：《大学生心理健康》，心灵读吧。

察制成的电脑影像让我们可以一览前所未见的子宫内部。随着胎儿的发育，一个新的生命逐渐成熟，不禁让人感叹生命的神奇。

人的生命与其他生命体既有相同之处，更有不同的地方。人的生命在孕育、出生、长成、终老等各个环节都是在社会的环境里进行的。所以人的生命承载了社会的属性。

人的生命由三种因素构成：形体、心理（精神）及社会性，由此对应三种基本生命活动：生理活动、心理活动和社会活动。让我们来看看人的生命都有哪些特征呢？

（1）生命的神圣性。每一个生命的诞生都是奇迹。中国古代的思想家总是把人和禽兽明确区分开来。汉代董仲舒认为人“超然万物之上而最为天下贵”（《春秋繁露·天地阴阳》）。汉代王充指出，人之所以可贵，在于他有知识、有智慧。（《论衡·别通》）又说：“人，物也，万物之中有智慧者也。”（《辨崇》）他认为世界万物中以人最为可贵、作用最大。

为何只有人才能从亿万种生物中脱颖而出，其生命成为天下之最“贵”呢？人的生命上接与天，下接于地，是自然大地精华的凝聚。经过了千万年的繁殖、进化，具有了意识、情感，能够能动地认识和改造这个世界。正因为如此，人的生命才先验性地具备了神圣性。很多的人就是没能意识到自我生命的神圣性，陷入了人生的误区。

（2）生命的唯一性。每个人的生命都是唯一的，并无更多的生命。就像沙漏一样，我们生命的时间在缓缓地流动，并且一去便永远不会再返回了。我们应该利用好生命中的分分秒秒，在质和量上达到高品质。

每个人的生命也都是独特的，与其他人的生命不同。这不仅仅表现在每一个个体生命的遗传特征是独一无二的，还表现在每个人生存与生活的环境和条件都有着这样或那样的不同，所以，其生命的表现形态和人生的存在状况也就不一样。许多人的生命过程虽然从表面上看，活法和生活的内容似乎差不多，但实质上还是有很大区别的：每个人的生活内涵及人生道路都是不同的。

“我是独一无二、与众不同的，世界上没有一个人和我一模一样！”“我也许不能一直成为 NO. 1，但我一定是那个 Only One！”“无论我身上有多少缺点和不足，我的生命都是有价值的。”“我身边的每一个人也都是独一无二的，无论他们和我有多大的不同，我都应该尊重他们、悦纳他们。”当意识到了生命对每个人而言都是独特的，我们就应该更加努力，从而彰显出生命的独特价值，成为一个独特的、有价值的“我”。

延伸阅读

积极人生不设限——生命战士尼克[①]

尼克·胡哲 1982 年 12 月 4 日生于澳大利亚墨尔本，天生没有四肢，这种罕见的

① 本文选自 https://max.book118.com/html/2018/1111/8054103121001132.shtm。

现象医学上取名“海豹肢症”，年仅30岁。他是“没有四肢的生命”(Life Without Limbs)组织创办人、著名残疾人励志演讲家。他天生没有四肢，但勇于面对身体残障，创造了生命的奇迹。

曾经有一个小男孩瞪大眼睛打量了尼克很久，最后终于吐出一句：“你总算还有一个头。”——这是尼克胡哲在他演讲时必讲的一个小插曲。只要看一眼尼克，你就会立刻理解为什么小男孩会这么说，进而感叹为什么上帝要制造这样的生命。

他天生没有四肢，只有一个长着两根脚趾的小脚；他上学后饱受嘲笑，在自杀的最后一刻选择活下去；他选为中学学生会副主席，并获得大学本科双学位；他可以骑马、冲浪、用小脚发短信的速度一如常人；他喜欢用他的头和肩膀拥抱别人；他立志成为演说家，用自己的经历去激励他人；他遍访34个国家，演讲1500余场，令无数人激动落泪；他的座右铭是“没手，没脚，没烦恼。”所有看过他的视频，或听过他演讲的人，都无不发自内心地诚服于这个曾被预言“永远得不到爱”的人。他已经成为世人心目中与命运顽强斗争的象征。

(3) 生命的脆弱与有限性。有许多动物生下来不久，自己就会走路、觅食，可以独立生存。而人出生以后，如果没有成人的照料，就很难生存下来。人从出生到独立生存需要很长时间，这期间的任何一次闪失、事故、天灾人祸都有可能使人的生命在这个世界上消失。好端端的生命也可能几天内被疾病夺走。这都说明人的生命是非常脆弱的。

圣奥古斯丁曾说，一个人只有面对死亡的时候，才真正地出生了。萝丝曾说，死如同生一样，是人类存在、成长及发展的一部分，它赋予人类存在的意义，它给我们今生的时间规定界限，催迫我们在能够使用的那段时间里，做一番创造性的事业。可见，死亡是生命的导师，是生命的重要组成部分，正因为死亡必然会到来，具有不可抗拒性，我们才需要更加珍爱生命，在有限的时间里活出生命的精彩。

(4) 生命的自主与自由性。人的生命是在自由中展开的，自由是人生命的最基本、最自然的要求。面对人的自由和不确定性，人的生活道路只能由人自己去筹划、选择、确立，人正是通过自主的活动促成了自我的发展。自由和自主意味着人的尊严。人还要追求更高级的生命自由——人格自由、精神自主等。从这种意义来说：自由是人类最深刻的人性需要。人类活动的基本目的之一便是为了满足自由的需要、实现自主的愿望，达到自由的目的，获得自由的精神、形成自主的人格。

(5) 生命的创造性。放眼望去，但凡我们能看到的人造物品都是创造性的成果。人能思考，会创造，关键在于创造性能否有效地开发。有一句话说得好，“富有创造力的人，他们认为自己是具有创造力的。”每个人都有创造性，关键是要自信，去运用它，打开它。在不断体会和激发生命的创造性中更能发现生活的快乐和生命的美好。

二、生命的价值

不同的人处于生命的不同境界，对生命的意义理解存在巨大差异。但人的最大价值与生命意义就在于不断地实现自我，追求自我发展。在德国奥斯维辛集中营经历磨难的奥地利心理学家弗兰克尔在其名著《活出生命的意义》中写道："一个人不能去寻找抽象的人生意义，每个人都有他自己的特殊天职或使命，而此使命是需要具体地去实现的。他的生命无法重复，也不可取代。所以每一个人都是独特的，也只有他具有特殊的机遇去完成其独特的天赋使命。"①一个人一旦了解他的地位无可替代，自然容易尽最大心力为自己的存在负起最大责任。

2020年春节，举国上下众志成城，奋力抗击新冠肺炎疫情。在这场没有硝烟的战争中，我们看到了众多"90后""95后"甚至是"00后"青年人的身影，让青春在勇挑重担、担当作为、奉献人民当中闪耀光彩，他们用自己的青春和生命守护着祖国的安康，谱写了无愧于时代的青春之歌，他们的人生价值在为人民服务中绽放了最耀眼的光彩！

疫情带给了很多人伤痛，也带给了我们太多的感动和对生命意义的追寻。还记得那些感动的故事吗？如10天内建成一座医院的建设者；英勇无畏的人民解放军；大量坚守岗位的执勤者；不停生产医护用品的工人，还有无数志愿为疫情服务的志愿者们；一封封请战书；大量坚守在一线的医护人员……他们舍小家，顾大家，用实际行动践行着大爱和无私奉献的精神，诠释着生命的深刻内涵。

匈牙利诗人裴多菲曾说，生命的多少用时间计算，生命的价值用贡献计算。每个人的生命旅程不同，每个人都有自己的时区和节奏，每朵花的花期不同，我们需要静待花开。每朵花的形态不同，同意以它们自己的样子存在。所有的坎坷都是来帮我们的，相信每个生命都有来自本能的活着的力量。大学生也不例外，在学习与工作过程中，也可能遭受打击或痛苦，怎样才能活得精彩呢？

1. 接纳自我，善用性格优势

生命本身就是一个奇迹，从空间上说，至少到目前为止人类是宇宙间已知的、唯一的智慧生物，即使在生物学上，一个生命的诞生也是众里挑一的偶然事件。弗洛姆说，地球上只有一个你，你要珍爱自己。人间最不幸的人莫过于那些生而厌者。每个人都只有一生，如果不是快乐、充满希望地接纳自己的话，生命就失去了意义。一个人热爱生命，首先要接纳自我。当我们无条件、积极地接纳自己的时候，就会看到充满生命力的自己，看到自己身上积极的力量和资源。当你心烦意乱时，不妨静下心来，认真地思考一下自己身上有多少资源？我都经历了哪些生命故事？我是怎么活到今天的……通过这些积极自我的对话，能发掘生命内在的力量，促进自我悦纳。

积极心理学之父塞利格曼教授认为，人有24项性格优点和美德，第一组美德为"智

① 维克多·弗兰克尔：《活出生命的意义》，华夏出版社，2010，第6页。

慧”，包括创造力、好奇心、洞察力、思维开放性和好学五种优秀的品质；第二组美德是“勇气”，包括勇敢、坚韧、正直和活力四种优秀的品质；第三组美德是“人道”，包括善良、爱和社会智能三种优秀的品质；第四组美德是“正义”，包括公民精神、公平和领导力三种优秀的品质；第五组美德是“节制”，包括宽恕、谦卑、自我规范和审慎四种优秀的品质；第六组美德是“超越”包括希望、感想、欣赏美和卓越、幽默和灵性五种优秀的品质。请你仔细对照一下图 8－1，你拥有这 24 项中的哪些性格？我的优势是什么？如何利用我的优势？我经常运用这些优势吗？你认为自己怎样可以更多运用这些优点？我还有什么其他发挥这些优势的方式？我还可以在哪些领域发挥这些优势？你认为自己可以怎样运用这些优势使人生更丰富？

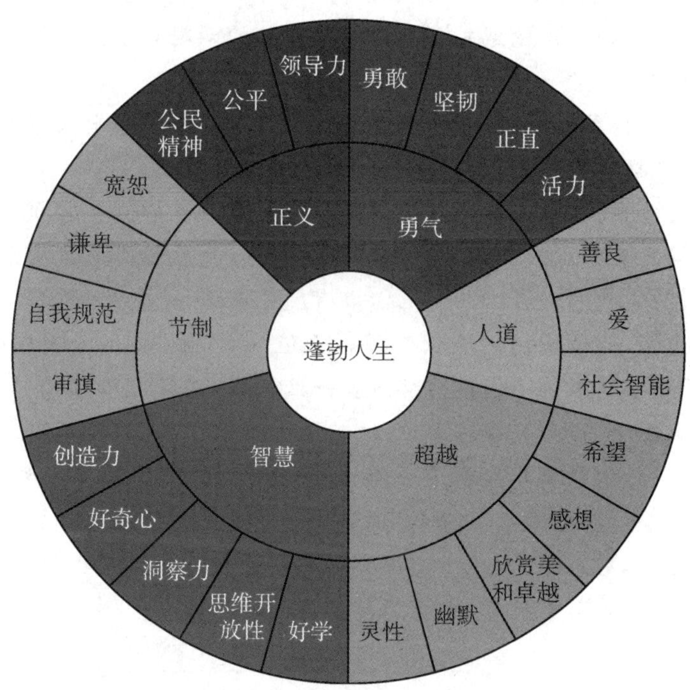

图 8－1　24 项性格优点和美德

身边的故事

职校走出来的精彩人生——痴迷数控机床六年半，张志东成了全国技术能手①

张志东生于 1987 年，盐城东台人。张志东初中毕业后，进入东台第三职业高中，就读了“机电一体化”专业，3 年后通过对口单招进入常州工业职业技术学

① 本文选自 http://www.czili.edu.cn/2019/1122/c2374a77851/page.htm

院，与普高毕业通过高考被录取的学生同堂上课，上基础课时张志东他们大叫要老师讲课进度慢下来，在常州求学三年，学到了很多东西。

2008 年 8 月 8 日，张志东进入常州创胜特尔数控机床设备有限公司实习。公司有严苛的优胜劣汰的用人机制，试用期结束时，一同进来的十几个人只留下 5 人，他成为这 5 个人中的一个。要想获得更高的岗位和更加丰厚的薪酬，必须参加每年一次的岗位考核技术比武。他比别人早上班，晚下班，将师傅所讲的重点和自己遇到的难点一一记下来，这本记录本后来成了新入职员工争相阅读的“教材”，后通过考核，成为公司生产中层主力。

2014 年初，他突然接到当时公司董事长的电话，问他愿不愿意代表常州市参加数控机床装调维修的“魔鬼式”集训，经过江苏的两轮比赛后，再代表江苏参加“2014 年中国技能大赛・第六届数控技能大赛”。

他和他的搭档参加的“数控机床装调维修”是全国比赛中新增赛项，没有前车之鉴，完全靠摸着石头过河。

训练强度非常大，每天早早起床，练习到晚上 12 点以后。集训时他们发现，在有限的时间里要和队友完成 10 个大项的赛题，彼此之间要完美配合，丝毫不能发生差错，否则功亏一篑，为此，他们唯有反复训练，反复总结。

正式比赛时，选手使用的检测仪每台价值 50 万元，提供检测仪的企业心有不舍，比赛开始前要求选手们签订协议：一旦损伤，必须照价赔偿。有的选手心理上受到了重重的一击，直接放弃了；江苏选手心里有底，都签了字。6 个小时的比赛，最初 1 小时他们要排除考官设置的 20 多个故障，张志东小组的两人配合默契，当裁判宣布“还有最后 5 分钟”时，他们尚有一个项目没有完成，然而他们没有慌张，最后顺利完成了 10 个项目的比赛。最终，荣获“全国技术能手”和“全国五一劳动奖章”的荣誉称号，成就了属于自己的非凡人生。

2. 培养乐观的认知风格

Martin Sligan 教授和 Chis Pelerson 教授以及他们的同事认为，乐观不是一种人格特质，而是一种解释风格（Pelerson & Steen，2009；Seligman，1998）。根据这个观点，乐观的人把消极事件或体验归因于外部的、暂时的和特殊的因素，比如大环境不好；悲观的人则把消极事件或体验归因于内部的、稳定的和普遍的因素，比如自己能力不足。所以，如果考试没考好，乐观的人会说，是因为题目出错了，或考场空气不清新让人无法集中注意力；而悲观的人会说，是因为自己没学好，或自己比较笨。

仔细回想一下发生在自己身上的事情，一般会做积极的解释还是消极的解释呢？这种一贯的模式是以什么样的方式影响自己？其实，这种认知风格是可以改变的，当我们对自己的认知风格有了更多的觉察时，改变就发生了。活出我们的乐观是每个生命的应有之义，它会让有限的生命乐趣更多，收获更多。

3. 常怀感恩之心,知足常乐

感激是对生命给予的领悟,感激是对生存状态的释然,感激是对现在拥有的在意,感激是对有限生命的珍惜。感激是一种处世哲学,是一种生活态度,是一种人生智慧。怀着一颗感激的心生活,我们会时时发现生活的美丽,感受生命的快乐。所有快乐的人都心怀感激,不知感激的人不会快乐。

感激每一个帮助你成长的人。对别人心存感激,向他人、向世界奉献爱,这是成熟人性的一部分你的生命中凝聚了父母、老师、同学、朋友……许许多多人的爱和付出,你要感激成长中帮助过你的每一个人。感谢父母,是他们给予了你生命和爱;感谢你从小到大的老师们,是他们启迪了你的智慧,教会你怎样做人;感谢伴你一路成长的同学、朋友们,是他们给予了你友谊,给予你克服困难的勇气和力量;感谢人生路上相遇的每一个人,你从他们那儿得到过恩惠,即使那些带给你不愉快的人,也催化了你的成熟。

感激是一个爱的链条。人们付出爱,接受爱,感受爱,再付出爱……生命就是在这种爱的传递中得到滋养和成长的。

生活中,一些学生,总爱为自己没有的东西而抱怨:抱怨家境不如别人的好,抱怨没考上理想的大学、理想的专业,抱怨学校条件不好,抱怨工作不好找,抱怨社会对自己不公平……他们忽略了自己所拥有的一切。当你抱怨没有鞋穿时,别人也许连穿鞋的脚都没有。因此,当生活失意时,人更应该学会用心感恩生活,找出幸福的理由,调整自己的心态,平和、积极地对待生活。珍惜今天,把握当下,让每一天的生命都活得充实、精彩。活着,千万别错过生命!活着,就应该活出自己的精彩!

4. 构建积极的人际关系

彼得森在《积极心理学入门》(A Primer in Positive Psychology)一书中,专门花了一章讲"积极人际关系"。显然,积极人际关系不仅存在于父母、夫妻之间,它深深地根植在每个人的心中。除了家人之爱外,还有朋友之间的友情、乡邻之间的乡情,乃至陌生人之间的同情。这里的每一种感情,都有着强大的进化原因,存在于每一个人身上。换句话说,人之所以进化出爱情、亲情、友情、乡情、同情,就是因为它们能够给我们的祖先带来巨大的生存和繁衍优势。爱的基因传递到今天的每一个人身上,让我们天生就拥有渴望爱、渴望被爱的本能。当这种本能被满足时,我们就会感到幸福。塞利格曼和"幸福博士"迪纳一起调查了一批大学生,想要弄明白幸福的人究竟是什么样的。他们的结论是:"很幸福的人有很好的人际关系。与其他人相比,他们的爱情和各种人际关系都更好。"很幸福的人在人际关系的各个方面——友情、亲情、爱情方面的得分都更高,别人对他们的人际关系的评价更好,他们也更乐于与别人在一起。

两年后,塞利格曼和迪纳总结了更多的研究,肯定了人际关系与幸福的相辅相成:人际关系好的人更幸福,而幸福的人有更好的人际关系。比如乐于助人的人更幸福,同时,如果一个人处在更幸福的状态时,他也更乐于助人。哈佛大学持续 75 年的研究也发现:拥有积极人际关系的人更容易幸福长寿,健康快乐的秘诀就是拥有良好的人际关系,可见,积极的人际关系是幸福人生的金钥匙。

5. 人生意义与成就

简·戈登大学毕业后，对艺术的兴趣使得简在大学毕业后成了洛杉矶的一名壁画师。年近30岁的时候，简患上了红斑狼疮，并被告知时日无多。“这简直是晴天霹雳。”她告诉我，“它让我从一个新的角度去看待生活。”当简从急性症状中恢复过来后，她意识到自己会长期承受慢性的疼痛。

搬回家乡费城后，她在市长办公室接管了一个小型的反涂鸦项目，并在接下来的三四十年里，将它打造成了世界上最大的公共艺术项目之一。

现在，简已经年近六十，但她几乎每天都在工作，从清晨到深夜。一个同事把她工作的环境比喻为选举前夜的总统竞选办公室。对于简来说，她付出的时间和努力被转化成了更多的壁画和项目，这意味着民众有了更多的机会来创造和体验艺术。

当记者向简问起她的病情时，她承认痛苦一直都伴随着她。她曾经对记者说：“有时，我会哭泣，觉得自己再也坚持不下去了，但是，自怨自艾并没有什么意义，所以我找到了让自己充满活力的方法。”为什么？因为简的工作很有趣吗？这只是她动机的起点。“我所做的一切都是本着服务的精神。”她说：“我觉得自己是由这种精神驱动的。这是一份道义上的责任。艺术可以拯救生命。”[①]可见，对人生意义与价值的追求成为他们的人生使命，他们在追求自我目标的过程中，忘记了身上的病痛，忘记了周围发生的一切，完全沉浸在幸福的心流体验中，从而创造了更大的生命价值。

同学们，不妨静下心来想一想，我来到这个世界上的使命是什么？我该如何活出我自己？带着这样的思考，合理安排好时间，投入到你认为重要的、有意义和价值的事情中去，幸福就在忘我的投入中，相信你一定会活出属于自己的精彩！

延伸阅读

Maria老师的传奇人生[②]

玛利亚(Maria)，生于1920年5月，系享誉全球的家庭治疗大师。生于匈牙利，1948年在布达佩斯取得经济学位，1966年在加拿大蒙尼拓跋大学取得社会工作硕士。现为美国家族治疗师及蒙尼拓跋大学医学院心理系副教授。1990年创办蒙尼拓跋萨提亚专业发展中心以来，即致力于国际性工作坊、大学训练课程。

一百年来，她见证了百年的风云变幻，先后经历了二

① 安杰拉·达克沃思：《坚毅》，中信出版集团，2017。

② 本文由玛莉亚：绽放丰盈而优雅的生命力一文改编而成。

次世界大战，经历了纳粹对犹太人的迫害，经历了苏联对匈牙利的侵略和掠夺，经历了匈牙利亡国，经历了逃亡成为难民，经历了摧毁性的车祸，甚至连台湾的九二一大地震她也赶上了！她凭着这一生磨难重重又险象环生的经历，她绝对有资格扮演一位受害者，她可以扮演一位战争的受害者、一位国难的受害者、一位车祸的受害者，她只需要坐在那里哭诉她的家仇国恨，就可以博得一大堆人的眼泪与同情，但是她选择成为一位英勇的战士，并且重新开始学习与成长。她进入维琴尼亚·萨提亚（家族治疗的创始人）的工作坊时已经49岁了。她与既是良师又是益友的维琴尼亚·萨提亚互动，用了漫长的十九年的时间学习与训练，才逐渐成为治疗界的一股温柔力量，直至成为一位重量级的家族治疗师。

她今年已经一百岁了，还精力充沛地在世界各地跑来跑去举办她的工作坊，并协助香港台湾地区、新加坡、泰国、澳洲及加拿大等各地的萨提亚中心成立。她曾经说过，“我爱我做的事，不认为那是工作。我遇到的每一个人都是个谜，也是一份礼物。”有记者问她：您遇到过那么多的人，如何始终保持着对人的好奇心？

她回答：因为每个人都是独特的，虽然他们有很多相似的地方，但是每个人的背景、经历、兴趣都是独特的，每个人都是个谜！我对人知道得越多，就越能发现人际间有多少相同和不同。比如我们都知道爱、愤怒、恐惧等感受，但在当中有许多变化。比如，每个人都有愤怒的感受，但学习如何应对愤怒是不同的愤怒，背后的渴望也不同。不是很有趣吗？真的，每个人都是一个有趣的谜！而我们可以在每个人身上发现珍宝及黄金。

记者接着问，您一辈子都在学习和实践。我很想知道，这种“终身学习”的背后是什么动力？因为我好奇，我对什么东西都有兴趣，想要学习的太多了，总是有新的话题。我对人非常感兴趣，而我学得越多，我就对人有更多、更深的了解。

玛利亚老师是国际上少有的活到百岁还可以工作的心理学家，即使在疫情期间，她独自居住在家，还在讲授网课，做督导，她的生命力令人惊叹！她也是心理咨询界的奇迹！她曾说：“萨提亚模式的治疗师不是一份工作，是一种存在的状态，纯真的存在。”她活出了这种状态。为所有人树立了生命的榜样。我国著名心理学教授，首都师范大学蔺桂瑞老师曾说：她跟随玛利亚老师学习的最大体会是：生命可以这样活！的确，她找到了自己的魔力，创造了生命的奇迹，绽放了生命的价值！

三、心理危机的预防与干预

大学生是国家宝贵的人才资源，是民族的希望、祖国的未来。把高职学生培养成全面发展的高素质人才，是高等职业院校的培养目标，也是高等职业教育的神圣使命。因此，做好高职学生心理危机的预防与干预是呵护每一个年轻生命、保障学生生命安全的头等大事。

（一）正确认识心理危机

美国心理学家卡普兰认为，每个人都在不断努力地保持种内心的稳定状态，保持自身与环境的平衡与协调。当重大问题或变化发生使个体感到难以解决、难以把握的时候，平衡就会被打破，正常生活也会受到干扰，内心的紧张不断积蓄，继而个体出现无所适从甚至思维和行为的紊乱，而他先前的处理危机的方式以及惯常的支持系统不足以应对眼前的处境，即他必须面对的困难情境超出了他的应对能力时，心理就会进入一种失衡的状态，这就是心理危机。美国心理学教授凯恩认为，心理危机实质上包括三个部分：危机事件的发生；对危机事件的感知导致当事人的主观痛苦；惯常的应对方式失败，导致当事人的心理、情感、行为等方面的功能水平较突发事件前降低。

心理危机人人都会有，心理危机并不是疾病，本质上是伴随着危机事件而出现的一种心理失衡状态，一旦一个人承受的心理压力超出了自己承受压力的能力，心理危机便出现了。当个体面对那些难以解决的问题而出现精神崩溃的时候，会表现出极度的紧张、痛苦甚至产生轻生的念头，产生轻生念头的人会认为谁也不理解自己，谁也帮不了自己，活在这个世界上没有任何意义了。在多数情况下，心理危机可以在 6～8 周内顺利解决，但是也有少数人会持续处于失衡状态，以至于影响正常的生活，这个时候寻求专业的心理帮助非常重要。

身边的故事

“乙肝病毒携带者”注定与快乐无缘吗？①

静静是某重点大学的一名女生，她来自一个偏远山区，父母均没有什么文化，然而家教非常严格，静静从小都是被父母训斥着长大的，她总担心自己做错了什么或者自己不够好，有时连她都怀疑自己是不是父母的亲生女儿，不时担心被父母遗弃。

她平时很少说话，性格内向的她也没有什么朋友。上大学后她发现人际交往能力还是很重要的，于是很想和别人建立良好的人际关系，她也曾经试着主动和别人打交道，但由于自卑，也缺乏人际交往的经验，因此始终无法成为一个善于交际的人，为此对自己感到非常失望。

---

① 资料来源：http://www.icourses.cn/web/sword/shareDetails?CId=2821#/course/chapter。

之所以这么内向、自卑，不敢跟别人打交道，还有一个非常重要的原因是她是乙肝病毒携带者。小升初体检时就被查出是一个乙肝携带者，因为害怕会把乙肝病毒传染给别人，所以她尽量避免和别人打交道。她也从来没把自己生病的事告诉班上的任何人，因为她又多么渴望有朋友，她怕别人知道事实后会远离自己。因此，她非常抱怨生活为什么这么不公平，把这个难缠的疾病绑在自己身上，她也怨恨父母没有及时告诉他一些预防疾病的常识，没有把她照料好，才有现在这么多的麻烦。她因为这个失去了很多其他女孩子可以享受的乐趣，也让她感觉自己的人生像是被判了死刑一样，永远是灰黑色的。

上大学后，班上的一个男生对她很有好感，她也很喜欢这个男生，但她不敢接近，也觉得没有资格接近，而且她不敢跟那个男生说话，怕自己一旦和他接触，就会把乙肝病毒传染给他，而且即使那个男生和她谈恋爱了，将来也不可能和她结婚，因为乙肝病毒携带者是不能要后代的。每天看着自己喜欢的男生却不敢接近，这种滋味非常痛苦。只要一想到自己的一辈子要在这样的状态里度过，她的内心就充满了痛苦和绝望，越想越觉得自己的人生没有盼头，因此时时会产生轻生的念头。

静静的痛苦还是被细心的宿舍长小汪发现了，小汪拉着静静的手说："我已经知道你的事情了，不小心看到了你写的日记。放心啦，我知道你担心传染给我，我查过了，一般的接触是不会传染的，我们在一起吃饭啊、拥抱啊都不会传染的，而且我有乙肝抗体，凭你是感染不了我的！嘿嘿！"接下来的日子，宿舍长每天陪静静吃饭、聊天，还热心地帮静静找书，带她找医生咨询，让静静对病有了新的认识，她才知道以前的很多想法是错误的，医生说"乙肝病毒携带者"与"乙肝患者"不同，只要没有症状表现就不需要治疗，而且乙肝病毒携带者也可以结婚生子，只要每隔3—6个月到医院做检查，养成良好的生活习惯，是可以做到终身不发病的，医生还提醒静静心理上不要有压力，应该像正常人一样生活。医生的建议让静静有豁然开朗的感觉，她意识到原来乙肝病毒携带者的传染性并不像她想象的那么可怕，她还意识到以前错怪父亲了，总以为父亲不关心自己才没有给她看病，现在她才知道原来自己根本不需要治疗。心结打开之后，对父亲的怨恨减少了，和父亲的关系慢慢变好了，人也变得越来越开朗。半年后，她和班上的男生相恋了，两个人相处得很不错……那天，静静在微博上写道："回想这大半年的时间，从颓废、恐惧到轻松、快乐，宿舍长的出现让我明白很多道理，人生的路上或许还会有很多的坎坷，生命中总会有我们措手不及的意外，当它们真的发生的时候，我们要做的不是逃避，而是相信。"

（二）改变对自杀的错误认识

1. 自杀无规律可循

自杀表面上看起来带有突发性，一旦发生，周围的人常感到惊讶。其实大部分的自杀者都曾传达过明显的直接或间接的求助信息，他们在决定自杀前会因为内心的痛苦和犹豫发出种种信号。

2. 宣称自杀的人不会自杀

当有些人向他人透露自己会自杀，尤其是当言语中带有恐吓成分时，他人常常以为只是说说而已，真想死的人是不会把自己的打算告诉别人的。但是事实是，80%的企图自杀者在自杀前曾与他人谈论过自杀，宣称自杀的人很有可能会有自杀的举动，必须高度重视。

3. 一般人不会有自杀的念头

很多人以为一般人不会有自杀的念头，事实是30%～50%的成年人都曾有过一次或多次自杀的念头。对于性格健康、家庭关系良好的人来说，自杀的念头可能只是一闪而过，很少发展为真正的自杀行为，然而对于性格或精神存在问题的人，在缺乏社会支持的情况下，自杀念头就很有可能转变为自杀行为。

4. 所有自杀的人都是精神异常

有人认为只有精神病患者才会自杀，事实上自杀的人大多不是精神病人。绝大多数的自杀者都是正常人，只是有暂时性的情绪困扰或者障碍。

5. 自杀危机改善后就就不会再自杀

事实上是自杀危机改善之后，至少在3个月内还有再度自杀的可能性，尤其是抑郁病人在症状好转时非常具有危险性。

6. 对有自杀风险的人不能提及自杀

事实上，受自杀困扰的人往往愿意别人与他倾谈，听他诉说自己的感受，如果避而不谈，反而会使情绪绪无从排解，从而加重情绪问题。

（三）大学生心理危机的预防与应对

1. 学习心理健康知识，提升自我心理素质

学校开设的心理健康课程，开办的心理网站，创办的心理报刊，举办的各种心理讲座、团体辅导、心理健康教育月活动等，都为学生提供了学习心理健康知识的机会。学生通过积极参加这些活动、社会实践、公益组织等，在实践与体验中感受自我价值，可以增强大学生的心理素质，减少心理危机的发生。

2. 从根本上理解生命，珍爱生命

你知道能成为一个健康的个体更是多么难能可贵！回想一下，生命诞生之初也是优胜劣汰的结果，生命孕育、发展过程中何其艰辛，充满了太多的不确定因素，能来到这个世界上说明我们就是生命的强者，能健康地活着说明我们就是成功的！所以，不管生命发展

过程中，遇到了多么大的困难、挫折，我们是不是都应该首先想办法活下来，而不是放弃生命，活下来才会有更多的可能性。

3. 寻求学校心理辅导中心的帮助

当学生感觉压力过大或自我调节效果不明显时，要积极向外求助。在我国，大多数高校都设有向大学生免费开放的心理咨询中心，同学们在遇到诸如学习、恋爱、择业、疾病以及生活中的重大事件引发的心理危机时，可以向这些机构寻求专业的帮助，诉说心中的烦恼，缓解情绪困扰，助力自我成长。

4. 向社会危机干预热线求助

一些城市建立了危机干预或者自杀预防中心，设立了生命热线，当你觉得承受的心理压力超出了自己应对压力的能力的时候，可以向这些机构求助。例如，江苏省大学生心理咨询服务24小时热线：025－58255200，也可以下载苏心App，从资源库里找到有益的心理资源和专业的心理咨询师，浙江省高校大学生心理援助热线为0571－85109955，等等。

5. 自杀者周围的人识别其自杀信号的能力及重视程度

自杀者在决定自杀前会因为内心的痛苦和犹豫发出种种信号，周围的老师、同学们若能高度重视，及时识别一些潜在的信号，第一时间报告学校心理咨询中心或者院系负责老师，可以对其进行及时有效地干预，会大大降低自杀率。一般来说，可以从言语、行为等层面进行观察。

1）语言上的迹象

当一个人直接说出“我希望我已经死去，我再也不想活了”，或者间接说出“我所有的问题马上就要结束了，现在没人能帮我，没有我，别人会生活得更好，我再也受不了啦，我的生活一点意义也没有”；他们说与自杀有关的事情和拿自杀开玩笑；谈论自杀的计划，包括自杀的方法、时间和地点；流露出无助、无望的情感；与亲朋告别；谈论自己现有的自杀工具。

2）行为上的迹象

（1）出现突然、明显的行为改变，中断与他人的交往，或危险行为增加。

（2）有条理地安排后事。

（3）频繁出现意外事故。

（4）饮酒和吸毒量增加。

3）出现抑郁症的表现

如果一个人在两周或更长时间内，同时存在三个以上的下述症状，尤其是存在（1）、（2）和（3）的症状，即符合了抑郁症的诊断标准，而中度和重度抑郁症患者自杀的风险是比较高的。

（1）几乎每天心情都非常恶劣。

（2）对以前感兴趣的东西或活动失去兴趣。

（3）感到麻木、空虚、无聊。

（4）躯体疼痛（胃痛、头痛）。

（5）睡眠困难（难以入睡、早醒或睡得过多）。

(6) 体重改变或饮食习惯改变。

(7) 过分的挫败感和过分自责。

(8) 集中注意力、思考问题困难。

(9) 和平常比，更易怒、紧张或易被激怒。

(10) 感到无价值、内疚或满心羞愧。

(11) 彻底的无助感、无望感。

(12) 没有精力或动力，内心有压力感。

(13) 反复出现死亡或自杀的想法，觉得活着还不如死了好。

心理拓展

【心理测试】生命观调查测试①

(1) 在我生命中，我感到无以名状的失落感。

(2) 我觉得在我的生命中缺乏一个真正意义和目标，而我也需要找到它。

(3) 生命的奥秘迷惑着我，并使我感到不安。

(4) 在我一生中，有一股强大的驱动力，促使我去寻找自我。

(5) 我发觉有个强而有力的目标在指引着我。

(6) 我感到在生命中缺乏一件值得去做的工作。

(7) 我觉得有决心去完成某些超凡脱俗的事。

(8) 真正的爱永不褪色。

(9) 假如人要获得快乐，他必须相当以自我为中心。

(10) 苦难是对我性格力量的考验。

(11) 只有经历苦难，才会变成完整的人。

(12) 经历苦难的人必有后福。

(13) 我选择职业时，很重视该职业的声望。

(14) 假如一个病人濒临死亡，遭遇苦难，医生应该帮助病人安乐死。

(15) 苦难有助于人了解真正的人生意义。

(16) 关于死亡，我毫无准备，并感到害怕。

(17) 关于自杀，我曾经慎重考虑过，并认为这是一种解脱之道。

(18) 在经历苦难之后，我变得更能体谅别人。

(19) 死亡是生命的结束，再也没有其他意义。

(20) 将来有一天会死的事实，使我整个人生变得毫无意义。

(21) 我预期我的未来会比过去更有希望。

① 龚永坚，王芳，李苏燕：《大学生心理健康教育》，2017，9：203.

(22) 我已经找到一个满意的生命目的。
(23) 我生命中所发生的事,我能做决定。
(24) 生命的意义存在于我们的周遭世界。
(25) 我觉得有必要为我生命制订清楚目标。
(26) 对死亡的认识,使我觉得生命非常重要。
(27) 我决心使我的未来有意义。
(28) 我生命的成就,大部分取决于我努力的程度。
(29) 新奇变化的事物吸引着我。
(30) 每个人都应为他自己的生命负责。
(31) 我以极大的期待心盼望着未来。
(32) 我能依照我想过的方式生活。
(33) 我很关心如何过一种有意义的生活。
(34) 基本上来说,我正过着一种我喜欢的生活。
(35) 我目前的生活是与我未来的希望紧密相连的。
(36) 我正在追寻生活中令人兴奋的事物。
(37) 我时常觉得烦躁无聊。
(38) 生命对我而言,似乎是非常机械化的。
(39) 对于生活,我有很明确的目标和计划。
(40) 我个人的存在是非常有意义、有目的的。
(41) 每天的生活总是千篇一律。
(42) 如果可以选择,我宁愿没有出生。
(43) 退休之后,我愿意无所事事地度过余生。
(44) 我渴望不断进步,并最终获得生命的圆满。
(45) 我的生命总是充满兴奋美好之事。
(46) 假如我今天就去世,我会觉得我的生命毫无价值可言。
(47) 我常不懂活着的理由。
(48) 每当我注视世界与我的关系时,这世界使我迷惑不堪。
(49) 我是一个非常有责任感的人。
(50) 关于人为自己做决定的自由,我相信人是完全被传统环境所限制。
(51) 为寻求生命的意义、目标和使命,我是很有这种能力的。
(52) 我的生命受外界因素的影响,我不能控制。
(53) 我发现人生并无任何目的与使命。

计分方法

正向选择题选项“符合”得 1 分,选择“不符合”得 0 分;负向选择题选择“不符合”

得1分，选择“符合”得0分。

正向题目：4、5、7、8、10、11、12、13、15、18、21、22、23、24、25、26、27、28、29、30、31、32、33、34、35、36、39、40、44、45、49、51。负向题目：1、2、3、6、9、14、16、17、19、20、37、38、41、42、43、46、47、48、50、52、53。

分析

(1) 得分≥40分，表明你对生活充满希望和信心。

(2) 得分25～39分，表明你对生活有轻度无望感。

(3) 得分<25分，表明你对生活有重度无望感，甚至有自杀意愿，建议立即寻求心理援助。

专题九 我的人生我做主——职业心理

单元导读

生活中，总是有人抱怨自己的生活如一潭死水，没有生机，没有希望，不是他所想要的生活。如果我们在时时刻刻的自怨自艾中度过漫长的一生，用整个一生换取的只是一堆唠唠叨叨的不满，其生活的质量、人生的价值从何谈起？莎士比亚说，人生就是一部作品，谁有生活理想和实现的计划，谁就有好的情节和结尾，谁便能写得十分精彩和引人注目。从这个意义上说，良好的职业生涯规划是成功的开始，也是一个人开始掌控和改变自己命运的开始。通过职业生涯设计可以帮助自己确立职业方向和职业目标，选择职业发展的道路，确定实施职业生涯目标的行动时间和方案，从而最大限度地挖掘自我潜能，实现人生价值。通过职业心理素养相关内容的学习，形成端正的职业态度，以及敬业奉献、精益求精，守卫创新的匠心精神，从而热情饱满地走向未来的职业和生活。

案例导入

刘立早的选择放弃①

1998年，刘立早第一次参加高考，以高分被浙江大学化学工程系录取。2002年，刘立早以本专业第一名的成绩毕业，并被保送到清华攻读硕博连读。随着对研究方向的了解不断深入，正在清华大学就读硕博连读的他开始发现，化工专业并不是特别适合自己，经过反复思考，他决定放弃攻读硕博连读，向校方提出退学申请。经过对个人兴趣爱好和特长的全面分析和权衡，刘立早决定选择建筑专业作为自己发展的方向。2003年6月，第二次参加高考，被清华大学建筑系录取，实现了自己的愿望。有人说，刘立早浪费了五年的时间，但他说，“如果说是读化工的话，我可能这一辈子就要走一条我完全不感兴趣的道路，那么我花五年的时间能够找到自己比较感兴趣的专业，我想还是比较幸运的。”“我重新参加高考不是在儿戏，我是在做一个很慎重的决定，而这个慎重的决定是我经过深思熟虑之后才得出来的结论。我觉得建筑会是我的饿终身职业，它是以后的发展道路。”

想一想：刘立早为什么敢于放弃五年的化工专业学习？如何避免这种现象的发生？

一、职业生涯规划概述

大学你规划了吗?

(一) 职业生涯规划的含义

职业生涯规划，也称职业生涯设计，是指个人与组织相结合，在对一个人职业生涯的主客观条件进行测定、分析、总结的基础上，对自己的兴趣、爱好、能力、特点进行综合分析与权衡，结合时代特点，根据自己的职业倾向，确定最佳的职业奋斗目标，并为实现这一目标做出行之有效的安排。生涯设计的目的绝不仅是帮助个人按照自己的资历条件找到一份合适的工作，实现个人目标，更重要的是帮助个人真正了解自己，为自己确定事业方向，筹划未来，根据主客观条件设计出合理且可行的职业生涯发展方向。简单来讲，职业生涯规划的意思就是：你是什么样的人，你打算选择什么样的职业，什么样的组织，想达到什么样的成就，想过一种什么样的生活，如何通过你的学习与工作达到你的目标？

从心理学的角度来讲，一个不适合自己的职业，要取得成功必将事倍功半，甚至产生巨大的心理压力，导致各种心理问题的产生。再转向其他工作岗位，不但浪费了时间和机会成本，也往往陷入一个两难境地，再做职业转型，难度就大大增加了。所以，要找

① 刘立早选择放弃：http://www.doc88.com/p-9042852389896.html。

到自己的职业定位，好好规划自己的职业生涯。职业生涯规划不是一定要一次选中，终身不改，而是强调事先的慎重考虑和规划可以更好地发现自我、发展自我。机会对于每个人都是均等的，但机会永远眷顾那些有准备的人，大学生做好职业规划对后续发展至关重要。

如果你想为自己的职业生涯发展画幅蓝图，不妨先回答以下五个生涯问题，回答了这五个问题，找到它们的最高共同点，你就有了自己的职业生涯规划。

(1) 我是谁?

(2) 我想干什么?

(3) 我能干什么?

(4) 环境支持或允许我干什么?

(5) 最终职业目标是什么?

(二) 大学生职业生涯规划的特点

职业生涯规划是一份人生的规划与设计，一个人的事业究竟向哪个方向发展，他的一生要从事哪种职业、扮演何种职业角色，都可以在走入职场之前做出设想和规划。如果人生没有这样长远发展的战略思考，就只能率性而为，随机而动，把自己的命运和未来建立在一种不可捉摸的偶然性上。在正常的情况下，一份良好的职业生涯规划应具备以下几个基本特征：

第一，可行性。规划要有事实依据，并非是美好幻想或不着边的梦想，否则将会延误生涯良机。

第二，适时性。规划是预测未来的行动，确定将来的目标，因此各项主要活动，何时实施、何时完成，都应有时间和顺序上的妥善安排，以作为检查行动的依据。

第三，适应性。规划未来的职业生涯目标牵涉多种可变因素，因此规划应有弹性，以增强其适应性。

第四，连续性。人生每个发展阶段应能持续连贯地衔接。

(三) 职业生涯规划设计

大学作为大学生职业生涯规划的重要时期，是大学生迈向人生的起点，职业生涯规划可以考虑以下几个方面：

1. 自我探索

“我”是什么样的人？人们从来就没有停止过对这个问题的追问，因为它离我们太近了。希腊的德尔菲神庙上刻着：“人啊，认识你自己吧!”。中国古代也有很多谚语，“知人者智，自知者明”“知人之难，不在见人，在自见”“人贵有自知之明”等，可见，我们只有认知自己，了解自己的优势和不足，才能进行合理的职业生涯规划。如果时间可以用沙漏、摆钟等形式来标识的话，那么，自我也可以从各个角度去认识，包括兴趣探索、性格探索、能力探索、价值观探索等，进而明确地知道自己的职业特质与最佳职业方向。

1）兴趣探索——我喜欢做什么

兴趣是人们力求认识、掌握某种事物，并经常参与该种活动的心理倾向。它使人对某些事物优先给予注意，并带有积极的情绪色彩。首先，兴趣是职业选择的重要依据。在职业定向与选择过程中，人们都会倾向于选择自己感兴趣的职业，可以使个人的主观能动性得到充分发挥，并把整个身心都投入到自己感兴趣的工作中去；其次，兴趣可以提高工作效率，充分发挥才能。职业兴趣能开发人的职业能力，激发人的职业潜能。一个人对某事物感兴趣，会激发起对该事物的求知欲，促使他充分调动整个身心的积极性，使情绪饱满，智能和体能进入最佳状态，最大限度施展才华，挖掘潜力，发挥人的主动性和创造性；最后，兴趣是保证职业稳定、职场成功的重要因素。在其他条件不变的情况下，从事感兴趣的职业，不但可以使自己感到满意，还会使工作单位感到满意，从而导致工作的长期性和稳定性。

不同的职业需要不同的兴趣特征。那么，什么样的兴趣类型可与相应的职业吻合呢？下面我们根据《加拿大职业分类词典》，对兴趣类型、特征与适宜从事的职业进行介绍，如表 9-1 所示。

表 9-1　10 种兴趣类型的特点及相关的职业

兴趣类型	特征分析	相应职业举例
喜欢与具体事务打交道	喜欢接触工具、器具和数字，而不喜欢与人打交道。希望能很快看到自己的劳动成果，并从完成的产品中得到满足	制图员、修理工、木匠、建筑工、出纳员、会计、勘测人员、工程技术人员等
喜欢与人打交道	喜欢与人交往，一般对销售、采访、传递信息一类的活动感兴趣	记者、推销员、营业员、服务员、教师、行政管理人员、外交联络人员等
喜欢与文字打交道	喜欢有规律的活动，习惯于在预先安排的程序中工作，愿意干有规律的工作	邮件分类员、办公室职员、图书管理员、档案整理员、打字员、统计员
喜欢从事农业、生物、化学类工作	喜欢动物、化工方面的实验性活动	农业技术员、饲养员、化验员、制药工、菜农
喜欢从事社会福利和帮助人的工作	喜欢帮助别人解决困难，这类人乐于帮助人，试图改善他人状况，帮助他人排忧解难	律师、咨询人员、科技推广人员、教师、医生、护士
喜欢做组织和管理的工作	喜欢掌管一些事情，以发挥重要作用，希望受到众人尊敬和获得声望，愿做组织管理的工作	各级各类组织管理者，如行政人员、企业管理干部、学校领导和辅导员等
喜欢研究人的行为和心理	喜欢涉及人的话题，对个人的行为举止和心理状态感兴趣	研究、管理人的工作，如心理学、政治学、人类学、人事管理、思想政治教育等研究工作者，以及教育工作者、经济管理工作者、社会科学工作者、作家等

续 表

兴趣类型	特征分析	相应职业举例
喜欢从事科学技术的工作	喜欢通过逻辑推理、理论分析、独立思考和实验去发现和解决问题，对分析、推理、测试活动感兴趣，长于理论分析，喜欢独立地解决问题，也喜欢通过实验得出新发现	生物、化学、工程学、自然科学工作者和工程技术人员等工作
喜欢从事有想象力和创造力的工作	大都喜欢独立的工作，对自己的学识和才能非常自信。乐于解决抽象问题，而且极易了解周围的世界	科学研究工作和试验工作，如社会调查员、经济分析员、各类科学研究工作者、一级演员、画家、创作和设计人员等
喜欢做操作机器的技术工作	喜欢通过一定的技术来进行活动，对运用一定技术，操作各种机械、制造产品感兴趣	飞行员、驾驶员、机械制造和建筑工人、石油和煤炭开采

身边的故事

生涯抓周①

在古老的习俗中，长辈们喜欢在孩子满周岁的时候，为孩子准备“抓周”仪式，以预见其未来。如“抓尺”是匠人，“抓算盘”是商人，“抓胭脂”的注定一辈子在胭脂粉中讨生活……那么，就让我们来进行“抓周”仪式吧。下面有六个象征物：“扳手”“放大镜”“圆珠笔”“口琴”“话筒”“洋娃娃”。每一个象征物旁边都有一个锦囊，说明象征物的意义和选取者将来的前途，你要选哪一个呢？

(1) 扳手(现实型)：吃苦耐劳，有操作机械的能力。喜欢做和物体、机械、动物、植物等有关的工作。是勤奋的技术家，如制造业、渔业、野外生活管理业、技术贸易业、机械业、农业、技术、林业、特种工程师和军事工作。

(2) 放大镜(研究型)：有数理能力和科学研究精神。喜欢观察、学习、思考、分析和解决问题。是客观的科学家，如生物、医学、化学、物理、地质、天文、人类学等学科的专家。

(3) 圆珠笔(常规型)：有敏捷的文书和计算能力。喜欢处理文书或数字资料。注意细节，按照指示完成琐碎的事。是谨慎的事务家，如会计师、银行人员、财税专家、文书人员、秘书、资料处理人员。

(4) 口琴(艺术型)：有艺术、直觉、创作的能力。喜欢运用想象力和创造力，从事美感的创作。是表现美的艺术家，如作家、音乐家、画家、设计师、演员、舞蹈家。

① 陈敏：《大学生职业生涯发展与管理》，复旦大学出版社，2008，第 34 - 36 页。

(5) 话筒(企业型)：有领导和说服他人的能力。喜欢以影响力、说服力影响他人，喜欢人群互动，追求政治或经济上得成就。是自信的领导者，如企业家、政治家、法学家。

(6) 洋娃娃(社会型)：有教导、宽容及与人和谐相处的能力。喜欢与人接触，以教学或协助的方式，增加他人的知识、自尊心、幸福感。是教育或社会工作者，如教师、心理咨询工作者、职业咨询师或社会工作人员。

【现场讨论】

(1) 根据“生涯抓周”活动的结果，你觉得哪个(些)类型最能描述你？

(2) 你对自己的感觉与类型分析所显示的结果相同吗？有哪些是相同的？哪些是不同的？

(3) 如果给你第二次选择的机会，你会选择什么职业？为什么？

(4) 想想看，在未来的职业生涯中，你将如何培养自己？

2）性格探索——我适合做什么

性格是人在对现实的稳定态度和习惯化的行为方式中所表现出来的个性心理特征，它包括态度特征、意志特征、情绪特征和理智特征，各种特征都影响着大学生的职业选择和职业发展。职业心理学的研究表明，不同的职业对性格有不同的要求。因为人的性格本身非常复杂，涉及人的方方面面。

性格中的态度特征，是指一个人对社会、集体、他人、工作以及对自己的态度。优良的特征有：爱集体、富有同情心、善交际、直率、公正、诚实、谦逊、亲切、认真等；不良的特征有：孤僻、粗枝大叶、墨守成规、浮躁等。性格的态度成分影响职业的选择和成就，例如自私、傲慢、孤僻、暴躁，对公益事业漠不关心，轻视社会行为规范的人，不适于从事与人打交道的职业，如教师、服务员、公关人员、外交人员和机关干部等。

性格中的意志特征是指一个人自觉地调节自己行为方式和水平的标志。属于这方面的性格特征有自觉性、自制性、坚定性、坚持性、严谨、勇敢、果断等，以及与之相反的性格特征有冲动性、盲目性、怯懦、优柔寡断、草率等。性格的意志特征也同职业的选择与成就有密切关系。缺乏坚韧性的人不适宜从事诸如外科医生、科学研究人员、资料管理人员、运动员等要求耐力很强的工作；动摇、怯懦、散漫的人不适宜选择诸如政治工作、服务员、教师等职业。

性格中的情绪特征，通常表现在情绪活动的强度、稳定性、持久性和主导心境等四个方面。有的人情绪体验深刻，易被情绪支配，对工作有较大影响；有的人情绪体验微弱，不易被情绪所左右，情绪对工作影响也较小，就是在成功和失败的重大事件面前情绪也较平稳；有的人易激动，情绪不稳，在成功面前忘乎所以，在失败面前又可能垂头丧气；有的人经常处于欢快之中，乐观向上；有的人则经常抑郁低沉、悲观失望。在职业选择时要考虑个人性格中的情绪特征。

性格中的理智特征，是指表现在感觉、知觉、记忆、思维、想象等认识方面的性格特征，如谨慎、周密、冷静等。这种特征适合选择管理性、研究性和教育性的职业，如医生、律师、教师等。

3）能力探索——我能做什么

能力属于个性心理特征，是指一个人顺利完成某种活动所必须具备的心理特征。人要顺利、成功地完成一种活动，总要有一定心理和行为方面的条件做保证，这种能保证完成活动所需要的基本条件就属于能力。任何一种职业都要求从业者必须具备相应的能力，而且能力的强弱决定了人们工作效率的高低。

能力按照其获得的方式（先天具有与后天培养），可以分为“能力倾向”和“技能”两大类。能力倾向是指上天赋予每个人的特殊才能，如音乐、运动能力等。它是与生俱来的，不过也有可能因未被开发而荒废。因此，这是一种潜能。比如，在中国 13 亿人中，虽然不是每个人都能像刘翔一样跑得那么快，但一定有一些人同样具备像刘翔那么好的节奏感和身体的协调的能力，只是他们从来没有机会去发展这方面的天资。遗传、环境和文化都可以影响到天赋的发展。

技能则是指经过后天学习和练习培养而形成的能力，如阅读能力、人际交往能力、表达能力等。在个人成长的过程中，从什么也不会做的小婴儿到一个自理生活，能够看、听、说、行走、阅读、写字的普通成年人，其实我们每个人都已经学会了无数的技能。在现实生活中，个人的能力水平往往是能力倾向和技能两方面的结果。

延伸阅读

李开复就读于美国哥伦比亚大学，这所大学的法律专业排名位于全美国前三位，而且毕业后能够做律师，将是一个很有前途和地位的职业。刚进入大学时，李开复想从事法律或政治工作，一年多后李开复发现自己并不真正喜欢法律，学习成绩也只在中游，他接触并爱上了计算机，每天疯狂地编程，很快就引起了老师、同学的重视。终于，大二的一天，他做了一个重大的决定：放弃此前一年多在全美前三名的哥伦比亚大学法律系已经修成的学分，转入哥伦比亚大学的计算机系。朋友劝他，改变专业会付出很多代价。但李开复告诉自己：做一个没有激情的工作将付出更大的代价，人生只有一次，不应浪费在没有快乐、没有成就感的领域。他说：“办完专业手续的那天，我心花怒放、精神振奋，我对自己承诺，大学后三年每一门功课都要拿A。”李开复实现了自己的诺言，以优异的成绩顺利毕业，并成为计算机领域的顶级专家之一，同时获得过《商业周刊》颁发的“最重要科技创新奖”。

李开复的成功充分证明了兴趣、能力等在职业选择中的重要性。正因为他不断地了解自我,客观认识自我,才做出了最明智的选择。如果大学生能够提早进行职业生涯规划设计,找到自己的职业兴趣、职业能力等,就一定能找到一份适合自我、施展自己的职业。

4)价值观探索——我想要什么

价值观就是我们在生活和工作中所看重的原则、标准或品质。它指向我们一生中最重要的东西,因此它也是一套自我激励机制。生涯大师舒伯认为职业价值观是个人追求的与工作有关的目标,亦即个人的内在需求及在从事活动时所追求的工作特质或属性。它是人生价值观在职业问题上的反映。每个人都有自己的核心价值观,同样,每一种价值观都没有绝对的好坏之分,例如有的人工作是为了满足对金钱的欲望,有的人是为了证明自己的能力。当工作与个人价值观互相违背,则工作会变成痛苦的来源;如果所选择的工作与个人价值观恰巧相符,那么即使其他的条件并不如意,他也能乐在其中。

价值观澄清有3个阶段,共7个步骤。

第一阶段:选择一个价值观(3个步骤)

(1)在选择一个职位之前你是否会考虑其他可能的选择?

(2)在选择一个职位之前你是否会考察一个职位带来的结果?

(3)你是否会独立于外界的压力选择一个职位,保持感受,思考和行动的一致?

第二阶段:珍视你的价值观(两个步骤)

(1)你对一个职业有强烈的感觉并珍惜它吗?

(2)你会在公共场合提到这个珍视的职位,必要的时候会很确定的肯定它吗?

第三阶段:依照你的价值观行动(两个步骤)

(1)你会用行动来支持你的感受和信念吗?

(2)你是否始终如一地根据你的感受和信念来行动?

回答这些问题的过程就是价值澄清的过程。如果对于一个职位你能对上述所有问题给出一个肯定的答案,那么在是与否之间就是你的价值标准,按照这个标准,这其中的某些东西是你认为有价值的,而另一些则不是。

2. 职业探索,了解工作世界

不同的职业岗位对求职者的自身素质和能力有着不同的要求,在职业生涯规划时,对于目标职业的了解也是必备的一个环节。怎样进入这个行业?这个职业需要怎样的能力要求?现在的市场需求是怎样的?待遇如何?发展前景怎么样?都是职业信息库提供的核心内容。另外,什么是你的职业支撑点?你具有哪些职业竞争能力?个人、家庭、学校、社会的种种关系,都能够影响你的职业选择。

1)外面的世界很精彩

美国著名人力资源专家罗杰·安德生曾经对100位退休老人进行问卷调查,其中一道题是回顾你的一生，你最大的遗憾是什么？令他吃惊的是90%的老人认为：一生中最大的遗憾是选错了职业！这些风烛残年的老人在生命即将走到尽头时没有抱怨自己挣钱太少，没有抱怨婚姻家庭的不幸，也没有抱怨战争和天灾人祸带来的创伤，却对自己的职业选择耿耿于怀。可见，职业的选择对人一生是多么的重要！通过各种途径，尽力了解自己感兴趣的相关职业非常必要。

延伸阅读

职业资格证书——就业的通行证

国家职业资格证书是人力资源和社会保障部依法推行的国家级证书，是按照国家制定的职业技能标准或任职资格条件，通过政府认定的考核鉴定机构，对劳动者的技能水平或职业资格进行客观、公正、科学、规范的评价和鉴定，是表明劳动者具有从事某一职业所必须具备的学识和技能的证明，是对劳动者具有和达到某一职业所要求的知识和技能标准。从技术角度看，职业资格证书是社会按一定的职业资格标准，对劳动力质量进行严格检测的结果；从经济关系看，职业资格证书是社会对劳动供给者拥有的劳动力产权的核定和确认。因此说职业资格证书是劳动者求职、任职、开业的资格凭证，是用人单位招聘、录用劳动者的主要依据。与学历文凭不同的是，职业资格与职业劳动的具体要求密切结合，更直接、更准确地反映了特定职业的实际工作标准和操作规范，以及劳动者从事这种职业所达到的实际能力水平。

2）生涯人物访谈

大学生生涯人物访谈是通过与一定数量的职场人士（通常是自己感兴趣的职业从业者）会谈而获取关于一个行业、职业和单位“内部”信息的一种职业探索活动，是大学生对未来拟定职业生涯的一次探索性活动，更他们对自我的设计和规划的探索性活动，这些信息是通过大众传媒和一般出版物得不到的。“纸上得来终觉浅，绝知此事要躬行”，没有亲身的经历，就无法清楚地了解当今就业形势的真实状况。生涯人物访谈，作为一种获取职业信息的有效渠道，能帮助在校大学生检验和印证以前通过其他渠道获得的信息，并了解与未来工作有关的特殊问题或需要，如潜在的入职标准、核心素质要求和工作者的内心感受。通过生涯人物访谈，在校大学生还能正确认识自己的优势和不足，从而制定更加合理的大学学习、生活和实习计划。一般操作流程包括：①了解自己；②寻找生涯人物；③结合目标职业信息设计访谈问题；④预约生涯人物；⑤采访生涯人物；⑥用职业信息加工的观点来分析，完成《生涯人物访谈报告》。

请根据你的职业兴趣、职业目标等寻找生涯人物，进行生涯人物访谈，并完成《生涯人物访谈报告》，可以进行全班分享。

备注：如果你的访谈结果与自己之前的认识出现严重脱节，有必要进入另一个职业领域开展新一轮生涯人物访谈。

3）构建SWOT矩阵

所谓SWOT分析，即态势分析，就是将与研究对象密切相关的各种主要内部和外部的优势、劣势、机会和威胁等，通过调查列举出来，并依照矩阵形式排列，然后用系统分析的思想，把各种因素相互匹配起来加以分析，从中得出一系列相应的结论，而结论通常带有一定的决策性。

S：优势（strengths）。学了什么，做过什么，最成功的是什么；潜力、特长及自身优势。

W：劣势（weaknesses）。经验或经历中欠缺什么，最失败的是什么，性格弱点、限制、技能不足等。

O：机会（opportunities）。现在的就业形势，各种职业的发展空间，社会最急需的职业。

T：威胁（threats）。专业不对口，同学竞争，薪酬过低等。

SWOT分析还只是进行了第一步，更重要的是进行SWOT策略分析，即基于SWOT分析的结果，分析如何把优势转换成机会（S—O策略），如何应用优势化解威胁（S—T策略），如何把劣势转换为机会（W—O策略），如何在劣势与威胁中采取应对措施（W—T策略）。高职生构建个人职业因素的分析如表9－2所示。

表9－2　高职生构建个人职业因素的分析矩阵表[①]

<table>
<tr><th colspan="2">内部因素</th></tr>
<tr><th>优势S（指个体可控并可利用的内在积极因素）</th><th>劣势W（指个体可控并努力改善的内在消极因素）</th></tr>
<tr><td>（1）良好的教育背景
（2）家庭条件
（3）个体能力
（4）个性特点
（5）人际关系
（6）个人专长
……</td><td>（1）缺乏工作经验
（2）专业不对口，学习成绩差
（3）自学能力、适应环境的能力差
（4）自我认知水平不高，不善于规划自己
（5）缺乏明确清晰的人生目标
（6）自闭，不善于表达自己，自信心不足
……</td></tr>
<tr><th colspan="2">外部因素</th></tr>
<tr><th>机会O（指个体不可控但可利用的外部积极因素）</th><th>威胁T（指个体不可控且威胁到个体存在的因素）</th></tr>
<tr><td>（1）就业机会增加
（2）再教育的机会多
（3）知识信息时代，带来某些专业领域的扩大
（4）边缘学科的兴起，管理者对新概念的注重与关心
……</td><td>（1）就业机会少
（2）同类专业毕业生过量，竞争对手多
（3）某些企事业单位对某些专业存在偏见或设置障碍
（4）企业管理不规范，企业管理者对毕业生带有偏见，限制学生的专业发展，缺少晋升或培训的机会
……</td></tr>
</table>

① 王祥：《基于SWOT分析法的职校生职业定位分析》，《金华职业技术学院学报》2010年第6期。

延伸阅读

著名的美国作家马克·吐温曾有一段鲜为人知的历史：作为职业作家和演说家的马克·吐温在事业成功的初期，曾试图转业到产业界去做一名商人，先是用了三年的时间，去投资打印机的开发和生产，结果以巨额亏损和失败告终。后来他又投资兴办出版发行公司，由于自不量力和不得要领，很快债台高筑，陷入困境，出版公司宣告破产，他本人也陷入更大的债务危机之中。经过两次经商失败的打击，马克·吐温终于认识到自己从事经商和实业的无能，彻底断绝了经商的念头，重整旗鼓，一边埋头写作，一边在全国巡回演讲，他的小说创作成绩斐然，销量步步攀升，他以幽默风趣的演讲风格名声大噪，深受美国人民的爱戴和欢迎，随之他脍炙人口的作品在全世界得到承认，成为世界级的文学大师。马克·吐温的职业探索之路可谓充满坎坷，外面的职业门类众多，可很多未必就适合自己，选择做自己最不擅长的事，只能成为你职业之路的绊脚石。

3. 合理决策，明确目标

在制定职业生涯规划时，关键是要确立好目标。行为主义心理学认为，目标是一种刺激，合适的目标能够激发人的动机，规定行为的方向。理想的职业生涯目标，对人的发展具有重要的激励作用。在确定自己的目标的时候，不能盲目地追随潮流，什么流行干什么，时代是变化发展的，没有什么会永远盛行的，要结合自己的实际，根据自己的爱好来选择。大学生制定职业目标时应把个人志向和社会需要有机结合起来，这才有现实的可行性。目标又分短期和长期目标。长期目标一般是以后职业规划的顶点，短期目标则一般是近期素质能力的提高等。确定职业生涯规划目标后，就要选择和设计合理的职业生涯路线，制定一套周密的行动计划，执行生涯战略，实现职业生涯目标。

延伸阅读

目标管理的SMART原则

制定目标看似一件简单的事情，每个人都有过制定目标的经历，但是如果上升到技术的层面，经理必须学习并掌握SMART原则。所谓SMART原则，即目标必须是：

(1) 具体的(specific)，指目标必须是清晰的，可产生行为导向。

(2) 可以衡量的(measurable)，目标必须是可以量化的，

(3) 可以达到的(attainable)，目标的制定应该在能力范围内，同时要保持有一定的难度，具有一定挑战性。

(4) 和其他目标具有相关性(relevant)，即目标必须与现实生活相关。

(5) 具有明确的截止期限(time-based)，目标的制定必须确定完成的日期。

目标的巨大导向作用

哈佛大学曾进行过这样一项跟踪调查，对象是一群在智力、学历和环境等方面条件差不多的大学毕业生。调查结果发现：27%的人没有目标；60%的人目标模糊；10%的人有着清晰但比较短期的目标；其余3%的人有着清晰而长远的目标。25年后，哈佛再次对这群学生进行了跟踪调查。结果是这样的：

3%的人，在25年间朝着一个方向不懈努力，几乎都成为社会各界的成功人士，其中不乏行业领袖和社会精英；10%的人，他们的短期目标不断地实现，成为各个领域中的专业人士，大都生活在社会的中上层；60%的人，他们安稳地生活与工作，但都没有什么特别成绩，几乎都生活在社会的中下层；剩下27%的人，他们的生活没有目标，过得很不如意，并且常常在抱怨他人，抱怨社会。哈佛大学据此调查，得出如下结论：在同等质量的人才群体中，“优秀”与“平庸”仅隔一线，而这一根“线”就是：一个人是否有一个明确而长远的目标，还有为这个目标坚持不懈的努力。

4. 有效行为，培养实践能力

美好人生，始于规划；完美规划，则靠卓越执行。在确立了职业目标后，行动成了关键环节，职业生涯规划的行动计划需要转变为有效的执行力。

在现代求职过程中，很多用人单位更注重实践能力，大学生应重点培养满足社会需要的决策能力、创造能力、社交能力、实际操作能力、组织管理能力和自我发展的终身学习能力、心理调适能力、随机应变能力等。因此，要指导大学生参加有益的职业训练。职业训练包括职业技能的培训、国家职业资格认证考试等。

5. 评估行为，修订规划

由于影响职业生涯规划的因素很多，有的变化是无法预测的，有个人的、社会的、环境的因素，因此大学生应时刻关注自我及环境的变化，从而不断对职业生涯规划进行评估与修订。经过一段时间的实践探索，有意识地回顾自己的行为得失，可以对职业目标进行评估(是否需要重新选择职业)；也可以对职业路径进行评估(是否需要调整发展方向)；或者对实施策略进行评估(是否需要改变行动策略)等。因此，行动方案一经制订，在付诸实施过程中，需要加强自我管理与目标管理，以确保职业生涯发展按预定计划进行。

二、职业生涯选择中的心理调适

(一) 鱼和熊掌不可兼得

曾经有这样一个故事：一头狮子在森林中右腿不幸踩中了猎人捕捉猎物的夹子，为了逃生，它忍着剧痛，毅然咬断了自己的右腿，之后逃去。我们可以想象，假如这头狮子不舍得咬断自己的右腿，束手就擒，那等待它的将只有死亡。现在虽然它失去了一条腿，可却获得了重生。

鱼和熊掌都是我们所喜欢的，但我们常常不能同时拥有。我们必须学会选择，学会放弃。人生也一样，随着计划经济向市场经济的转轨以及各种文化的交融，新思想、新知识等不断产生并迅速传播，知识爆炸、信息繁多、生活方式多样化等正成为现代社会的主要特征。在此时代背景下，社会成员一方面拥有了更自由的选择权利与更广阔的选择空间；另一方面也必须在众多的十字路口面前学会审慎选择。在真理与陷阱、正道与歧路、坦途与暗礁之间学会取舍，决策正确，就可能拥有积极的人生；而选择不当，则可能坎坷一生。选择对于个人而言，既是机遇，更是挑战。

一个不会选择，不敢放弃的人是很难采到彼岸的成功之花的。作为学生，我们可能都曾有过这样的经历，当我们在考试中遇到一个稍微卡壳的问题时，思维可能会一时停滞下来，不再认真思考，致使结果拿不出完美的答卷。也许我们都喜欢追求完美，希望把所有的试题做好，获得高分，其实不然。也许正因为那片刻的停滞，使我们错失了一次迈向成功的机会。

狮子在腿与死亡之间，勇敢地放弃了腿，获得重生。那么人呢？我们又该怎样取舍？失去腿的狮子，并不再是一头完美的狮子，但它却拥有一个完整的生命。人的一生也并不可能都是完美的，也不可能拥有一切。当我们因放弃而失去某些东西时，我们不要难过，我们要勇敢地往前走去，因为前面有更美丽的花等着我们去采摘！

一个人要想获得成功，要想拥有一个美丽的人生，就应该认清自己的人生方向和目标，做出正确的选择，勇敢放弃，寻找适合自我生存和发展的空间。

(二) 男怕选错行，女怕嫁错郎

职业生涯规划的过程其实就是选择行业的过程，只有当我们选择了与自己的兴趣、爱好、能力基本一致的职业，才能忘我地工作，把工作不仅看成是谋生的手段，而且当作是自我实现的途径、精神的寄托、人生的乐趣；相反，如果我们对自己所从事的职业十分厌倦，那么自身才能就会受到压抑，工作积极性也难以得到有效发挥。社会学研究表明，合理的职业选择，有利于实现劳动者与职业岗位的最佳结合，做到人尽其才，才尽其用，个人素质符合职业要求的劳动者的劳动生产率，比不符合要求的劳动者的劳动生产率要高 20%～40%。

随着社会人才观念的更新，用人单位培训机制的健全，对口就业意识的日趋淡化，亦为高职学生在更为宽广的领域寻求自我的发展提供了可能，这同样要求高职学生必须培养职业决策能力，在纷繁复杂的环境中，善于作出深思熟虑的判断，找到自身的人生最佳位置。正所谓“男怕选错行，女怕嫁错郎”，选错了行业，可能会毁掉自己本该有所作为的人生。

基于此，在职业生涯发展过程中，社会环境的变化和不确定因素的存在，会使实际情况与原定职业生涯目标和行动计划有所偏差，需要我们对职业生涯目标和行动方案进行评估并作出适当调整，以便更好地符合自身发展和社会发展需要。因此，加强对行动方案实施过程的自我管理、目标管理和评估、调整，既是保障职业生涯规划有效实施的关键环节，同时也构成职业生涯规划的重要内容。

（三）当局者迷，旁观者清

人们在职业能力方面各有所长，每个人只有找到符合自身职业能力的岗位，才能各展所长，才能为社会作出更大贡献。正如清代诗人顾嗣协在其《杂兴》中所云：“骏马能历险，力田不如牛；坚牛能载重，渡河不如舟。舍长以就短，智者难为谋；生材贵适用，慎勿多苛求。”因此，高职学生在职业选择的过程中，既应充分了解不同职业对从业人员的特定要求，也应全面认识自身的特点，以求在职业决策时尽可能使两者相适应。

在生理方面，高职学生要对自己的身高、体重、视力、体质以及健康状况有所了解，在心理方面，要能对自己的职业兴趣、职业能力、职业性格、职业气质等比较熟悉，同时，在自我职业期望、职业成熟度、职业价值观、职业知识结构等方面也要做到心中有数。此外了解自身特点与职业选择的关系对高职学生而言亦是非常必要。不懂得这种“人”与“事”的关系，就不可避免地出现“乱点鸳鸯谱”的现象。

尽管大多数职业对从业人员生理条件的基本要求不是十分苛刻，只要身体健康就行，但如果更细致地进行分析，不同职业的具体要求还是有差异的。如，需要体力劳动的职业对从业者体力大小的要求要高一些；从事公关工作的岗位，用人单位一般对外貌、身体等外形条件就会挑剔些。而歌唱演员需要具备较好的声带条件和整个发声生理结构，运动员则需要爆发力、反应速度、柔韧性等。

在心理条件上，不同的人其适合的职业也是不同的。如大多数时间愿意在户外度过，愿意与大自然打交道的具有户外型职业兴趣的人适合从事地理、地质、动物、植物等方面的工作。具有实践操作职业能力倾向的人，宜选择厨师、木工、钟表修理工等工作岗位。以黏液质为主气质类型的人，需要持久、耐心、细致品质的医生、护士等工作，是其理想的职业。

所谓“当局者迷，旁观者清”，高职学生可参考家庭、同学、朋友、师长、专业咨询机构等第三者的意见，着重对以下内容进行反思与研究。

你的优势：

（1）你学习了什么。在学期间，你从专业学习中获取什么收益；社会实践活动提高和升华了你哪方面知识和能力。努力学好专业课程是职业设计的重要前提。要注意学习、善于学习，同时要善于归纳、总结，把单纯的知识真正内化为自己的智慧，为自己多准备点后备能源。

(2) 你曾经做过什么。在学期间担当的学生职务、社会实践活动取得的成就及工作经验的积累等。要提高自己经历的丰富性和突出性，你应该有针对性地选择尽量与职业目标相一致的工作项目，坚持不懈地努力工作，这样才会使自己的经历有说服力。

(3) 最成功的是什么。你做过的事情中最成功的是什么？如何成功的？通过分析，可以发现自己的长处，譬如坚强、智慧超群，以此作为个人深层次挖掘的动力之源和魅力闪光点，形成职业设计的有力支撑。

你的弱势：

(1) 性格的弱点。人无法避免与生俱来的弱点，这就意味着，你在某些方面存在着先天不足，是你力不能及的。多安下心来，跟别人好好聊聊，看看别人眼中的你是什么样子，与你的预想是否一致，找出其中的偏差并弥补，这将有助于自我提高。

(2) 经验或经历中所欠缺的方面。欠缺并不可怕，怕的是自己还没有认识到或认识到了而一味地不懂装懂。正确的态度是，认真对待，善于发现，努力克服和提高，你可以打出“给我时间，我可以做得更好”的旗号。

俯瞰当今，成功者的灿烂环绕着整个世界。乔丹是篮球飞人，罗纳尔多是足球先生，帕瓦罗蒂是美声歌王，索菲娅·罗兰是电影皇后，杨振宁是诺贝尔物理学奖得主，韦伯纳是企业家的楷模。这些精英之所以出类拔萃是因为其自身的优势获得了最大限度地发挥。作为高职学生，在对这些精英深怀敬仰之时也应该明白：优势不是这些精英的专利，我们每个人都有天生的优势。

如果我们看到别人在做某件事时，心里有一种痒痒的召唤感，即“我也想做这件事”；如果我们完成某件事时，心里有一种愉快的欣慰感，即“我还可以把这件事做得更佳”；如果我们做某类事情时几乎是自发地，无师自通就能将其拿下；如果我们在做某类事情时不是一步一步，而是行云流水般地一气呵成……这些都是最重要的信号，都说明了我们的优势所在。因此，我们时刻要做一名有心人，留心自己的优势所在，并将自己的生活、工作和事业发展都建立在这个优势之上，这样方能成功。

延伸阅读

乔韩窗口理论

美国心理学家 Jone 和 Hary 提出关于自我认识的窗口理论，称为乔韩窗口理论(见图 9-1)。他们认为人对自己的认识是一个不断探索的过程。因为每个人的自我都有四部分：公开的自我，盲目的自我，秘密的自我和潜在的自我。乔韩窗口给我们的启示是，要做到正确认识自我，可以有多种方法。

		自我观察	
		认识到	未认识到
他人观察	认识到	A	C
	未认识到	B	D

A. 公开的我：自己认识到、被人也认识到的我。
B. 秘密的我：别人未认识到而自己认识到的我。
C. 盲目的我：别人认识到而自己未认识到的我。
D. 潜在的我：别人和自己均未认识到的我。

图 9－1 乔韩窗口理论

（1）通过与他人比较来认识自我。个人认识与评价自我的能力、自我的价值、自我的品德以及个性特征往往是通过与他人的比较而实现的。“见贤思齐焉，见不贤而内自省也。”大学生不仅仅要与自己情况差不多的人相比，更要与优秀的人相比，认识到自己的不足，激励自己努力进取，改进和提高自己；同时还可以和不如自己的人比较，可以提升自我评价，体验到愉快、满足和成就感。

（2）通过他人对自己的态度来认识自我。生活中，我们总要和各种各样的人打交道，这些人可以是父母、老师，也可以是一些与我们生活无关紧要的人，我们可以从他们的态度与反应中来了解自己。正如唐太宗的一句名言所说，“以镜为鉴，可以正衣冠；以人为鉴，可以明得失。”

（3）通过反省自己的心理活动和行为来认识自我。这是一种自己直接认识自己的形式，是人与自我的内心对话。孔子曰：“吾日三省吾身”。随着大学生自我认识与自我评价能力的提高，大学生可以通过反思自我，严于解剖自我，敢于批评自我来提高自我认识的能力。

（4）通过参加实践活动来认识自我。大学生应打破自我心理闭锁的状态，增加生活阅历，在积极参加实践与交往中使自己的天赋与才能得以发挥，以便进一步全面认识和发展自我。

三、求职面试心理调适

（一）求职问题浏览

找工作难，有多方面的原因：经济、制度、社会、企业、学校，但有时自己才是最大的原因。如果走进了求职的误区，就找不到自己理想的岗位，迷失事业发展的方向。概括而言，目前高职学生在求职过程中主要有以下问题：

1. 自我期望值过高

张小姐失去工作已经两年了,她本来在一家合资企业找到一份文员的工作,但是她认为这是一个高中生就能胜任的位置,如果让她屈驾于此岂不是"浪费人才"? 于是,一个月不到就主动拜拜了。后来几经辗转,她凭着丰富的理论知识在一家台资找到份做行政主管的"美差",但由于没有外资企业的实际管理经验,许多工作难以顺利开展,试用期一到就被老板炒"鱿鱼"了。

高职学生刚出校门,都有点初生牛犊不怕虎的劲头。不少学生自认为学识虽算不上渊博,但凭着十几年的积累加上领悟能力应付工作,问题还不是太大。而企业却觉得高职学生的实践经验欠缺又比较傲气,需要先到一线上锻炼,踏实下来,有一定的基层经验,发展起来才会更好。于是高职学生在择业时就经常出现了"高不成,低不就"的现象。其实根基不稳的楼阁,早晚会倒的,要想有良好的发展,就不能把目光只放在眼前。所以对正在找工作的学生来说,不要自我期望值过高,要客观的认识自己目前的能力。"彩霞"朝夕有,"玫瑰"不常开。理想是彼岸,务实是桥梁。

2. 刻意追求包装

为了向用人单位推销自己,做简历是第一步。简历大多是中英文各一份,一般要三四页纸,每个毕业生少则发几十份,多则发几百份。为了与众不同,有些同学聘请专业人士对求职材料进行设计和包装,有些人甚至将个人信息制作成 VCD。如果单位需要应聘者去面试,一些同学又专门添置高档服装,男生置办西装革履,女生也要备好职业套装,再加上化妆品、美发费,所有开销加起来,投入就很多了。

经过一番"包装"能有多少成功因素呢? 一位大公司的人事部经理说,他们对前来面试的毕业生,在着装上并不刻意挑剔,学生嘛,只要衣着整齐干净,注重个人卫生,不会因此丢份的,相反,若是浓妆艳抹、油头粉面,倒是给人不够自然大方的印象。

实际上,简历做得再精美,服装穿得再考究,也只是形式,聪明的招聘者更注重内容,也就是应聘者的实力。

3. 应聘前不做市场调查

一些研究显示,大多数同学在应聘前,根本不去做市场调查,不知道社会上需要怎样的人才,所以在面试中常常处于被动局面。丰田汽车(中国)投资有限公司经营管理部人事经理陈博雅说:"大学生求职前,起码应对该公司有所了解,而现在不少求职者非常盲目。"在一次招聘会上,她让应聘大学生说出几款丰田车的名字,没想到求职者一个都答不出来。"对企业这么陌生,在去求职前不去了解该企业,很难想象他对自己的职业生涯有所规划。这样不负责的人,我们肯定不会用。"

"知己知彼、百战不殆",在应聘前对自己喜欢的工作单位、工作岗位应该进行研究。可以通过亲朋好友、报刊资料、网站查询该单位各类信息,从中了解该单位的经营目标、宗旨以及管理模式和经营理念等。带着我们获得的充分的信息去面试,就能高质量地回答面试问题,反映出我们对求职认真负责的精神,同时对应聘单位也做了一次评估,增加自己的选择机会。我们的努力会使我们在众多的求职者中脱颖而出,极大地增加得到这份工作的机会。

怎样轻松过面试

4. 面试策略不当

1）不善于打破沉默

面试开始时，应试者不善打破沉默，而等待面试官打开话匣。面试中，应试者又出于种种顾虑，不愿主动说话，结果使面试出现冷场。即便能勉强打破沉默，语音语调亦极其生硬，使场面更显尴尬。实际上，无论是面试前或面试中，面试者主动致意与交谈，会留给面试官热情和善于与人交谈的良好印象。

2）与面试官"套近乎"

具备一定专业素养的面试官是忌讳与应试者套近乎的，因为面试中双方关系过于随便或过于紧张都会影响面试官的评判。过分"套近乎"亦会在客观上妨碍应试者在短短的面试时间内，做好专业经验与技能的陈述。聪明的应试者可以列举一至两件有根有据的事情来赞扬招聘单位，从而表现出您对这家公司的兴趣。

3）慷慨陈词，却举不出例子

应试者大谈个人成就、特长、技能时，聪明的面试官一旦反问："能举一两个例子吗？"应试者便无言应对。而面试官恰恰认为事实胜于雄辩。在面试中，应试者要想以其所谓的沟通能力、解决问题的能力、团队合作能力，领导能力等取信于人，唯有举例。

4）不善于提问

有些人在不该提问时提问，如在面试中打断面试官谈话而提问。也有些人面试前对提问没有足够准备，轮到有提问机会时不知说什么好。而事实上，一个好的提问，胜过简历中的无数笔墨，会让面试官刮目相看。

5）不知如何收场

很多求职应试者面试结束时，因成功的兴奋，或因失败的恐惧，会语无伦次，手足无措。其实，面试结束时，作为应试者，您不妨：表达你对应聘职位的理解；充满热情地告诉面试者你对此职位感兴趣，并询问下一步是什么；面带微笑的谢谢面试官的接待及对您的考虑。

5. 就业心理不当

1）依赖心理

在就业过程中，一些高职学生缺乏主动参与意识和竞争意识，信心和勇气不足，在社会为其提供的就业机会面前顾虑重重，表现出优柔寡断、瞻前顾后、犹豫不决、患得患失，择业过程中，当断不断，失去很多机会。

一位跨国公司的人力资源经理表示，有的学生没有判断能力，应聘的时候由家长陪同，这样的人面试第一关就过不了。还有的人前几轮笔试、面试通过后，在与公司签约的时候，父母到场与用人单位说长道短谈条件，这都是学生应聘时应该避免的。找工作的前提是，你是一个独立的人，有自己的判断能力，能对自己负责。

2）自卑心理

自卑心理也是高职学生就业过程中一种常见的心理现象。一些学生自我评价过低，低估自己的知识和能力水平。表现在就业过程中，有的学生对自己缺乏自信，过于拘谨、缩手缩脚、优柔寡断，不能向用人单位充分展示自我，从而坐失良机；有的学生因为学历、成绩、能力、性格方面的某些缺陷和不足而丧失了勇气，悲观失望、抑郁孤僻、不思进取，觉得自己事事不如他人，不敢参与就业市场竞争。

3）攀比心理

在就业工作中，由于每个人生活的环境、家庭背景以及能力和性格，所碰到的机遇是不尽相同的，因而在择业目标、职业选择上不具有可比性。而高职学生血气方刚，喜欢争强好胜，虚荣心较强，容易引发攀比心理。表现在求职择业过程中，就是忽视自身特点，对自我缺乏客观正确的分析，不从自身实际出发，不考虑所选单位是否适合自己，而是盲目攀比，不屑到基层工作，总想找到一份超过别人、十全十美的工作，这种攀比心理使得不少毕业生迟迟不愿签约。

4）从众心理

高职学生正处于人格逐渐完善和成熟的阶段，容易受社会思潮和社会观念的影响，人云亦云，缺乏个人主见，从众心理较为严重。表现在就业过程中，就是忽视所学专业的特点，过分追求实惠，盲目趋向经济发达地区和中心城市就业，追求功利，一味追求所谓的热门单位、热门职业，没有从职业发展与个人前途、国家需要去考虑，求安稳，缺乏积极进取精神，功利主义、实用主义思想严重。

5）完美心理

完美主义者总是希望别人把自己看成是一个无可挑剔的人。面试前，完美主义者最愿意做的，是自己给自己制造数不清的想象中的心理压力；面试中，完美主义者会尽量地掩饰、遮盖自己的不足之处，然而，却忽略了面试的根本目的——全面而准确地展现自己的优点。一个人的缺点必然是越抹越黑，一个人的优点则是越擦越亮。

一位跨国大公司的老板解释说，我承认，良好的修饰是必要的，但是，没有必要在个人的仪表方面完美得令人望而生畏。他的衣着是完美的，他的头发是完美的，他的指甲是完美的，连他的牙齿也完美无缺。他简直是塑造的。我可不希望如此。没有人是完美的。

在他看来绝对的完美主义者意味着永远的自我否定者，因为这些人永远达不到他为自己所定的任何一个目标；绝对的完美主义者亦意味着不知轻重、不分主次，他会强迫自己在每一个细节上保持过分的不必要的停留。

高职学生面试前，不必为自己所谓的不可逆转的缺点平添不必要的苦恼，多想想自己的优点和长处；面试中，也不必在面试考官老练的目光下，怕暴露自己的缺点而动摇信心，成为一个蹩脚的完美主义者①。

求职路上无坦途，每一次成功的求职都是智慧和能力的结晶。春夏时节，正值谋求职业的高峰期，对于圆满完成学业、即将步入社会、渴望成功的众多高职学生来说，摆正自己的心态，回避求职误区，理性求职，找到一份满意的工作不再是个梦！

---

① 改编自《面试心理与应对策略》，http：//edu. sina. com. cn/l/2005-01-17/ba98313. shtml。

（二）求职面试心理调适

1. 求职观念的更新

1）从一次就业到多次择业

随着科学技术的不断进步，产业、行业结构调整速度明显加快，朝阳产业不断产生，夕阳产业逐渐衰落，一些职业的内涵、性质、对从业者的素质要求等不断更新，尤其是当前我国正积极推进赶超型现代化，产业行业的布局结构调整更是在所难免，劳动者在不同行业、经济部门之间的流动将会更加频繁。同时，劳动力资源市场配置机制的日趋完善，亦为从业者在不同岗位之间变换工作提供了政策支持。因此劳动者的职业流动将成为非常普遍的现象。

不少人相信“不想当将军的士兵不是好士兵”这句话。其实，现实生活中，将军的位置很少，如果大家的目标都是想到最高层，那么，这种主观愿望就会与客观条件产生差距，使你在执行计划时，产生许多挫折。因此，确定职业前程时要从实际出发，切实可行。高职学生要真正认识到个体在其职业生涯中，工作的变换是极为正常的，期望得到一劳永逸的职业是不现实的。在最初的求职过程中，高职学生要理解“先就业、后择业”的道理，根据自身的条件，合理定位就业期望，先让心灵有个“归宿”，不能总想一步到位。一位人力资源部经理曾经说过，首先要解决生存问题，然后才是发展；如果说发展是硬道理，那么生存更是硬道理。

俗话说：“树挪死，人挪活”。在工作过程中，高职学生还要注意不断积累职业经验与求职资本，学会职业经营，适时结合各方面条件的变化，依照相关程序主动调整工作岗位，努力追求自我实现。当然，高职学生也要克服“这山望着那山高”的心态，不能总是觉得别人的工作更理想，不能受“跳槽”想法的影响，而不安心本职工作、对业务不加钻研、不注意建立良好的人际关系，这对高职学生未来的发展也是极其不利的。

2）从正规就业到多途径就业

大学生过去是“天之骄子”“皇帝的女儿”，如今则必须树立平民意识和忧患意识。面对严峻的就业压力，不能一味地追求机关公务员或事业单位岗位。树立到公有制单位是就业，到非公有制单位（如合资企业、私营企业或种植、养殖大户等）也是就业；在本地、本行业是就业，到外地、跨行业也是就业的观念，从盯住大企业到和小企业一起成长。

“如果你不能扭转风向的时候，你必须学会调整自己的风帆”。我们每一名高职学生都应逐步突破就业形式偏见，将只要能取得合法的、相对稳定的、作为主要生活来源的工作就视为就业，在就业方式上，考虑流动就业、灵活就业或弹性就业的多样化就业之路。

3）从对口就业到广域就业

“专业对口”，几十年来，一直是大学生分配工作的主要原则。这当然是有道理的。但是，在社会主义市场经济建立过程中，随着许多行业的社会功能交叉发展及再调整，人才使用主体单位对人才知识结构的需求以及社会对人才录用的方式都发生了很大的变化，加之我国高等教育快速发展，大学生在国民中的比例不断提高，如果还像过去那样过多地强调“专业对口”，不只会限制某些人才的发展，也必然会造成大学生待业的人才浪费，而且还将制约新的社会服务领域的开拓。

要适应这种新的就业趋势的变化，高职学生就必须拓新就业观念，使自己的思想从陈旧、过时的条条框框束缚中解放出来，大胆、主动地在社会大天地里找到能够充分发挥自己才智的位置，为社会做出更大的贡献。绝不能总认为自己高人一等，应该干“体面”的工作，将就业空间局限于专业对口的领域，堵死自己宽广的就业之门，结果落得并不体面的尴尬局面。

不可否认，在现实生活中，还有不少人的就业观念与这日益变化的就业趋势有很大的差距。有些人认为找不到专业对口的工作，大学寒窗数年等于白辛苦。这种想法虽然并不为错，也完全可以理解，但如果因此坐等“对口”而荒废数年光阴，岂不更为可惜。能够找到专业对口的工作当然好，即使找不到，也不必怨天尤人。我们现在的专业未必就是你得以充分发挥才智之所在，日新月异的社会里不乏你施展才能的天地，不妨去大胆地尝试一番。古今中外，许多对社会作出卓越贡献的杰出人物，其突出的业绩往往并不在最初的专业方面。倘若鲁迅先生拘泥于“专业对口”，或许我国最多也只是增加一名良医而已，但中国近代思想史、文学史将因此少了极其光辉的一页，而留下无可弥补的历史遗憾。

4）从被动待业到主动创业

成功走上创业之路

北大方正的开创者王选院士在北京大学的演讲中也曾经说道：“我们看世界上一些企业的创新者、发明家，没有一个是超过45岁的。王安创业时是30岁，英特尔的三个创业者，最年轻的31岁，另外两个人也不到40岁；苹果公司的开创者只有22岁，比尔·盖茨创办微软的时候是19岁，雅虎创业者也不到30岁。所以创业的都是年轻人。”1998年召开的世界高等教育大会强调指出：“为方便毕业生就业，高等教育主要培养创业技能与自主精神；毕业生将愈来愈不再仅仅是求职者，而首先将成为工作岗位的创业者。”可见，大学生创业必将成为潮流，自主创业是大学生在新时期的一种必然性的新选择，是对传统就业观念的一种挑战，是一种全新的、更高层次的就业方式。事实也表明了大学生作为青年知识分子的优秀代表，作为最富激情、最少保守思想、掌握了最新知识的新时代的生力军，有能力、有理由也应该有所作为。

2. 良好择业心理素质的培养

1）加强非智力因素的培养

求职过程中，虽然用人单位特别看重求职者的专业素养，如专业知识、专业技能等，但良好的择业心理素质对求职面试影响巨大。从职业发展的角度来讲，高职生必须要承受职业竞争带来的巨大心理压力，只有养成更优秀的心理品质才能更加从容应对择业过程中的各种挑战。所谓非智力因素主要是指个体除智力因素以外的其他素质，如情绪管理能力、人际关系协调能力、语言表达能力、分析问题与解决问题的能力、环境适应的能力以及良好的人际沟通能力等因素。良好的择业心理素质的培养离不开日积月累地优化个人心理素质，可以从学会管理不良情绪、加强人际沟通、历练语言表达能力、增强环境适应能力等方面着手培养良好的择业心理素质。

2）积极参与集体活动

良好择业心理素质的培养需要在丰富的实践活动中进行历练，高职生在学校要积极参与班级及学校的各项集体活动，增加自我与他人沟通的机会，在集体活动中，发现自我能力，培养一定的组织管理能力、人际协调能力等，为未来的择业奠定坚实的心理基础。

3）维护心理健康

求职与择业竞争在某种程度上也是心理素质的竞争，高职生在求职过程中面对来自各方面的压力，很容易出现各种不良心理状态，甚至会出现心理障碍，故而我们需要在学习成长过程中不断维护心理健康，优化心理素质，为求职竞争奠定良好的心理基础。那么，如何维护心理健康呢？可以从培养积极的自我、形成积极的认知方式、学会情绪管理、善于处理职场人际关系、学会科学规划自我发展道路，并能付出有效行动等方面着手，维护自身心理健康，保持健康的心理状态，迎接人生的各种挑战。

4）历练心理承受力

“人生不如意十之八九”，通过各种方式历练心理承受力是高职生的一项重要课题。在求职过程中遇到挫折需要用冷静和坦然的态度待之，客观分析自己出现失误的原因，进而在挫折中成长。首先，认识到在就业市场化、就业竞争激烈的条件下，出现求职挫折是在所难难免的；其次，把每次的就职过程看作是重新认识自我、认识社会的机会，也是历练我们心理承受力的一个机会，通过求职活动进一步认识自我、发展自我，积累成功经验，增强挫折承受力；再次，认识到求职失败并不代表自己不行，分析每次失败的原因并调整求职攻略，要做到不要将所有的鸡蛋放在一个篮子里，如果还有其他机会，我们也就不会将在一家单位受到的挫败感放在心上，而会很快地转移注意力去抓住别的机会。

3. *求职面试中的心理应对*

如何在面试中出彩

个人求职材料如果被用人单位相中，用人单位就可能会通知高职学生参加面试，以进一步深入考查求职者的综合素质。面试时，言谈是求职者自我推销的一个重要途径。有关言谈过程中高职学生要注意的问题，鲁兴启在《中国人才》1994 年第 6 期上提出了以下方面：

1）从对方谈起，反衬自己

许多求职者在面试中做自我介绍时，总是开门见山、单刀直入地大谈自己。如，“我是学某某专业的，到贵单位工作我专业对口，而且我对这项工作很感兴趣，到你们单位工作符合我的特长，也能够实现我的志向……”这种介绍方式其效果并不十分理想。如果换一种方式不是从我谈起，而是从对方谈起，效果就大不一样：“我觉得你们单位力量雄厚，领导得力，上下一心，适于一切有才干的青年发展。”或许这样更能引起对方的好感。

2）语言客观，不宜过分推销

在介绍自己时，要注意用较为客观的语言来叙述，从自己与所求职业岗位的适应性上来介绍，使用人单位既了解你的成绩和才能，又不至于给对方造成画蛇添足、哗众取宠的感觉。

比如，一位应聘贸易岗位的青年在回答了主考官提出的有关问题后，又主动地将自己的情况进行了介绍。他说:“我对经济贸易很感兴趣,因为我上高中时,对世界地理的学习特别用功,所以对各个国家的地理概貌、矿产资源都比较了解,我可以用英语介绍美国西部地区情况。同时,我也可以用日语介绍一下战后日本经济腾飞的情况。我曾在商业部门工作三年,所以也懂一些经商之道,如果你们能认真考虑我的条件,我想我可以胜任此项工作。”这位青年的自我推销恰到好处,不卑不亢,使得在场的三名主考官连连点头,他们一致同意聘用。

3）取得对方认同,缩短彼此间的心理距离

这种推销自我的方式适用于条件较优越的人到一般单位求职。由于自己的条件较优越,容易引起用人单位的误解。所以在介绍自己时,选择让对方乐于接受的观点,与对方保持观点的一致性,消除对方的传统看法,缩短与对方的心理距离,容易被主考官所接纳。

一位出身高干家庭的青年到一个普通公司去求职面试,在介绍自己时说:“我的父亲是高干,但他对我的要求很严格,家中虽有保姆,可我自己的事情,从来不让保姆给我帮忙,而让我亲自动手做。由于我是在这个环境中长大的,所以,到你们公司来,你们受的苦,我都能吃……”

这位青年抓住自己的家庭出身高干,容易引起人们产生不能吃苦的看法这个关键,从父亲对自己的严格要求入手,谈到自己对家庭出身的看法和对生活所采取的态度,从而让对方了解到自己能吃苦的品质。

4）说服劝导,加深主试的印象

有两位青年结伴一起到深圳求职,他们同时相中了一家摄影广告公司,找到了这家公司的总经理,向他表达了在这家公司求职的愿望。其中一位青年拿出一打彩色摄影风景照片,对那位总经理说:“当您看完这组照片后,一定会认为摄影师的技术还是不错的,起码达到了摄影的一般要求,如果稍加提高,那么一定会深受摄影爱好者的喜爱。”那位总经理深感赞同地点了点头说:“可以说这些摄影作品的作者的技术还是不错的,我看如果你们能达到这个水平,我倒可以考虑聘用你们。”两位青年回答:“既然老板这样看重这些作品,那么我就不谦虚地说,作者就是我们。”老板欣然地聘用了他们。

5）正确处理自我表现与谦虚

有一位毕业生,在校时成绩总是名列前茅,在毕业分配时,学校将他推荐到一个较好的公司,当进行面试时,主考官问他:“你的学习成绩比较好,平时一定很用功。”小伙子却红着脸说:“没什么,考试时只不过瞎蒙对了。”他的这句回答使主考官很不满意,因为公司需要的是功底扎实的优秀毕业生,只凭碰运气或投机取巧而取得好成绩的人是不受欢迎的。结果,这个在学校学习成绩好的同学被“谦虚”给弄翻了船,这家公司没有聘用他。

高职学生应该正确地理解谦虚,在求职中表现和展示自己的才能,并非不谦虚。重要的是要学会适度地表现自己,正确反映自己的成绩和才华。因为招聘单位需要的是才华出众的雇员,而不是要那些自我压缩型的不敢展示才能的庸才①。

---

① 刘得恩:《职业教育心理学》,华东师范大学出版社,2001年,第171－173页。

6）保持积极进取的心态

某外企为新员工设计了一个岗前培训：主讲师首先给每位员工发一张白纸、一支圆珠笔，然后自己在书写板上画了一个大大的心形图案，在图中写上“我无法……”这样一个句型，要求大家造出三个句子，然后大声读出来。一个员工写的是：“我无法孝敬年迈的父母。”“我无法实现梦寐以求的人生理想。”“我无法兑现所有的美好愿望。”结果越读越感到压抑和情绪低落。接着主讲师将“我无法”改成“我一定要”，要求大家重新写出三句话，并反复朗读。这位员工改写成：“我一定要孝敬年迈的父母。”“我一定要实现梦寐以求的人生理想。”“我一定要兑现所有的美好愿望。”结果越读越振奋，越读越有信心，越读越有紧迫感。

这说明一个道理：你的心中如果装的是“我无法”，你就会真的无法做到你本来有可能做到的事情；如果你心中装的是“我一定要”，那么你就很有可能做到你想做的事情，并实现自己的人生理想。心态决定人生，道理就在这里。企业对员工提出这样的要求，是希望员工具备这样的素质。希望找到一份理想职业的高职学生，更应该明白这样的道理，纵然就业形势严峻，也应时时保持乐观、积极向上的心态。只有你心里装的是“我一定要”“我能够”“我会”这样的态度和信念，你才能在考官面前充分展现才华，尽显个人魅力。

4. 上足自信的发条

面试既是对求职者语言能力、应变能力的考核，更是对其心理素质的综合考查。有些学生在同窗、亲友、熟人面前总是有说有笑，可一到面试考场就会脸红、紧张、说话结结巴巴，甚至全身发抖，这显然影响正常水平的发挥。高职学生只有学会控制自身心理状态，消除过度紧张情绪，才能从容不迫、镇静自如地参加面试，得到用人单位的青睐。为此，高职学生要做到以下几点：

1）做好相关准备

赫敦管理顾问（上海）有限公司中国区执行董事兼首席职业顾问张建勤女士认为，面试前之所以紧张，最关键的因素就在于有些求职者不够自信。求职者不知道面试官会问什么问题，也不知道自己会不会回答得体，求职者往往不知道自己前后的应聘者会不会表现得比自己更优秀……确实，对于刚接到面试通知的求职学生来说，一切都是未知数。但是，记住一点，把自己所能够掌控的准备到最充足，那么和其他的面试者相比，高职学生就有了更多的胜算，也就会更自信。机会是给有准备的人的，这句话永远也不会错。她建议求职者应做好四方面准备，不打无准备之仗。

其一，答题准备。一般来说，求职者的初试是由人力资源部来进行的，他们会就求职者的学历、个性、能力、价值观等问一些常规问题，以帮助他们判断是否要向你未来的主管推荐。所以，求职者不妨对着镜子就某些必考题进行自问自答。例如，对你的经历做一个简单的介绍；对自己做一个简要的评价；你最感到自豪的事情是什么；你觉得你最大的缺点是什么；你为什么认为你适合这个职位等。

其二，问题准备。这也是非常重要的，因为并不仅仅是公司在单方面选择你，你同样在选择合格的公司。所以，对于公司的发展趋势、市场开拓情况、为什么要招聘这个职位、

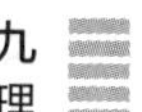

公司的用人标准、管理风格等你觉得对你的发展有影响的实际情况，也不妨进行询问，帮助你进行判断。

其三，摸清交通线路。面试中迟到是一件非常不礼貌的事情，会给招聘单位留下不好的印象，还会打乱他们原定的招聘安排。

其四，服装准备。不论是新衣还是旧装，最好提前几天在家装扮完毕，先在镜子中看一下效果。万一出现大小或是其他方面的问题，还可以有时间做调整，以防面试当天发现问题，影响情绪和面试效果。

2）正确看待岗位

有一种说法是"求上得中、求中得下"，意思是说无论对什么事情，期望值都不要太高。因为事情的结果往往和所预想的有一定差距，要有从最坏处着想，向最好处努力的思想准备。高职学生在思想上不要把谋求的职位看得过重，要认识到这个机会不行还有下个机会；要意识到"此处不识君，自有识君处"。即使应聘不成，也只不过是"大路朝天，各走半边"。只要是千里马，何愁遇不见伯乐！只有大方、真诚、坦然地以平常心面对求职面试，才能在应试中举止得体、思维敏捷、妙语连珠。

3）恰当评价自己

马克思十分赞赏一句格言，"你之所以感到巨人高不可攀，只是因为自己跪着"。高职学生要客观地评价自我，既要看到自身的不足，也要学会发现自身的"闪光点"，要坚信"天生我材必有用"，相信自己并不比他人差多少，别人能做到的，自己经过努力也同样能做到。

心理学家曾让两个互不相识的女大学生共同讨论问题，事先对其中一个人说，她的交谈对象是个研究生，而对另一个却说，你的交谈对象是个高考落榜生。结果，观察发现，自以为地位高的女学生，在交谈过程中非常自信，流露出一种优越感，而自以为地位低的学生，则缺乏自信，谈话变得支支吾吾，甚至很少敢于注意对方。这说明一个人的行为取决于对自己的信心，只要我们相信自己，或许在面试中就能游刃有余、取得成功。

高职学生面试前，可以在心中默念"我一定能行""我现在很镇静"或有意想象自己曾经历过的愉快、舒适的情景，进行自我暗示，自我鼓舞，从而做到轻装上阵。如果在步入面试考场之前，认真作几次深呼吸，心情肯定也会平静得多，使勇气倍增。

4）消除过度焦虑

适度的紧张有助于我们在面试中激发全部的智慧，"急中生智"应对各种难题。但如果过度紧张和焦虑，则可能妨碍临场发挥。此时，我们就可能需要借助"系统脱敏法"，消除过度焦虑。

所谓的"系统脱敏法"是通过一系列的步骤，逐渐训练个体的心理平衡能力，增强心理适应能力，从而消除敏感反应，保持身心的平衡状态。

面试焦虑的系统脱敏可以这样进行：第一步，认真反思自己的情况，依程度轻重将引起面试焦虑的情境排序。如：我正走进考场；所有主考官正看着我；我遇到一道问题不知如何回答等。第二步，运用想象进行"脱敏"训练。首先，从能引起你最轻度焦虑的情境开始想象。尽量逼真地想象当时的各种情景、面试官的表情和自己的内心体验，一旦有身体的紧张反应或内心的焦虑状态出现，便用言语暗示“沉着”“冷静”“停止紧张”，同时进行有规律的深呼吸，尽量放松肌肉，以减弱自身的紧张状态，直至镇定自若。然后，想象第二个情境，依次进行训练，最后达到想象最紧张的面试情景时，也能够轻松自如。同时，在等待面试时，如果始终将注意力集中于即将来临的考试内容，我们就会很容易产生紧张烦躁的情绪。因而，在坐等面试之际，可以翻阅一些生动有趣的书刊，或听几首平时爱听的轻松明快的歌曲，从而适当转移注意的焦点，避免不必要的紧张。

5）掌握谈话节奏

进入考场后，若感到紧张，就不宜急于讲话。因为人在紧张情绪状态下，一般会不由自主地加快语速，而语速的加快，一方面可能会影响求职者与主考官的准确沟通，另一方面，也可能会使自己忘记事先准备好的内容，导致更加的惊慌失措。因而在此情形下，可借机悄悄做几次深呼吸，等情绪稳定以后再开口。讲话时，第一句话的语速应比平时慢。只要有了良好的开端，随之而来的可能是自己也意想不到的精彩表现。

6）让眼睛“张嘴”

眼睛是心灵的“窗户”，面试时，主考官能从眼神中了解到求职者的心理素质，性格内向、生性胆怯的求职者面对主考官的目光，有时会眼睛下垂、四处回避，这不仅不利于自信心的增强，也不利于给主考官留下良好印象。因此，面试过程中，高职学生要科学、艺术地使用目光语。在“一对一”的情况下，应聘者目光运用的要求：

第一，注视对方，目光要自然、柔和、亲切、真诚，不要死盯着对方的眼睛，否则会使对方极不自在。同时，也不要在某一局部区域内上下翻飞，否则会使对方感到莫名其妙。不要东张西望、左顾右盼，显得心不在焉；不要含胸埋头，显得胆小萎缩或者对谈话不感兴趣；不要高高昂起头，两眼望天，显得傲慢；否则都是失礼和缺乏教养的表现。

第二，注视对方时要注意眨眼的次数，一般情况下，每分钟眨眼 6～8 次为正常，若眨眼次数过多，表示在怀疑对方所说内容的真实性，而眨眼时间超过一秒钟就成了闭眼，表示厌恶、不感兴趣。

第三，在交谈过程中的目光对视。若双方目光相遇，相对视，不应慌忙移开，应当顺其自然地对视 1～3 秒钟，然后才缓缓移开，这样显得心地坦荡，容易取得对方的信任，一遇到对方的目光就躲闪的人，容易引起对方的猜疑，或被认为是胆怯的表现。

在“一对多”的情况下，应聘者的目光语运用除了要符合“一对一”的要求外，还要注意使用环视法。即不能只注视其中某一位考官，而要兼顾到在座的所有考官，让每个人都感到你在注视他。具体方法是以正视主考官为主，并适时地把视线从左至右，又从右至左（甚至从前至后，又从后至前）地移动，达到与所有考官同时交流的效果，避免冷落某一位考官，这样就能获得他们的一致好感①。

7）直接陈述实情

在采取了一些措施还未能消除紧张时，最好的办法即是向主考官坦言相告。如说：

① 《面试中的体态语言艺术》，http://learning.sohu.com/20041114/n222978376.shtml。

“对不起，我很紧张，可不可以让我先冷静一下，再回答您的问题？”通常主考官对这样的要求是不会拒绝的，甚至还可能安慰一番。而我们因为情绪的宣泄，也会使紧张程度降低。

一位演讲者刚走上讲台，就感到自己很紧张，他干脆在开场白中说道：“我虽然讲过不少课，但像今天这样大的场面，还是大姑娘坐轿子——第一回。我心里很紧张，两只脚都在发抖，刚才还差点将抹布当作手帕擦在脸上。”几句话引起全场大笑，紧张的心情立即随之放松了[①]。

8）争取锻炼机会

多参加面试，积累经验，能帮助求职者做到胸有成竹，消除对面试的神秘感、恐惧感。平时，高职学生还应抓住即兴演讲、求职模拟等各种机会，锻炼自己的口头表达能力，提高应试心理素质。

心理拓展

面试过程中常见问题及心理应对技巧[②]

1.“请你自我介绍一下。”

这是面试的第一个环节必考的问题。应聘者在心理上要明白陈述必须与个人简历言表达尽量口语化，要切中要害，不谈无关、无用的内容，条理要清晰，层次要分明，关键信息要突出，最好事先在心里背熟。

2.“谈谈你的家庭情况。”

这是招聘者想了解你的家庭环境，家庭对你的个性及心理的影响。应聘者应该简单地描述家庭成员，并强调温馨和睦的家庭氛围，家庭成员的良好状况及对自己工作的支持，父母对自己教育的重视，以及自己对家庭的责任感。

3.“你有什么业余爱好？”

业余爱好能在一定程度上反映应聘者的性格、观念、心态，这是招聘者提问的主要目的。最好不要说自己没有业余爱好，不要说自己有网络依赖、泡酒吧等不健康的、令人感觉不好的爱好；不要说自己仅限于读书、听音乐、上网，否则可能令招聘者怀疑应聘者性格孤僻；最好能有一些爬山、打篮球等体育爱好来美化你的形象。

4.“谈谈你的缺点？”

不宜说自己没有缺点，不要说出严重影响工作岗位的缺点，也不宜说一些使人不舒服的缺点，可以说一些对所有应聘工作无关紧要的缺点，甚至一些表面上看似缺点，而从工作的角度来看却是优点的缺点。

---

① 晨曦：《大学生求职面试与口才技巧》，中国物资出版社，2000 年 1 月第一版，第 55 页。

② 潘小莉：《大学生心理健康教育》，高等教育出版社，2016 年 8 月，第 180－181 页。

5. “谈谈你失败的求职经历。”

不宜说自己没有失败的经历，也不要把那些明显的成功说成失败，不要说出严重影响所应聘工作的失败经历，应该重点说明自己对每一次面试都认真对待、尽心尽力的，但是由于客观原因导致了面试的失败。失败后自己很快就振作起来了，并以更加饱满的热情面对之后的择业。

6. “你为什么选择我们公司？”

招聘人员试图从这个问题上了解你的求职动机、愿望以及及对此项工作的期望。回答应该从行业、企业和岗位这三个角度来回答，还要表明自己十分看好这个行业。而且这项工作与自己大学所学的专业技能很吻合，很适合自己，而且自己有信心一定能把它做好。

7. “如果聘用你，你打算怎样开展工作？”

如果大学生对应聘的岗位技能缺乏足够的了解，最好不要直接说出自己开展工作的具体办法，可以尝试采用迂回战术来回答，例如，首先听取领导的指示和要求，然后就有关情况进行了解和熟悉，接下来制订一份近期工作计划并报领导批准，最后根据计划开展工作。

8. “如果你在工作中与他人意见不一致怎么办？”

一般可以说我会与同事协商沟通，同时请上级拿出意见，而且我会服从上级的决定。

9. “你跳过槽吗？你离开前一家公司的原因是什么？”

这个问题，应该按照自己的真实情况来回答，没有跳过就回答没有，没有必要撒谎；同时，对离开前一家单位的原因进行说明时应尽量能够对现在的应聘增加信心，可以回答“想换换环境”等原因。

10. “你期望的薪酬是多少？”

对此问题应该首先问用人单位，按照单位规定应该发多少，自己不要莽撞地说出一个具体数字，应该向用人单位表明薪酬是自己求职很关注的问题，但是不会提出过分要求。

参考文献

[1] 肖淑梅,彭彤.高职大学生心理健康[M].北京:机械工业出版社,2016.
[2] 郭念锋.心理咨询师基础知识[M].北京:民族出版社,2012.
[3] 曹映红,陈胜华.幼师生心理健康教育[M].北京:国家开放大学出版社,2018.
[4] 侯文华.大学生心理健康教育[M].苏州:苏州大学出版社,2011.
[5] 傅宏.心理健康与辅导[M].南京:河海大学出版社,2005.
[6] 中华医学会精神科分会.CCMD-3中国精神障碍分类与诊断标准(第三版)[M].济南:山东科学技术出版社,2001.
[7] 李明,张新梅,常素芳,等.大学生心理健康教育[M].北京:清华大学出版社,2013.
[8] 高兰,赵慧勤,宋明刚.大学生心理健康教育——心灵成长自助手册[M].北京:教育科学出版社,2015.
[9] 邱美玲,柯晓扬.大学生心理健康教育[M].南京:江苏教育出版社,2012.
[10] (日)依田新.青年心理学[M].杨宗义,张春,译.北京:知识出版社,1981.
[11] 人民教育出版社师范教材中心.心理学教程[M].北京:人民教育出版社,1998.
[12] 余会军.调适心灵的密码[M].南宁:广西民族出版社,2002.
[13] 王玉强.智慧背囊:第五辑[M].海口:南方出版社,2004.
[14] 陈雪枫,莫雷.心理自测[M].广州:暨南大学出版社,1996.
[15] 皮连生.学与教的心理学[M].上海:华东师范大学出版社.1997.
[16] 郑日昌.大学生心理咨询[M].济南:山东教育出版社,1996.
[17] 唐红波,陈俊,刘学兰.中小学生学习心理辅导[M].广州:暨南大学出版社,1997.
[18] 陈家麟.学校心理教育[M].北京:教育科学出版社,1995.
[19] 马绍斌.心理保健[M].广州:暨南大学出版社.1995.
[20] 高存友,任秋生,甘景梨.心理压力与调控[M].北京:九州出版社,2018.
[21] 王红姣.大学生压力源及压力应对方式研究综述[J].思想理论教育,2007(21):80-84.
[22] (英)英国DK公司."社会心理"百科全书压力心理学全彩版[M].北京:电子工业出版社,2019.
[23] 中国就业培训技术指导中心,中国心理卫生协会.心理咨询师:基础知识[M].北京:中国劳动社会保障出版社,2017.
[24] 何志涛,张智远,郤欣,等.大学生心理压力源分析及心理调适策略[J].中国新通信,

2019,21(15)：221.

[25] 詹天麒,姜喜双.大学生恋爱压力源的访谈研究[J].课程教育研究,2017(32)：243.

[26] 张维佳.新冠肺炎带给应届毕业生的就业形势变化及如何做好就业准备[ER/OL]. https://www.qianzhan.com/wenda/detail/200226-822a267a.html, 2020-02-28/2020-07-28.

[27] 刘克善.心理压力的涵义与特性[J].衡阳师范学院学报(社会科学),2003(01)：102-106.

[28] Hans Selye. A syndrome produced by diverse nocuous agents [J]. Nature, 1936, 138: 32. ans Selye. Stress and psychiatry [J]. American Journal of Psychiatry, 1956,113(5)：423-427.

[29] Thomas C. Neylan, M. D., Section Editor. Hans Selye and the Field of Stress Research [J]. The Journal of Neuropsychiatry and Clinical Neurosciences, 1998, 10(2)：230.

[30] 豆宏健,王成德.大学生成长心理学[M].北京：高等教育出版社,2010.

[31] Kelly McGonigal. How to make stress your friend [ER/OL]. https://www.ted.com/talks/kelly_mcgonigal_how_to_make_stress_your_friend, 2013-06/2020-07-28.

[32] 仲少华,蒋南牧.新编大学生心理健康教程[M].上海：上海交通大学出版社,2012.

[33] 韩黎：大学生网络人际交往研究[M].广州：暨南大学,2013.

[34] 时蓉华.现代社会心理学[M].上海：华东师范大学出版社,1997.

[35] 侯玉波.社会心理学[M].北京：北京大学出版社,2008.

[36] 苗青,谢萍.大学生网络交往调查研究[J].西安电子科技大学学报(社会科学版),2003(01)：93-97.

[37] 俞国良.心理健康.[M].北京：北京师范大学出版社,2016.

[38] 金盛华,张人杰.当代社会心理学[M].北京：北京师范大学出版社,1995.

[39] 高兰,赵慧勤,宋明刚.大学生心理健康教育——心灵成长自助手册[M].北京：教育科学出版社,2015.

[40] 潘小莉.大学生心理健康教育[M].北京：高等教育出版社.2016.

[41] 朱静.心理健康教育(第二版)[M].北京：高等教育出版社.2016.

[42] 维克多·弗兰克尔.活出生命的意义.北京：华夏出版社.2010.

[43] 安杰拉,达克沃思,坚毅.[M].北京：中信出版集团.2017.

[44] 陈敏.大学生职业生涯发展与管理[M].上海：复旦大学出版社,2008.

[45] 刘得恩.职业教育心理学[M].上海：华东师范大学出版社,2001.

[46] 潘小莉.大学生心理健康教育[M].北京：高等教育出版社,2016.

[47] 张健.职教育人的商标：创新能力、工匠精神与职业人格[J].当代职业教育,2020(2)：31-36.